Économie

BTS 1re année

Nouvelle édition

Pascal Besson

Dominique Boyer

Maurice Gabillet

Olivia Lenormand

Professeurs agrégés d'économie et gestion

Nathan
TECHNIQUE

Mode d'emploi

L'édition mise à jour de cette pochette à feuillets détachables propose une approche active et par les compétences du programme de 1re année de BTS en Économie. Elle prépare efficacement l'étudiant(e) à l'épreuve de BTS.

L'étudiant(e) s'approprie le cours à travers des documents nombreux, variés et récents (articles de presse, extraits d'ouvrages, sites Internet, graphiques, cartes, etc.) qui permettent la mise en pratique des notions.

1 Le prix et les décisions des agents économiques

LE RÉFÉRENTIEL
1. La coordination des décisions économiques par l'échange (20 heures)
1.1. L'échange sur les marchés (13 heures)
Le prix et les décisions des agents économiques

Les compétences attendues	Le plan du chapitre
• Expliquer l'évolution des prix sur un marché à partir des variations de l'offre et de la demande	I. L'évolution du prix sur un marché A. Le marché, lieu de rencontre entre l'offre et la demande B. Le fonctionnement du marché C. La détermination du prix
• Analyser l'influence du niveau d'un prix ou de ses variations sur les décisions des agents économiques	II. L'influence du prix sur les décisions des agents économiques A. L'influence du prix sur les décisions des consommateurs B. L'influence du prix sur les décisions des épargnants C. L'influence du prix sur les décisions des producteurs

Mise en situation : Pourquoi le prix du pétrole baisse ?

Questions
1. Quelles sont les composantes du marché du pétrole ?
2. Pour quelles raisons assiste-t-on à une baisse du prix du pétrole ?
3. D'après vous, pourquoi la baisse du prix des carburants à la pompe est-elle plus faible que celle du pétrole brut ?

Chapitre 1 • Le prix et les décisions des agents économiques 5

Une page d'introduction situe le chapitre dans le programme d'Économie. L'étudiant(e) identifie les **compétences attendues** et les principales notions traitées à travers le **plan du chapitre**.

La **mise en situation** aborde un problème économique tiré de l'actualité.

Quatre à huit pages de documents permettent de comprendre les concepts et de les mettre en œuvre.

Des questions progressives permettent à l'étudiant(e) d'observer, d'analyser et de conceptualiser.

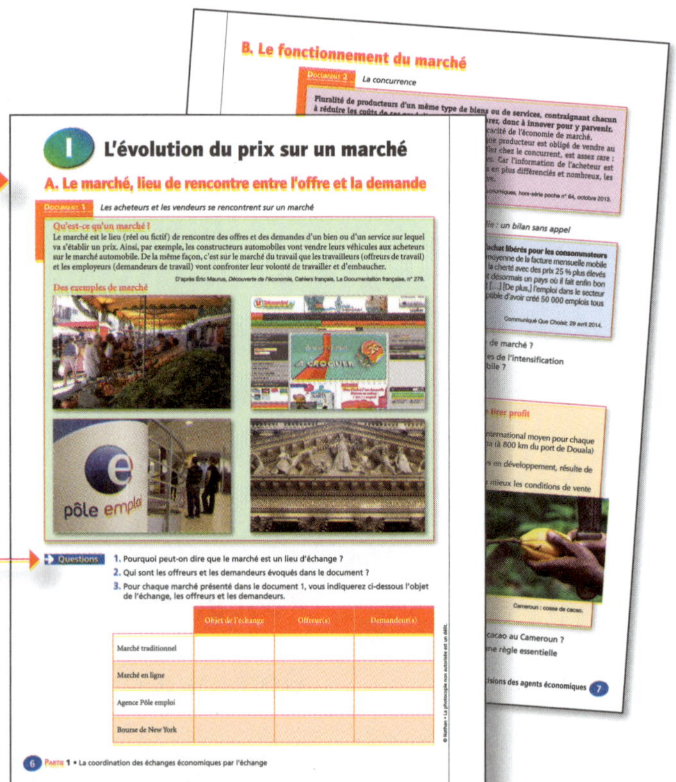
B. Le fonctionnement du marché

I L'évolution du prix sur un marché

A. Le marché, lieu de rencontre entre l'offre et la demande

Document 1 Les acheteurs et les vendeurs se rencontrent sur un marché

Questions
1. Pourquoi peut-on dire que le marché est un lieu d'échange ?
2. Qui sont les offreurs et les demandeurs évoqués dans le document ?
3. Pour chaque marché présenté dans le document 1, vous indiquerez ci-dessous l'objet de l'échange, les offreurs et les demandeurs.

	Objet de l'échange	Offreur(s)	Demandeur(s)
Marché traditionnel			
Marché en ligne			
Agence Pôle emploi			
Bourse de New York			

6 Partie 1 • La coordination des échanges économiques par l'échange

Édition : Julie Besné
Coordination artistique : Vincent Rioult
Mise en pages : CGI
Fabrication : Olivier Le Gall
Iconographie : Estelle Dhenin, Claire Balladur
© Nathan – 25 avenue Pierre de Coubertin, 75013 Paris
Avril 2015 – ISBN : 978-2-09-163772-3

Un **entraînement** clôture le chapitre et permet de mettre en pratique plusieurs notions et compétences.

Le marché du blé

Entraînement

Les compétences attendues

Mise en situation

Travail à faire

1. Analysez l'évolution du cours du blé à Paris depuis 2006.
2. Analysez l'évolution de l'offre de blé ces dernières années ainsi que ses causes.
3. Montrez que la variation des prix relatifs entre le blé et le maïs modifie les arbitrages réalisés par les producteurs de céréales.
4. Pourquoi la hausse du prix du blé est-elle principalement liée à l'offre ?

Vous voulez anticiper les variations du prix du blé ? Lisez la suite

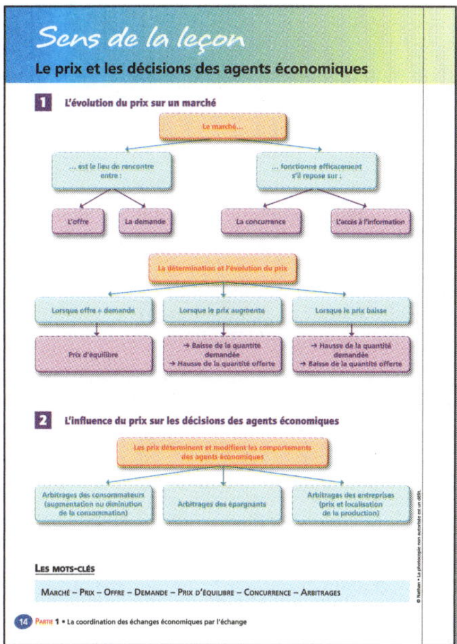
Sens de la leçon

Le prix et les décisions des agents économiques

1 L'évolution du prix sur un marché

Le marché...

... est le lieu de rencontre entre :

... fonctionne efficacement s'il repose sur :

L'offre | La demande | La concurrence | L'accès à l'information

La détermination et l'évolution du prix

Lorsque offre = demande | Lorsque le prix augmente | Lorsque le prix baisse

Prix d'équilibre | → Baisse de la quantité demandée → Hausse de la quantité offerte | → Hausse de la quantité demandée → Baisse de la quantité offerte

2 L'influence du prix sur les décisions des agents économiques

Les prix déterminent et modifient les comportements des agents économiques

Arbitrages des consommateurs (augmentation ou diminution de la consommation) | Arbitrages des épargnants | Arbitrages des entreprises (prix et localisation de la production)

Les mots-clés

Marché – Prix – Offre – Demande – Prix d'équilibre – Concurrence – Arbitrages

Un schéma récapitulatif en fin de chapitre donne à l'étudiant(e) le **sens de la leçon**.

Tout au long de l'ouvrage, **trois entraînements à l'épreuve de BTS** mettent l'étudiant(e) en situation d'examen, en couvrant plusieurs compétences.

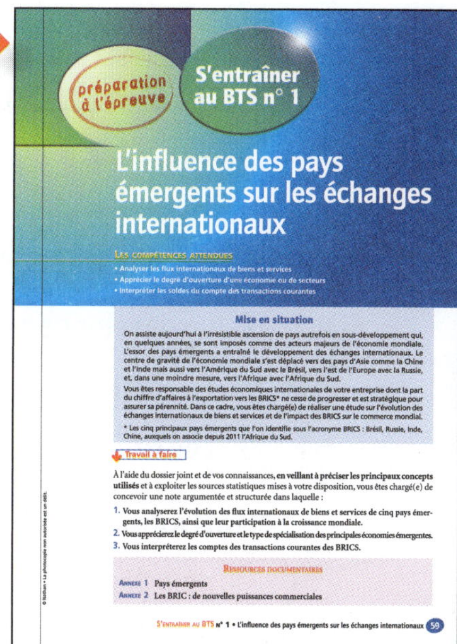
préparation à l'épreuve

S'entraîner au BTS n° 1

L'influence des pays émergents sur les échanges internationaux

Les compétences attendues

Mise en situation

Travail à faire

Ressources documentaires

Annexe 1 Pays émergents

Annexe 2 Les BRIC : de nouvelles puissances commerciales

La méthodologie de **préparation à l'épreuve** permet à l'étudiant(e) d'acquérir les savoir-faire et les compétences nécessaires à la réussite de l'examen.

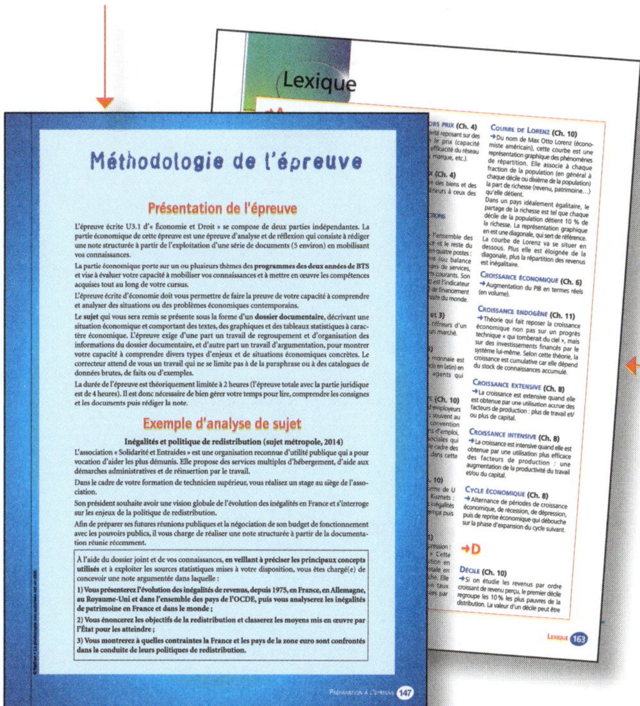
Lexique

Méthodologie de l'épreuve

Présentation de l'épreuve

Exemple d'analyse de sujet

Inégalités et politique de redistribution (sujet métropole, 2014)

Un **lexique** propose les définitions des mots-clés rencontrés dans les différents chapitres.

Sommaire

Partie 1 • La coordination des décisions économiques par l'échange

Partie 2 • La création de richesses et la croissance économique

Partie 3 • La répartition des richesses

3 L'État et le fonctionnement du marché

LE RÉFÉRENTIEL

1. La coordination des décisions économiques par l'échange *(20 heures)*
1.1. L'échange sur les marchés *(13 heures)*
L'État et le fonctionnement du marché

Les compétences attendues	Le plan du chapitre
• Identifier et analyser des dysfonctionnements de marchés	I. L'État et les dysfonctionnements du marché A. La correction des insuffisances d'information B. La lutte contre les entraves à la concurrence C. L'instauration d'un climat de confiance
• Identifier et analyser des défaillances de marchés	II. L'État et les défaillances du marché A. Les externalités B. Les biens publics

Mise en situation : Intel condamné pour non-respect de la concurrence

Il est fort probable que votre ordinateur porte un autocollant « Intel inside ». Intel domine le marché européen des processeurs et détient une part de marché d'environ 70 %. La Cour de justice européenne vient de confirmer la condamnation d'Intel à une amende de 1,06 milliard d'euros pour avoir abusé de sa position dominante. Pour s'accaparer le marché européen, Intel accordait aux fabricants d'ordinateurs parmi lesquels Dell, Lenovo, Hewlett Packard et NEC, des remises importantes s'ils s'équipaient exclusivement chez lui. L'entreprise aurait aussi payé des fabricants et distributeurs pour qu'ils ne vendent pas d'ordinateurs équipés de processeurs autres que les siens. Était particulièrement visé son concurrent direct AMD.

Questions

1. Que se serait-il passé si l'État, l'Union européenne dans le cas présent, n'était pas intervenu pour sanctionner des atteintes à la concurrence ?
2. Quelles auraient pu être les conséquences pour le consommateur européen ?

I L'État et les dysfonctionnements du marché

A. La correction des insuffisances d'information

Document 1 *Le marché des voitures d'occasion*

Pourquoi une voiture, dès lors qu'elle a roulé ne serait-ce que 100 kilomètres, perd-elle 20 % de sa valeur par rapport à une voiture neuve sortant de l'usine ? Le nouvel acheteur ne sait pas pourquoi le vendeur souhaite revendre sa voiture. Il ne connaît pas la qualité de la voiture, il n'a aucune garantie sur l'état du véhicule. Peut-être est-elle de mauvaise qualité, que le moteur chauffe, qu'elle a eu un accident ? Les acheteurs exigent une décote pour prendre le risque de l'acheter. Dans ces conditions, le prix du marché baisse. Les propriétaires de bonnes voitures renoncent à vendre. Les bonnes occasions quittent alors le marché, les mauvaises restent.

Le marché de la voiture d'occasion n'est pas le seul de ce type. La qualité d'un vin ne peut pas être observée dans un hypermarché. Il est difficile de connaître la qualité d'une viande que l'on achète car elle dépend en partie de la qualité de l'élevage dont est issu l'animal. Une solution possible est de certifier les produits mis en vente car les vendeurs ont un intérêt très fort à rétablir un minimum de transparence et d'information sur le marché.

Face à ces dysfonctionnements du marché, l'État peut intervenir pour obliger les offreurs à révéler la qualité des biens : contrôle technique, certification, normes, labels...

Questions

1. Identifiez le ou les dysfonctionnements sur le marché de la voiture d'occasion.
2. Quelles sont alors les conséquences sur ce marché ?
3. Quel est le rôle de l'État sur ce marché ?

Document 2 *La protection économique des consommateurs*

DGCCRF Direction générale de la concurrence, de la consommation et de la répression des fraudes
Une direction du ministère de l'Économie, de l'Industrie et du Numérique

Objectif → Informer et protéger au quotidien les consommateurs contre les pratiques commerciales abusives

- **Une information claire et loyale sur les produits et les services**
Règles d'étiquetage (prix, composition, dénomination)
- **Le développement de dispositifs de valorisation de la qualité** (normes, labels...)

AB AGRICULTURE BIOLOGIQUE — CE — EU Ecolabel www.ecolabel.eu — label Rouge

www.economie.gouv.fr/dgccrf

Question

4. Comment l'État peut-il corriger les dysfonctionnements liés aux insuffisances d'information ?

B. La lutte contre les entraves à la concurrence

Document 3 *La concurrence doit être loyale*

Des conditions équitables pour tous

La Commission européenne dispose de pouvoirs étendus pour faire en sorte que les entreprises et les gouvernements respectent les règles de l'Union européenne [...].

La concurrence doit être loyale

Le droit communautaire interdit aux entreprises de s'entendre sur les prix ou de se répartir les marchés. Une entreprise qui occupe une position dominante sur un marché n'a pas le droit d'abuser de sa puissance pour éliminer ses concurrents. De grandes entreprises ne peuvent fusionner si cette opération leur permet de contrôler le marché.

Les grandes entreprises ne peuvent exploiter les petites

Lorsqu'elles traitent avec de petites entreprises, les grandes sociétés ne peuvent utiliser leur pouvoir de négociation pour imposer aux fournisseurs ou aux clients des conditions qui entraveraient leur liberté de traiter avec leurs concurrents.

Pas d'aide aux canards boiteux

Aucune aide d'État ne peut être accordée, sous quelque forme que ce soit, à une entreprise qui n'a aucune chance de devenir économiquement viable.

www.europa.eu.

Document 4 *Les sanctions de la Commission européenne*

Quelques décisions de la Commission européenne en matière de concurrence

- La Commission a infligé une amende de 138 millions à Infoneon, Philips, Samsung et Renesas pour **entente** sur le marché des puces pour cartes dans l'Espace économique européen (3 septembre 2014).
- La Commission a infligé à Microsoft une amende de 561 millions d'euros pour cause d'**abus de position dominante** en raison de la vente liée d'Internet Explorer avec Windows.
- La Commission a infligé une amende de 20 millions d'euros à Marine Invest ASA (éleveur de saumon) pour avoir racheté son concurrent Morpol ASA, également norvégien, sans en avoir reçu l'autorisation préalable en vertu du règlement de l'UE sur les **concentrations**.

Questions

5. Pour quelles raisons la Commission européenne se préoccupe-t-elle du respect de la concurrence dans les pays de l'Union européenne ?
6. Quelles pratiques anticoncurrentielles sont interdites dans l'Union européenne ?
7. Quel est le dysfonctionnement de marché visé par ces interdictions ?
8. Dans quelle mesure une concentration est-elle autorisée ?

Document 5 *Le respect de la concurrence au niveau français*

Missions

Autorité de la concurrence

L'Autorité de la concurrence est une autorité administrative indépendante, spécialisée dans le contrôle des pratiques anti-concurrentielles, l'expertise du fonctionnement des marchés et le contrôle des opérations de concentrations. Elle agit au nom de l'État, sans pour autant relever de l'autorité du Gouvernement dans l'exercice de ses pouvoirs.

Au service du consommateur, elle a pour objectif de veiller au libre jeu de la concurrence et d'apporter son concours au fonctionnement concurrentiel des marchés aux échelons européen et international. Qu'elles prennent la forme d'ententes ou d'abus de position dominante, les pratiques anticoncurrentielles produisent des effets néfastes pour les consommateurs comme pour les entreprises (les ententes peuvent conduire à une augmentation des prix jusqu'à 20 ou 25 %).

L'Autorité de la concurrence est compétente pour appliquer les législations nationale (livre IV du Code de commerce) et communautaire (articles 101 et 102 du traité sur le fonctionnement de l'Union européenne dit traité FUE). La Commission européenne et les autorités de concurrence sont appelées à collaborer de façon étroite et complémentaire. La Commission se concentre sur les dossiers d'envergure ou présentant un réel intérêt communautaire.

www.autoritedelaconcurrence.fr.

Document 6 *Quelques décisions de l'Autorité de la concurrence*

L'Autorité de la concurrence sanctionne une entente entre les quatre principaux distributeurs de produits chimiques présents en France

L'Autorité de la concurrence a sanctionné à hauteur de 79 millions d'euros une entente entre distributeurs de produits chimiques. Cette entente a consisté à restreindre la concurrence en se répartissant les clients et en se coordonnant sur les prix. De très nombreuses entreprises (industriels, PME) ont été victimes, en aval, de ces pratiques (Décision du 29 mai 2013).

Abus de position dominante de GDF Suez

L'Autorité de la concurrence ordonne à GDF Suez d'accorder à ses concurrents un accès à une partie des données de son fichier historique. Cet accès permettra aux concurrents de GDF Suez de lutter à armes égales avec l'opérateur historique en leur permettant de mieux faire connaître les offres qu'ils proposent. Les consommateurs seront en mesure de réduire ainsi leur facture de gaz (Décision du 9 septembre 2014).

Nespresso s'engage à lever les obstacles à l'entrée et au développement des autres fabricants de capsules fonctionnant avec ses machines à café

Compte tenu des éléments recueillis, il apparaît que Nespresso est susceptible d'avoir abusé de sa position dominante en liant l'achat de ses capsules à celui de ses machines à café, sans justification objective, évinçant, de ce fait, les fabricants de capsules concurrents (Décision du 17 avril 2014).

Concentration : l'Autorité de la concurrence autorise l'acquisition de Numericable par Altice, son actionnaire minoritaire

L'acquisition de Numericable ne porte pas atteinte à la concurrence (Décision du 23 janvier 2014).

Questions

9. Présentez l'objectif de l'Autorité de la concurrence. Pourquoi a-t-elle été instituée ?

10. Quels sont les dysfonctionnements de marché réprimés par l'Autorité de la concurrence ? Vous illustrerez votre réponse à partir des exemples du document 6.

11. Montrez la complémentarité entre la Commission européenne et l'Autorité de la concurrence pour lutter contre les situations anticoncurrentielles.

C. L'instauration d'un climat de confiance

Document 7 *La marque de confiance des comparateurs de prix*

La Charte de confiance des sites comparateurs, créée en 2008 à l'initiative de la Fevad sous l'égide du Secrétariat d'État à la prospective et au développement de l'économie numérique, prévoit qu'un audit de contrôle soit effectué chaque année.

Les sites appelés à renouveler l'audit de conformité : AcheterFacile, EasyVoyage, Alibabuy, LesFurets.com, Leguide.com, Kelkoo.fr, VoyagerMoinsCher, Shopping.com… ont passé un audit de contrôle réalisé par Ernst & Young selon la procédure prévue par le règlement de la Charte. Ils ont obtenu le renouvellement de leur label pour un an. 10 sites bénéficient du label et la Fevad se félicite que chacun ait bien respecté ses engagements.

La présence du logo de la Charte Comparateurs sur ces sites permet d'attester auprès des internautes de leur conformité aux principes de transparence et de respect des consommateurs prévus dans la Charte des sites comparateurs adoptée sous l'égide des pouvoirs publics et de la Fevad.

52 % des acheteurs en ligne…
… considèrent l'adhésion d'un site à la Fevad comme un critère important dans le choix d'un site marchand [Étude Fevad – Médiamétrie//NetRatings].

www.fevad.com, 2014.

Document 8 *Le commerce électronique, un marché sans frontières ?*

Bien que le commerce électronique en Europe double tous les trois ans, les ventes ont principalement lieu au niveau national, en raison de la fragmentation des règles entre les États membres de l'UE et, par conséquent, de la faible confiance des consommateurs dans les achats transfrontaliers. La Commission [européenne] procède actuellement à une révision du cadre législatif de ce secteur pour en combler les lacunes.

www.euractiv.com.

Questions

12. Comment expliquez-vous la faible confiance des Français envers les transactions *via* Internet entre la France et les autres pays de l'Union européenne, à la différence des achats en France ?

13. Quelles sont les réponses apportées à cette défiance par le gouvernement français et la Commission européenne ?

14. Qu'en concluez-vous quant au rôle de l'État comme des instances supranationales dans l'instauration d'un climat de confiance dans le fonctionnement du marché ?

II L'État et les défaillances du marché

A. Les externalités

Document 9 *Des exemples d'externalités*

Document 10 *Les externalités : quelles conséquences sur le bien-être des individus ?*

Certaines des décisions que nous prenons influencent le bien-être des individus qui nous entourent. […]

Ces effets sont techniquement ce que l'on appelle des effets externes ou, de façon condensée, des **externalités.** On parle d'externalité quand les actions d'un agent [ou de plusieurs agents économiques] ont des conséquences sur le bien-être (au sens large) d'autres agents, sans qu'il y ait des échanges ou des transactions entre eux. Ces externalités peuvent être positives ou négatives. On parle d'**externalité négative** quand la décision affecte négativement [le bien-être des autres acteurs économiques], et d'**externalité positive** lorsque la décision affecte positivement le bien-être des autres acteurs. La pollution engendrée par la production d'une entreprise est un exemple classique d'externalité négative, les investissements éducatifs sont en général considérés comme exerçant une influence positive sur la société et comportent donc une externalité positive.

Étienne Wasmer, *Principes de microéconomie*, Pearson France.

Document 11 *Externalités et intervention de l'État*

En présence d'externalités, le problème économique vient de ce que les individus ne tiennent compte que des avantages et des coûts privés, et non des avantages et des coûts sociaux (ou collectifs) qui y sont associés. Si M. Dupont tenait compte de ce que le bien-être collectif augmente quand il se brosse les dents, il le ferait plus souvent. Si l'entreprise polluante tenait compte des effets nocifs de sa production sur la collectivité, elle produirait moins ou mettrait en place davantage de moyens pour réduire la pollution.

Ainsi, les choix individuels conduisent à une surproduction des biens ayant des externalités négatives et à une sous-production des biens ayant des externalités positives, par rapport à la production optimale pour la collectivité. […]

Par la réglementation et la fiscalité, l'État cherche à internaliser les externalités, c'est-à-dire à réintégrer les coûts et les avantages sociaux dans le calcul économique individuel. Par exemple […], on développe des systèmes d'éducation et de santé, gratuits ou partiellement payants […]. De même, on peut imposer des taxes sur les activités polluantes […]. Ces interventions visent à corriger les signaux incomplets que constituent les coûts et les avantages privés.

Jacques Généreux, *Économie politique, Microéconomie*, coll. « Les fondamentaux », 4e édition, Hachette Supérieur.

Questions

1. Identifiez les externalités positives et les externalités négatives dans le document 9.
2. Pourquoi les externalités constituent-elles des défaillances de marché ? Pourquoi peuvent-elles justifier l'intervention de l'État ?
3. Comment l'État peut-il orienter les décisions des agents économiques en matière de production d'externalités ?

B. Les biens publics

DOCUMENT 12 *Une défaillance du marché, les biens publics*

re ce qu'est un bien public, il faut d'abord comprendre deux propriétés
ıs ou services offerts à la consommation : la rivalité et l'exclusion.
e consommer un bien affecte la disponibilité de ce bien pour les autres.
une barre de chocolat, cette même barre ne peut plus être consommée
e.

u'il est possible d'empêcher une personne (ou un ménage) de jouir du
dé peut interdire l'accès à un logement, à des soins, à des vacances, à
eux qui ne peuvent pas payer sont exclus.

sèdent deux caractéristiques : la non-rivalité et la non-exclusion. L'éclai-
ıtructures publiques (routes, ponts…), le nettoyage des rues d'une ville,
a défense nationale sont des exemples de biens publics.

és ont très peu d'intérêt à investir dans des biens publics puisque les
n profiter gratuitement. Aucun individu rationnel ne choisit de construire
u d'installer des lampadaires. Les bénéfices privés sont très faibles rela-
Pourtant, les bénéfices pour la société sont très élevés et dépassent, en
ɛst donc à l'État d'assurer directement la production de ces biens publics
des entreprises privées pour qu'elles les produisent.

D'après John Sloman et Alison Wride, *Principes d'économie*, Pearson France.

ɔublics ?

Questions

4. Qu'est-ce qu'un bien public ?
5. Parmi les biens proposés dans le document 13, lesquels sont des biens publics ? Justifiez votre réponse.
6. Montrez que les biens publics sont générateurs d'externalités positives.
7. Pour quelles raisons l'État est-il amené à se substituer au marché pour assurer la production ou le financement de biens publics ?

Entraînement

Les compétences attendues
- Identifier et analyser des défaillances de marchés
- Identifier et analyser des dysfonctionnements de marchés

Mise en situation

Depuis le début de la révolution industrielle, les émissions de gaz à effet de serre sont gratuites. Or, dans une économie de marché, les agents économiques, et en particulier les entreprises, prennent leurs décisions en fonction des signaux donnés par les prix. En conséquence, les émissions de CO_2, gaz à effet de serre, n'ont cessé de croître avec un effet négatif sur le climat.

Pour lutter contre ces dégradations environnementales, les États disposent de divers leviers dont la mise en place d'un système de marché de permis d'émission que l'on appelle aussi marché des droits à polluer.

Vous êtes membre de la Commission gouvernementale chargée de réaliser une étude sur cette question en vous appuyant sur vos connaissances personnelles et sur le dossier documentaire fourni en annexe.

Travail à faire

1. L'émission de gaz à effet de serre est-elle productrice d'externalités ? Justifiez.
2. Expliquez le fonctionnement du marché des droits à polluer.
3. Ce marché peut-il fonctionner sans l'État ? Quelles difficultés de fonctionnement peut-il connaître ?
4. Comment l'État pourrait-il, en dehors des droits à polluer, orienter les décisions des entreprises polluantes ?

Annexe 1

L'effet de serre

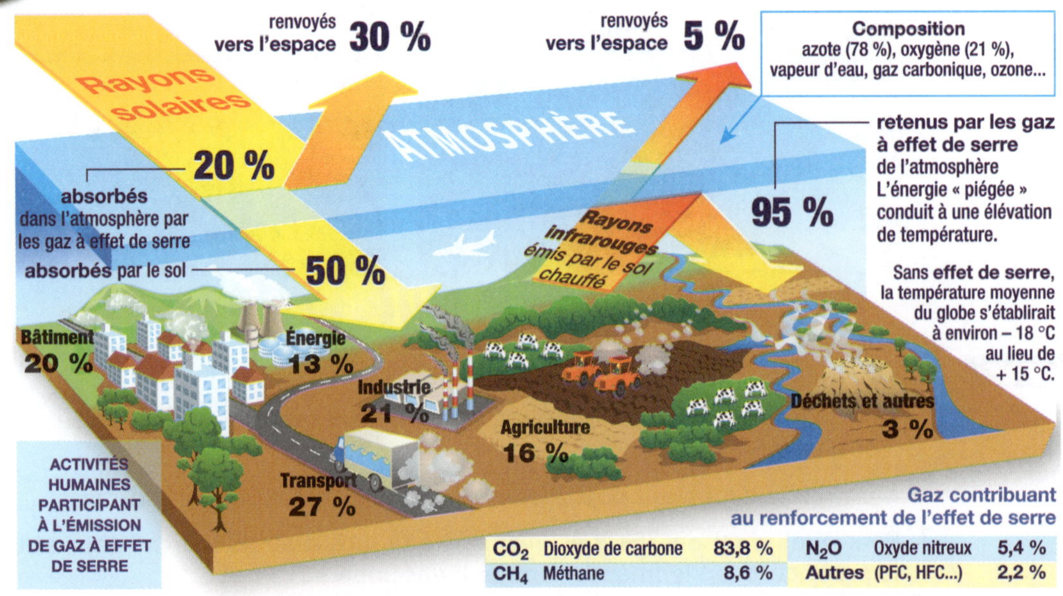

Le marché des droits à polluer

ANNEXE 2

Le marché du CO_2 – Acheter ou vendre un « droit à polluer »

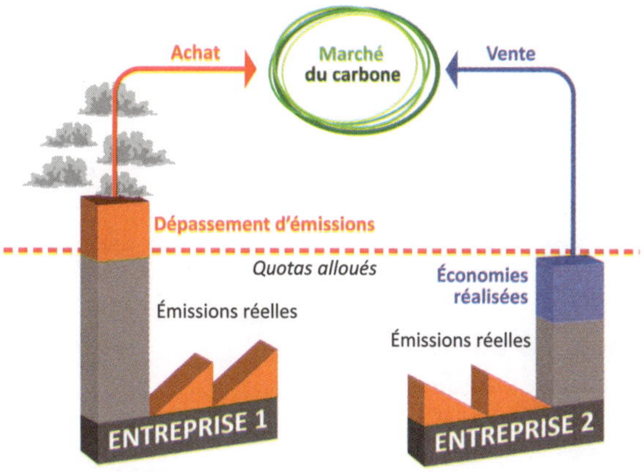

Source : Caisse des Dépôts

Le marché européen d'échange de quotas de CO_2 [marché de permis d'émission] impose depuis 2005 un plafond d'émission de CO_2 à plus de 10 000 installations industrielles. Le principe est assez simple : chaque année, un quota d'émission de CO_2 est alloué à chaque installation. [...] Si une entreprise émet davantage de carbone que la limite imposée [...], elle doit alors acheter un « droit à polluer » à une entreprise qui aurait consommé moins que son quota.

Si une entreprise dépasse le quota alloué sans acheter son « droit à polluer » sur le marché carbone, elle devra payer une lourde amende de 100 euros par tonne de CO_2 de dépassement. L'idée de l'instauration d'un marché du carbone [ou marché des droits à polluer] est donc d'inciter les entreprises à diminuer leurs émissions de CO_2, en encourageant les entreprises pouvant réduire leurs émissions pour un faible coût à le faire et à vendre ce « droit à polluer » sur le marché. [...] L'émission de CO_2 est ce que l'on appelle une externalité négative, cela représente un coût pour la société sans que ce coût soit supporté par l'entreprise. [...] Si une entreprise produit un bien X en émettant peu de CO_2 ou beaucoup, cela ne change rien à son coût de production. Mais le coût social, qui prend en compte le coût public en plus du coût de production (par exemple maladies et nuisances dues à la pollution...), peut être très élevé.

Le Captain', www.capitaineconomics.fr, 4 mars 2012.

ANNEXE 3

Le marché européen du carbone encore à la peine

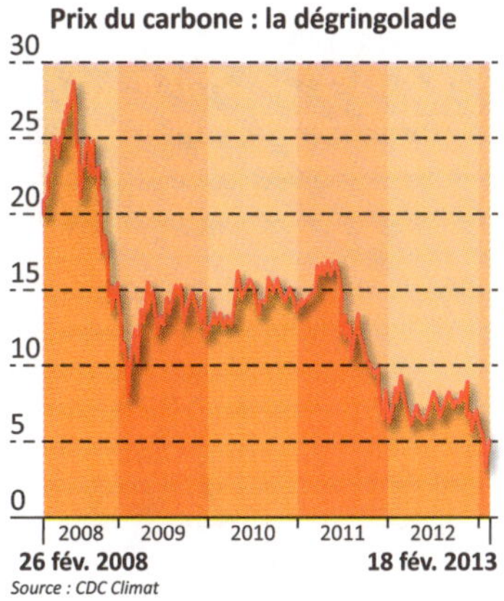

Source : CDC Climat

Depuis le début de l'année, le cours de la tonne de carbone s'est envolé de 17 % en Europe. Il a même repris 79 % depuis son point bas d'avril 2013. Mais à 5,82 euros, le prix du « droit à polluer » reste à des années-lumière de son record de 2008 (36 euros). Il valait encore 20 euros en 2011, avant de s'effondrer en raison d'une offre pléthorique de quotas d'émission, rendant ce marché quasi inefficient. Il faudrait qu'il atteigne entre 24 et 30 euros la tonne pour inciter les entreprises à investir pour limiter leur impact sur l'environnement... [...] « L'excédent de quotas persiste. » [...] Il se monte à plus de 2,1 milliards de tonnes, malgré le gel [par la Commission européenne, de 900 millions de tonnes de quotas CO_2]. Car la crise économique traversée par l'Europe, en réduisant l'activité des entreprises polluantes, a aussi réduit les besoins d'achat de quotas, favorisant ainsi la baisse des cours.

[...] [Le] gel des quotas est une mesure temporaire, jusqu'en 2020, là où certains militaient pour une annulation pure et simple. [...] Les discussions devraient [...] reprendre à Bruxelles [...]. Cela risque de prendre du temps, étant donné les intérêts dans le charbon de certains pays comme la Pologne ou l'Allemagne.

Pierrick Fay, www.lesechos.fr, 17 septembre 2014.

Sens de la leçon

L'État et le fonctionnement du marché

1 L'État et les dysfonctionnements du marché

L'État (ou le régulateur) s'assure que les conditions de fonctionnement des marchés sont respectées.

- **Correction des insuffisances d'information**
  → L'État oblige les offreurs à donner aux demandeurs (consommateurs…) une information claire et loyale (prix, composition…) et à indiquer la qualité des biens (normes, labels…).
- **Lutte contre les entraves à la concurrence**
  → L'État régule les marchés en faisant respecter la concurrence.
- **Instauration d'un climat de confiance**
  → L'État contribue à instaurer un climat de confiance sur les marchés.

2 L'État et les défaillances du marché

L'État est amené à pallier les défaillances du marché quand celui-ci ne parvient pas à mettre en adéquation l'offre et les besoins des agents.

- L'État oriente les décisions des agents économiques en matière de production d'externalités :
  - par le biais de taxes, de subventions et de réglementations.
  - par la création d'un marché de droits à polluer.
- L'État se substitue au marché pour assurer la production ou le financement de biens publics par des prélèvements obligatoires.

Les mots-clés

Biens publics – Concurrence – Confiance – Externalités

4 L'ouverture des économies

LE RÉFÉRENTIEL

1. La coordination des décisions économiques par l'échange *(20 heures)*
1.2. La dimension internationale de l'échange *(7 heures)*
L'ouverture des économies

Les compétences attendues	Le plan du chapitre
• Interpréter les soldes du compte des transactions courantes	I. Le compte des transactions courantes
• Apprécier le degré d'ouverture d'une économie ou de secteurs	II. Le degré d'ouverture des pays et des secteurs A. La diversité des degrés d'ouverture selon les régions B. La diversité des degrés d'ouverture selon les secteurs
• Identifier les influences du taux de change sur la décision d'agents économiques	III. L'influence du taux de change sur les décisions des agents économiques A. Le marché des changes : une nécessité pour les règlements internationaux B. Les arbitrages des entreprises en fonction de l'évolution du taux de change C. Les arbitrages des consommateurs en fonction de l'évolution du taux de change

Mise en situation : Commerce extérieur de la France, une embellie en trompe-l'œil ?

Le déficit commercial
Solde annuel du commerce extérieur de la France, en milliards d'euros

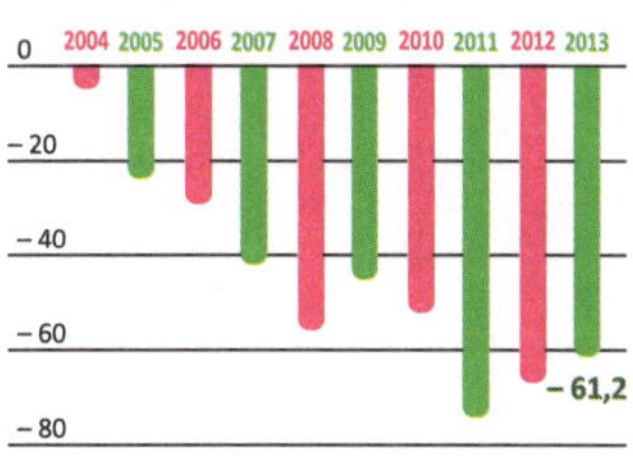

Source : Douanes

Le déficit commercial d'un pays mesure le surcroît de ses importations par rapport à ses exportations de biens. Il traduit le plus souvent les mauvaises performances d'une économie par rapport à la concurrence étrangère. Or, la France n'a pas enregistré d'excédent commercial depuis 2003 !
Toutefois, les chiffres du premier semestre 2014 montrent une moindre dégradation du solde commercial français. Mais ce ne sont pas les exportations, en baisse pour le troisième semestre consécutif (– 0,2 %), qui expliquent cette légère embellie. Les mauvaises performances sont d'ailleurs marquées dans les points forts de la spécialisation française, tels que les produits pharmaceutiques ou les produits agricoles et agroalimentaires. Le recul du déficit commercial s'explique par le ralentissement des importations, surtout imputable aux hydrocarbures et au pétrole raffiné. La facture énergétique s'est allégée de 3,3 milliards d'euros. Cependant, ce recul, s'il a un effet positif sur la balance commerciale, traduit surtout la faiblesse de la demande intérieure et l'absence de croissance de l'économie française. C'est donc bien une amélioration en trompe-l'œil.

Questions

1. Comment a évolué le déficit commercial de la France depuis 2003 ?
2. Quelles sont les raisons de la légère amélioration du premier semestre 2014 ? Est-ce une bonne nouvelle pour l'économie française ?

I Le compte des transactions courantes

DOCUMENT 1 *Les échanges entre la France et le reste du monde*

La majorité des pays ne produisent pas tous les biens et les services permettant de satisfaire l'ensemble des besoins de leur population. Ainsi, les différentes nations échangent entre elles des biens, des services et divers types de revenus. L'ensemble de ces flux entrants et sortants est enregistré en France dans un compte statistique annuel établi par la Banque de France : la balance des transactions courantes. Ce compte se décompose en quatre postes :
– les **opérations sur biens** sont retracées dans un sous-compte, la balance commerciale (solde commercial = exportations de marchandises – importations de marchandises) ;
– les **opérations sur services** ;
– les **revenus** des facteurs de production (intérêts, dividendes, salaires, etc.) ;
– les **transferts courants** correspondant à des transferts de fonds sans contrepartie comme la contribution au budget européen, les dons accordés à d'autres États, etc.

DOCUMENT 2 *Le compte des transactions courantes de la France en 2013*

Flux et soldes en milliards d'euros	CRÉDITS	DÉBITS	SOLDES
TRANSACTIONS COURANTES	**796,5**	**826,7**	**– 30,3**
Biens	**437,3**	**479,8**	**–**
Marchandises générales	415,7	479,8	– 64,1
Négoce international	21,6	0	21,6
Services	**192**	**173,7**	**18,3**
Transports	37,1	38,8	– 1,7
Voyages	42,7	32,3	10,4
Autres services	112,2	102,6	9,6
Revenus	**155**	**115,7**	**39,3**
Rémunérations des salariés	17	1,1	15,9
Revenus des investissements	126,4	112,3	14,1
Transferts courants	**12,2**	**57,5**	**– 45,3**

Source : Banque de France.

Note : au crédit est enregistré le montant des sorties (ex. : exportations de biens à l'étranger) et au débit, le montant des entrées (ex. : importations de biens de l'étranger).

Questions

1. À quoi correspondent les chiffres 192 et 173,7 de la ligne des services ?
2. Calculez le solde commercial de la France en 2013.
3. Calculez le poids respectif des échanges de biens puis de services dans le commerce extérieur de la France. Concluez sur la répartition de ces échanges.
4. Indiquez la signification des différents soldes suivant qu'ils sont positifs ou négatifs et commentez brièvement le compte des transactions courantes de la France en 2013.

II Le degré d'ouverture des pays et des secteurs

A. La diversité des degrés d'ouverture selon les régions

DOCUMENT 3 *La croissance des échanges à l'échelle mondiale*

La croissance des exportations mondiales sur la période 1980-2012 montre que le commerce mondial a cru ces dernières décennies beaucoup plus vite que la richesse mondiale. Les échanges se sont donc intensifiés et le degré d'ouverture au commerce de l'économie mondiale a augmenté.

Part des exportations mondiales de biens et de services, en % du PIB mondial, 1980-2012

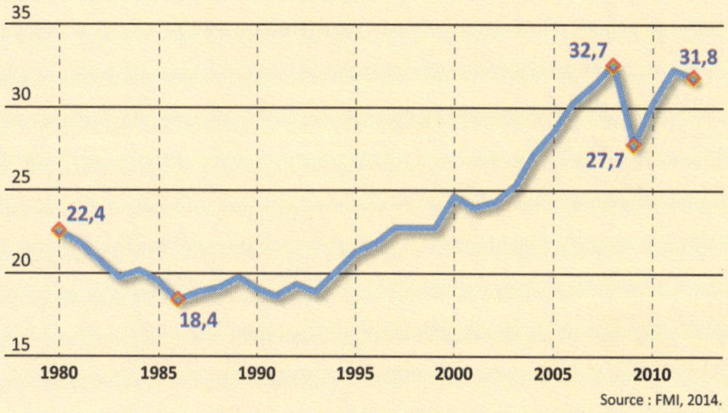

Source : FMI, 2014.

Questions

1. Comment ont évolué les échanges mondiaux entre 1980 et 2012 ?
2. Comparez cette évolution à celle du PIB.

DOCUMENT 4 *Le degré d'ouverture d'une économie*

L'ouverture des économies a permis une forte progression des échanges internationaux, même si tous les pays ne sont pas impliqués dans la concurrence internationale au même degré. Le degré d'ouverture d'un pays mesure son taux de participation au commerce international de biens et de services.

$$\text{Degré d'ouverture} = \frac{\text{Moyenne des exportations et des importations}}{\text{PIB}} \times 100$$

Le degré d'ouverture de la France a considérablement évolué, montrant son ouverture croissante à l'économie mondiale : il est passé de moins de 12 % en 1960 à plus de 30 % aujourd'hui. Ce dernier chiffre signifie que plus de 30 % de la production française est réalisée grâce à ses échanges extérieurs.

Questions

3. Que mesure le degré d'ouverture d'une économie ?
4. À l'aide des documents 2 et 4, calculez celui de la France en 2013, sachant que son PIB est de 2 114,9 milliards d'euros, et explicitez concrètement ce qu'il signifie.
5. Comment a évolué le degré d'ouverture de la France ?

Document 5 *Le degré d'ouverture des premières puissances commerciales en 2013*

Principaux pays exportateurs et importateurs participant au commerce mondial des marchandises, 2013

(En milliards de dollars et en pourcentage)

EXPORTATIONS				IMPORTATIONS				PIB 2013	DEGRÉ D'OUVERTURE
Rang	Exportateurs	Valeur	Part	Rang	Importateurs	Valeur	Part		
1	Chine	2 210	11,8	2	Chine	1 950	10,3	9 240,3	....
2	États-Unis	1 579	8,4	1	États-Unis	2 331	12,4	16 800	16,3
3	Allemagne	1 453	7,7	3	Allemagne	1 187	6,3	3 634,8	36,3
4	Japon	715	3,8	4	Japon	833	4,4	4 901,5	15,8
5	Pays-Bas	661	43,5	8	Pays-Bas	590	3,1	800,2	78,2
6	France	580	3,1	5	France	681	3,6	2 734,9	23,1
7	Rép. de Corée	560	3,1	9	Rép. de Corée	516	2,7	1 304,5	41,2
8	Royaume-Uni	541	2,9	6	Royaume-Uni	654	3,5	2 522,3	23,7
9	Féd. de Russie	523	2,8	16	Féd. de Russie	344	1,8	2 096,8	20,7
10	Italie	518	2,8	10	Italie	477	2,5	2 071,3	24

Données du FMI et de l'OMC.

Document 6 *Une ouverture inégale*

Le degré d'ouverture d'un pays dépend de ses caractéristiques structurelles. Il sera d'autant plus élevé que la taille du marché intérieur d'une nation sera importante : taille du territoire et population. En effet, un marché intérieur restreint incite une économie à s'ouvrir, à exporter et à investir à l'étranger.
Cependant, c'est surtout le degré de spécialisation d'une nation qui déterminera son besoin plus ou moins important de produits extérieurs. Un pays faiblement diversifié aura davantage recours aux importations. Ainsi, un pays de petite taille aura tendance à davantage se spécialiser pour disposer d'avantages comparatifs et pourra exporter les marchandises dont il dispose en excédent et importer les produits qui lui font défaut.

Questions

6. Calculez le degré d'ouverture de la Chine concernant les échanges de marchandises.
7. Quels sont les pays les plus ouverts sur l'extérieur ? les pays les moins ouverts ?
8. Expliquez la phrase soulignée du document 6.
9. Comparez le degré d'ouverture des Pays-Bas et des États-Unis. Expliquez.

Document 7 *Exportations mondiales de marchandises, par région, 2013*

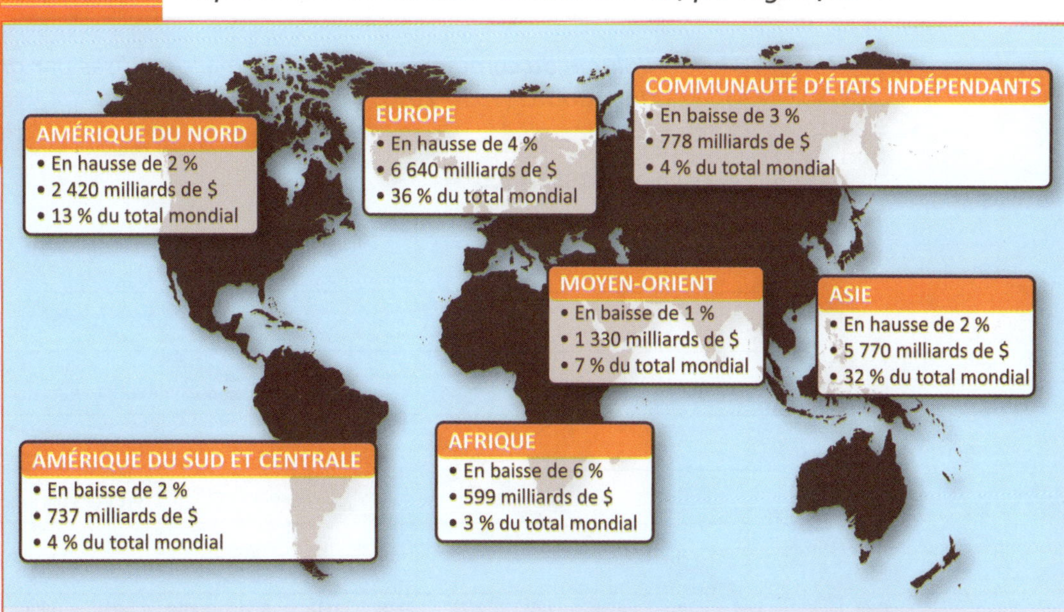

Extrait du communiqué de presse de l'OMC, 14 avril 2014.

Document 8 *Un changement de rapport de force*

Des années 1950 jusqu'au début des années 2000, la part prépondérante des pays développés à économie de marché (PDEM) constituait la permanence la plus remarquable du commerce international : selon les années, la part des PDEM oscillait entre la moitié et les trois quarts du commerce mondial (années 1980).

Les échanges mondiaux s'illustraient surtout par l'intensité des échanges qui s'effectuaient au sein et entre les pays des trois pôles dominants, dénommés la Triade : Amérique du Nord, Europe occidentale et Asie. Les pays en développement ne réalisaient, au cours des années 1950, que 30 % des échanges mondiaux, pour plus de la moitié en 2013.

La situation a commencé à changer au cours des années 1970 avec l'arrivée de ce que l'on appelait alors les « dragons asiatiques » (Corée du Sud, Hongkong, Singapour, Taiwan). Depuis, les pays du Sud dans leur ensemble n'ont cessé de prendre de l'importance, Chine en tête, devenue en 2010 le premier exportateur mondial devant l'Allemagne et les États-Unis. En outre, les échanges entre les pays en développement se sont intensifiés de façon remarquable.

En 1990, moins du tiers du commerce des pays en développement se faisait avec d'autres pays en développement ; aujourd'hui, le commerce Sud-Sud représente plus de la moitié des échanges de ces pays.

Questions

10. Quelles sont les régions qui dominent le commerce mondial ?

11. Quel groupe de pays se trouve marginalisé dans le commerce mondial ? Justifiez.

12. Comment a évolué la répartition géographique des échanges mondiaux depuis les années 1950 ?

B. La diversité des degrés d'ouverture selon les secteurs

Document 9 *Volume du commerce mondial de marchandises par grands groupes de produits (1950-2013)*

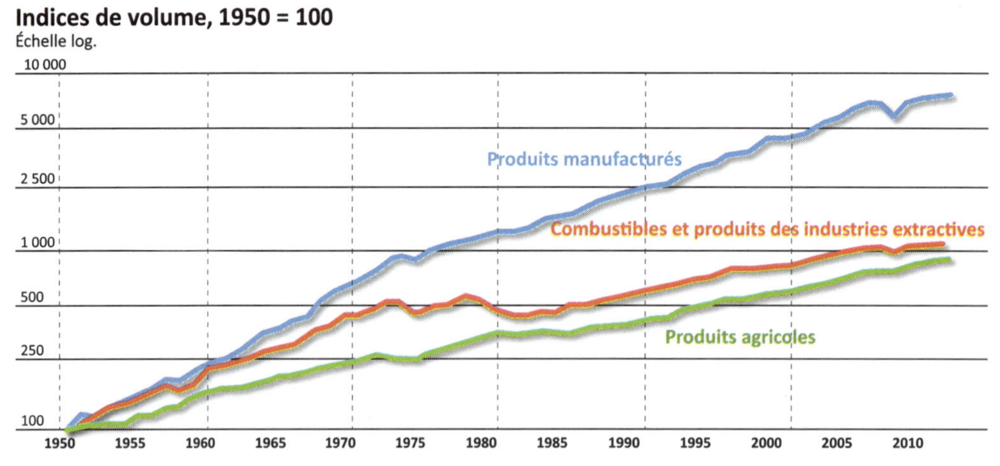

OMC, Statistiques du commerce international 2014, *www.wto.org*.

Questions

13. Estimez la part respective des trois groupes de produits dans les échanges mondiaux de marchandises.

14. Décrivez l'évolution des échanges par groupes de produits entre 1950 et 2013.

Document 10 *La répartition du commerce mondial entre biens et services*

Croissance comparée du commerce des marchandises et des services commerciaux
(en milliards de dollars)

Valeur	Marchandises	Services commerciaux
1987	2 530	505
2003	7 294	1 795
2013	18 301	4 645

OMC, 2014.

Document 11 *Échanges internationaux de services et réglementation intérieure*

Les services sont souvent protégés de la concurrence dans les pays de l'OCDE et au cours des dernières décennies, les échanges internationaux de services n'ont guère augmenté par rapport aux échanges de biens. De très nombreux obstacles réglementaires à l'intérieur des frontières freinent l'entrée de fournisseurs étrangers et font que les fournisseurs d'un pays rencontrent plus de difficultés pour opérer à l'étranger. Ces obstacles ne tiennent pas seulement au degré global de restriction ; ils s'expliquent aussi par les disparités réglementaires entre pays.

OCDE, *www.oecd.org*.

Questions

15. Calculez la part des échanges de marchandises et de services dans les échanges internationaux en 1987, en 2003 et en 2013. Concluez.

16. Décrivez les évolutions respectives des échanges de biens et de services entre 1987 et 2003, puis entre 2003 et 2013. Expliquez les causes de cette disparité.

17. Déterminez quels sont les secteurs de l'économie les plus exposés à la concurrence internationale d'une part, et les secteurs les plus abrités d'autre part.

III L'influence du taux de change sur les décisions des agents économiques

A. Le marché des changes : une nécessité pour les règlements internationaux

DOCUMENT 12 *Le règlement des échanges commerciaux*

Chaque pays ayant sa propre monnaie, les échanges internationaux de biens et de services entraînent un échange de monnaie. En effet, les fournisseurs étrangers des entreprises françaises, par exemple, n'acceptent généralement pas d'être payés en euros [...]. Toute relation économique avec l'étranger exige une opération de change puisque la monnaie nationale doit être convertie dans la monnaie du pays avec lequel se réalise la transaction. Le taux de change, qui exprime la valeur d'une monnaie dans une autre, permet ainsi à un importateur de connaître la quantité d'euros qu'il devra fournir pour obtenir le montant en dollars, yens, etc., exigé par l'entreprise étrangère. [...]
Le schéma ci-après décrit les différentes étapes du règlement des échanges entre un importateur français de produits fabriqués au Japon et son fournisseur japonais. Il met en évidence deux points importants. D'une part, ce sont les banques qui sont les intermédiaires pour toutes les opérations de change ; d'autre part, un marché particulier apparaît, le marché des changes.

Les étapes du règlement des échanges

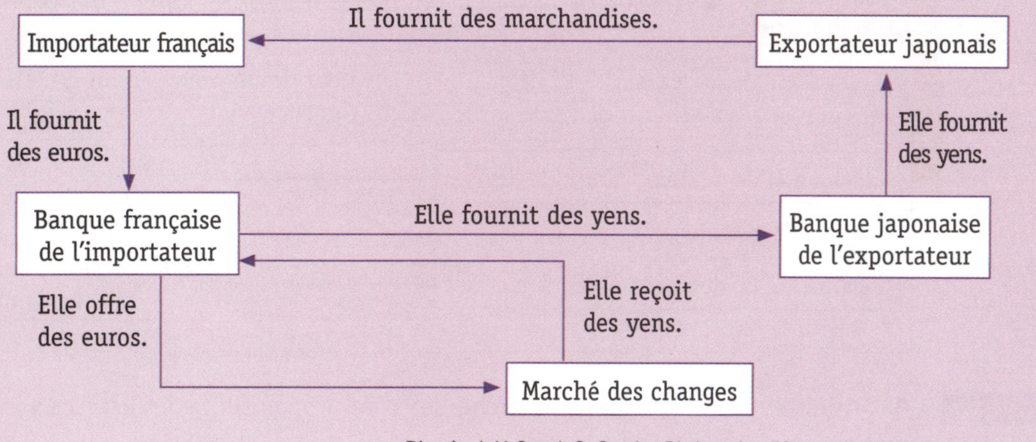

D'après J.-Y. Capul, O. Garnier, *Dictionnaire d'économie et de sciences sociales*, Hatier.

DOCUMENT 13 *Le taux de change de l'euro*

	22 octobre 2014	6 décembre 2014
Yen	135,56	149,27

Source : Banque centrale européenne.

Questions

1. Montrez le lien entre l'échange international et l'opération de change. Quelle est l'utilité de cette dernière ?
2. Définissez le taux de change. À quoi sert-il ?
3. Un importateur français achète régulièrement pour 100 000 yens de marchandises à son fournisseur japonais. Quel est le différentiel de coût induit par cette opération s'il a réalisé cet achat le 22 octobre ou le 6 décembre 2014 ? Concluez.

DOCUMENT 14 *Le fonctionnement du marché des changes*

Un marché mondial : les transactions entre offreurs et demandeurs de devises se déroulent entre les salles de marché des différentes banques du monde, par le biais d'instruments de communication.

Un marché en continu : le marché des changes fonctionne en continu, tous les jours ouvrables, sur chacune des grandes places financières mondiales (Londres, Paris, Zurich, Tokyo, New York, etc.).

Lorsque le marché européen ferme, il ouvre aux États-Unis avant que les places financières asiatiques ne prennent le relais. Il est ainsi possible d'acheter ou de vendre des devises à tout moment.

Les intervenants sur le marché des changes : les principaux acteurs intervenant sur le marché des changes sont les grandes banques, qui agissent pour leur compte propre ou pour celui de leurs clients (essentiellement des entreprises, mais également des particuliers et des institutions financières ne participant pas au marché).

DOCUMENT 15 *La fixation de la valeur des monnaies sur le marché des changes*

C'est l'offre et la demande qui déterminent la valeur des monnaies dont le cours fluctue au gré des ordres d'achat et de vente sur le marché des changes.

Demande de devises > Offre de devises → Appréciation de la devise : sa valeur augmente

Demande de devises < Offre de devises → Dépréciation de la devise : sa valeur diminue

Questions

4. Définissez et caractérisez le marché des changes, ainsi que les acteurs y intervenant.
5. Quelle situation sur le marché des changes entraîne l'appréciation d'une monnaie ? la dépréciation d'une monnaie ?

B. Les arbitrages des entreprises en fonction de l'évolution du taux de change

DOCUMENT 16 *Compétitivité-prix et compétitivité-hors prix*

La compétitivité représente la capacité d'une entreprise à faire face à la concurrence, tant sur les marchés extérieurs que sur son marché interne. Une entreprise peut être compétitive car elle vend moins cher que ses concurrents : on parlera alors de compétitivité-prix. La compétitivité-prix fait intervenir trois éléments : les coûts de production, le comportement des exportateurs, qui peuvent augmenter les prix des produits vendus à l'étranger afin d'augmenter leurs marges, et le taux de change, car les produits sont plus onéreux en cas d'appréciation de la monnaie.
Mais le niveau des prix n'est pas le seul élément qui entre en compte dans la décision d'achat. Les produits se vendent aussi pour d'autres raisons (qualité, sérieux du service, image de marque, etc.). On parlera de compétitivité-hors prix.

Document 17 *L'impact du taux de change*

Lors de son lancement en 1999, l'euro valait 1,1665 dollar. Sa valeur tourne aujourd'hui autour de 1,38 dollar. [...] Or, un niveau élevé de l'euro handicape la compétitivité des entreprises françaises à l'international. Le mécanisme est simple : les entreprises qui exportent fixent leur prix en euro, mais leurs clients achètent dans une autre monnaie. Si l'euro est trop fort, ces clients ont moins de pouvoir d'achat, donc ils achètent moins. [...]

Certaines entreprises s'y retrouvent, car un euro fort permet d'acheter pour moins cher à l'international. Ainsi, les groupes qui importent beaucoup de produits venant de l'extérieur de la zone euro voient dans un euro fort une hausse de pouvoir d'achat.

www.europe1.fr, 30 octobre 2013.

Document 18 *Euro fort : quels risques pour les entreprises ?*

Les secteurs et les entreprises les plus touchés sont ceux qui bénéficient le moins de la baisse des coûts importés, comme l'énergie ou les matières premières, qui sont facturées en dollars. Au contraire, toute entreprise qui a une structure de coûts en dollars voit son pouvoir d'achat augmenter. Par définition, les entreprises concernées sont celles qui ont des clients hors zone euro [...]. Les plus exposées sont celles qui n'ont pas su différencier leurs produits en innovant, et qui restent donc fortement tributaires de la compétitivité-prix. Si une entreprise innove, elle se place sur un segment de marché où il n'y a plus de concurrence directe. Elle peut donc librement fixer ses prix. C'est la compétitivité-hors prix qui permet de supporter une baisse de compétitivité-prix, due aux effets de change.

Propos recueillis par H. Lattard auprès de S. Guillou, économiste à l'OFCE, *www.lexpansion.com.*

Questions

6. À partir du document 16, expliquez les différents éléments qui fondent la décision d'achat des consommateurs.
7. Indiquez les conséquences d'une hausse de l'euro, puis d'une baisse de l'euro sur les coûts et la compétitivité des entreprises.
8. Toutes les entreprises sont-elles également sensibles à une hausse du taux de change ?
9. Que peuvent faire les entreprises pour rester compétitives en cas de hausse de l'euro ?

C. Les arbitrages des consommateurs en fonction de l'évolution du taux de change

Document 19 *Produits Apple : 12 % plus chers en France*

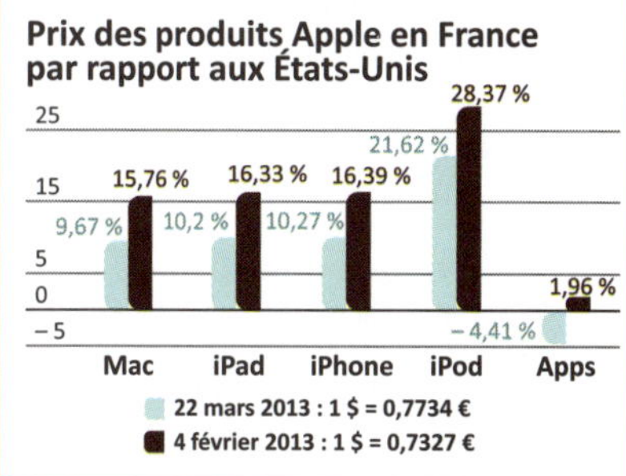

Les fluctuations monétaires ont une influence énorme sur les différences tarifaires entre la France et les États-Unis. En effet, le taux de change est différent chaque jour, alors que les prix d'Apple, eux, ne changent qu'une à deux fois par an. Ainsi, la différence de prix entre la France et les États-Unis change tous les jours, et nous avons donc pris dans notre comparaison deux points de référence : la date d'aujourd'hui, vendredi 22 mars, où 1 dollar se négocie 0,7734 €, ce qui correspond à un taux relativement élevé par rapport à ces derniers mois (alors qu'Apple a revu certains de ses tarifs à la baisse en fin d'année dernière, suite à la chute du prix du dollar en septembre), ainsi que la date du 4 février 2013, taux le plus faible de l'année avec 1 dollar pour 0,7327 €. [...]

Si l'on regroupe toutes ces catégories, Apple est aujourd'hui en moyenne 10,9 % plus cher en France qu'aux États-Unis. En février, cette différence atteignait 17 % ! Et si l'on prend la valeur moyenne du dollar de ces six derniers mois, qui s'établit à 1 dollar pour 0,7658 €, la différence de prix moyenne des produits d'Apple sur le long terme entre les États-Unis et la France est de 11,94 %.

Sylvain Rogelet, *consomac.fr,* 22 mars 2013.

Questions

10. Pourquoi est-il plus intéressant pour un agent français d'acheter les produits Apple directement aux États-Unis ou sur un site américain ?
11. Montrez comment le taux de change d'une monnaie influence le comportement d'achat des ménages.

Entraînement

LES COMPÉTENCES ATTENDUES

- Interpréter les soldes du compte des transactions courantes
- Apprécier le degré d'ouverture d'une économie ou de secteurs
- Identifier les influences du taux de change sur la décision des agents économiques

Mise en situation

En une vingtaine d'années, le paysage de l'économie mondiale a été bouleversé par la croissance effrénée des pays émergents et notamment de la Chine. En 2014, selon les estimations du FMI, la Chine devient officiellement la première économie du monde avec un PIB exprimé en parité de pouvoir d'achat de 17 632 milliards de dollars. Cependant, après trois décennies d'expansion effrénée, sa croissance ralentit. Le commerce extérieur ne suffit plus à tirer l'économie chinoise, d'autant que la compétitivité des produits exportés est menacée par la hausse des salaires.

Travail à faire

À l'aide du dossier joint et de vos connaissances, **en veillant à préciser les principaux concepts utilisés** et à exploiter les sources statistiques mises à votre disposition, vous êtes chargé(e) de concevoir une note argumentée et structurée dans laquelle :

1. vous apprécierez l'évolution du degré d'ouverture de la Chine au commerce international entre 1987 et 2013 ainsi que celle de son solde commercial ;
2. vous indiquerez les conséquences de la dépréciation de la monnaie chinoise pour les entreprises chinoises, puis pour les entreprises des pays extérieurs ;
3. après avoir présenté les caractéristiques du commerce extérieur de la Chine, vous montrerez les raisons de l'essor de la Chine.

ANNEXE 1

La croissance chinoise

L'essor des pays émergents, notamment de la Chine, a intensifié la mondialisation des échanges, dont le centre de gravité s'est déplacé. […]
Le développement de la production dans ces pays a profité d'une main-d'œuvre abondante. Mais cette croissance ne s'est pas traduite par un développement équivalent de la consommation intérieure, limitée par la pression qu'une « armée de réserve » encore nombreuse et nourrie par l'exode rural exerce sur le niveau des salaires. […]
Ce déséquilibre entre la croissance rapide de la production et celle beaucoup plus lente de la consommation se traduit par des excédents commerciaux de plus en plus importants, particulièrement en Chine, qui favorisent un modèle de développement extraverti, fondé en priorité sur la croissance des exportations.

Taux de croissance annuel du PIB chinois, en %

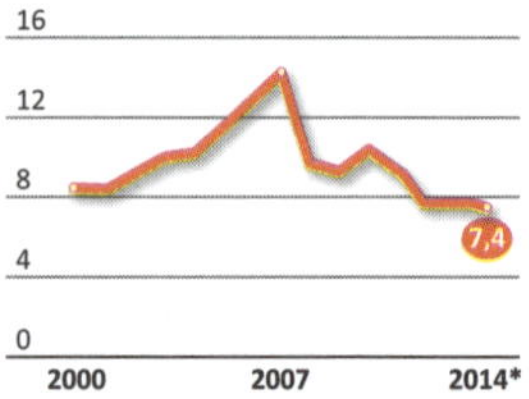

* Estimation
Source : Alternatives économiques, *H.-S. n° 102, oct. 2014*

Elliot Aurissergues, *Alternatives économiques*, hors-série n° 86.

ANNEXE 2

Le commerce extérieur chinois : un géant grandissant
Les indicateurs économiques de la Chine entre 1987 et 2013

En milliards de dollars courants	1987	1997	2013
PIB	268,2	952,7	9 240
Exportations de marchandises	39,4	182,8	2 209
Importations de marchandises	43,2	142,4	1 949,9
Exportations de services	4,2	24,5	204,7
Importations de services	2,3	27,7	329,4

Base de données statistiques de l'OMC, *www.wto.org*.

L'essor de la Chine dans le commerce mondial

ANNEXE 3

La Chine en mutation

Parmi toutes les économies émergentes, la Chine est sans doute la plus complexe et la plus difficile à appréhender. Leader dans certains secteurs industriels, comme l'électronique grand public, elle reste pourtant encore une économie en cours d'industrialisation, au moins jusqu'en 2020. […]
En raison de [ses] besoins croissants en matières premières et en énergie, les importations devraient croître plus vite que les exportations, sans toutefois remettre en cause le solde positif de la balance commerciale chinoise.

Concernant les exportations, viennent en tête l'électronique grand public (appareils de radio, télévisions, caméras...) qui se développe à grande vitesse ainsi que la construction navale, secteur où la Chine s'impose en acteur majeur.
Le pays développe ses échanges avec l'Amérique latine et la zone Asie-Pacifique, deux relais de croissance importants pour pallier le ralentissement économique des pays occidentaux.

© Marie-Pierre Noguès-Ledru, *lexpansion.com*, 9 mai 2012.

ANNEXE 4

Un carrefour du commerce mondial

La Chine reçoit du monde entier matières premières et composants. Elle achemine partout des produits manufacturés, dont elle assure 17 % des exportations mondiales. Cependant, la part des échanges recule dans son économie, surtout pour les produits qui sont seulement assemblés chez elle. Signe que le pays consomme davantage et va vers une production à plus forte valeur ajoutée.

Importations, exportations et balance commerciale chinoises (en % du PIB)

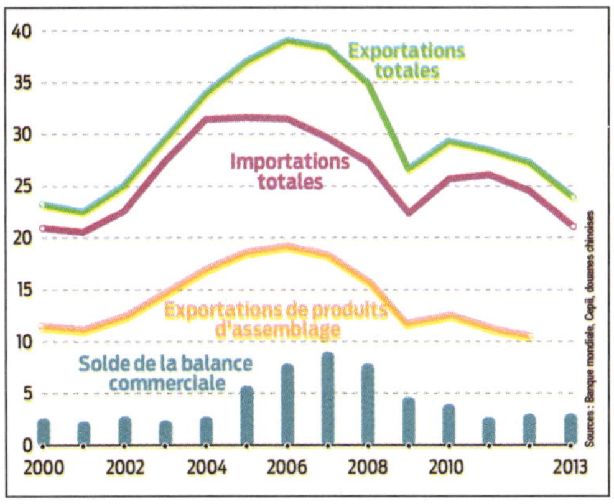

Exportations et importations chinoises en 2012

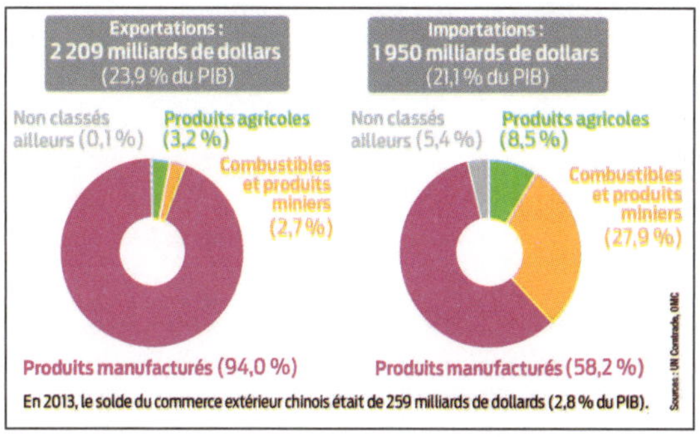

Gabriel Hassan, *Alternatives économiques*, hors-série n° 102, octobre 2014.

ANNEXE 5

Pékin laisse sa monnaie se déprécier, inquiétudes en Occident

Le yuan poursuit sa glissade. Il a perdu 0,4 % en trois jours, et 1,4 % sur un an. Le renminbi (RMB), « la monnaie du peuple », s'échange aujourd'hui à 6,1402 pour un dollar, son plus bas niveau en un an et demi. […]
Les partenaires commerciaux de la Chine redoutent une dévaluation visant à compenser les mauvais chiffres des exportations.

P. Saint-Paul, *www.lefigaro.fr*, 11 mars 2013.

Sens de la leçon

L'ouverture des économies

1 Le compte des transactions courantes retrace l'ensemble des échanges avec l'extérieur

- Importations et exportations de biens et de services
- Revenus
- Transferts courants

→ Solde de la balance des transactions courantes : excédent ou déficit

2 Le degré d'ouverture aux échanges…

… d'une économie

Le degré d'ouverture d'une nation indique son taux de participation au commerce extérieur.

- La répartition des échanges est inégale selon les pays et évolue avec le temps : aujourd'hui, les pays en développement réalisent presque la moitié des échanges mondiaux.
- Les échanges internationaux augmentent plus vite que la production mondiale et représentent aujourd'hui près d'un tiers du PIB mondial.

… des secteurs d'activité

- Des secteurs ouverts à la concurrence : les biens (80 % des échanges)
- Des secteurs abrités : les services, malgré une explosion depuis les années 1980.

3 Le taux de change détermine :

- Le prix des devises pour le règlement des échanges internationaux.
- Les décisions des agents économiques : consommateurs et entreprises.

Les mots-clés

Change – Commerce extérieur – Compétitivité-prix – Compétitivité-hors prix – Degré d'ouverture – Marché des changes – Compte des transactions courantes – Taux de change

5 Les fondements des échanges internationaux

LE RÉFÉRENTIEL

1. La coordination des décisions économiques par l'échange *(20 heures)*
1.2. La dimension internationale de l'échange *(7 heures)*
Les fondements des échanges internationaux

La compétence attendue	Le plan du chapitre
• Analyser les flux internationaux de biens et services	I. Les explications traditionnelles de l'échange international A. La justification de l'échange international B. Les critères de spécialisation des pays II. Les nouvelles approches du commerce international A. La réalité des échanges internationaux B. Les apports des nouvelles théories du commerce international III. La nouvelle division internationale du travail (DIT)

Mise en situation : Comment expliquer le dynamisme des BRICS ?

Évolution du volume des exportations
(1993 = 100)

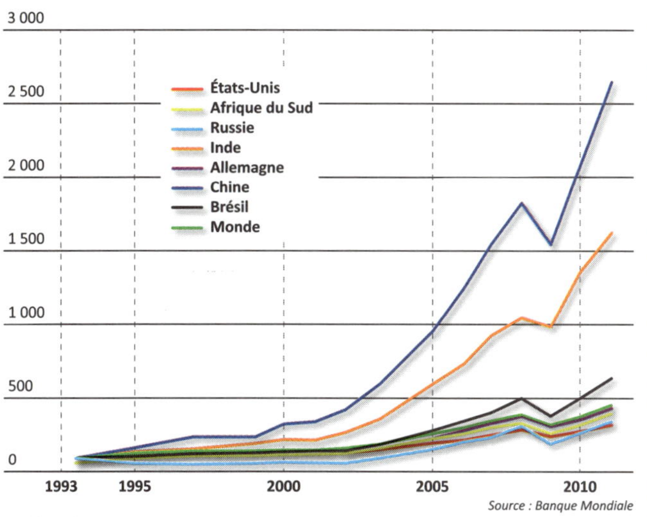

Source : Banque Mondiale

Une des manifestations les plus spectaculaires du succès des BRICS (Brésil, Russie, Inde, Chine, Afrique du Sud) réside dans leur progression dans le commerce international, où ils ont érodé la position des grandes puissances en place (États-Unis, UE, Japon). La Chine, par exemple, est devenue le premier exportateur mondial depuis 2010. D'un poids croissant dans les échanges économiques internationaux, les BRICS présentent néanmoins différentes spécialisations à l'exportation. L'Inde, par exemple, dont le décollage économique date des années 1980, a fondé sa stratégie de croissance sur le développement des services. Pour la Chine, il s'agit de produits industriels manufacturés, pour la Russie de produits énergétiques et pour le Brésil de matières premières agricoles et minérales.

Questions

1. Quantifiez la croissance des exportations au sein des BRICS. Comparez avec celle des pays développés.

2. Quel lien peut-on faire entre la croissance des exportations et la croissance de ces pays ?

I Les explications traditionnelles de l'échange international

A. La justification de l'échange international

Document 1 *La satisfaction de l'ensemble des besoins de la nation*

Une première raison que tu ne contesteras pas je pense : tu aimes bien manger des bananes, boire du bon café et profiter des avantages de l'essence qui fait carburer ma vieille guimbarde. Malheureusement, il fait un peu trop froid à Paris pour que prospèrent de beaux fruits exotiques et de verts caféiers, et les dieux ne nous ont pas suffisamment gâtés en nappes d'or noir. [...] Nous avons donc besoin des autres pour satisfaire nos besoins et désirs, comme les autres ont besoin de nous pour obtenir les produits qui n'existent pas chez eux pour des raisons climatiques, géologiques ou autres. Évident diras-tu. Certes. Mais ne crois pas que c'est la seule explication à l'échange entre nations.

André Fourçans, *L'économie expliquée à ma fille*, © Éditions du Seuil.

Document 2 *L'approvisionnement en pétrole de la France*

La France a produit près de 807 000 tonnes de pétrole en 2012 sur son sol. Cette production ne permet de couvrir que près de 1 % de ses besoins en pétrole. Pour satisfaire la demande, 56,8 millions de tonnes supplémentaires de pétrole brut ont été importées.

connaissancedesenergies.org, 4 mars 2014.

Question

1. Pourquoi le commerce international est-il nécessaire ? Illustrez votre réponse.

B. Les critères de spécialisation des pays

Document 3 *La spécialisation selon les avantages comparatifs : David Ricardo (1817)*

La théorie de Ricardo offre une analyse du commerce international qui démontre la supériorité de l'échange international sur l'autarcie.

« L'Angleterre peut se trouver dans des circonstances telles qu'il lui faille, pour fabriquer le drap, le travail de cent hommes par an, tandis que, si elle voulait faire du vin, il lui faudrait peut-être le travail de cent vingt hommes par an : il serait donc de l'intérêt de l'Angleterre d'importer du vin, et d'exporter en échange du drap. [...]

En Portugal, la fabrication du vin pourrait ne demander le travail que de quatre-vingts hommes pendant une année, tandis que la fabrication du drap exigerait le travail de quatre-vingt-dix hommes. Le Portugal gagnerait donc à exporter du vin en échange du drap. »

Une analyse fondée sur les coûts **absolus**, comme celle d'Adam Smith, conduirait à considérer que seul le Portugal peut exporter puisqu'il produit le vin comme le drap pour moins cher que l'Angleterre.

Or, Ricardo montre que ce sont les coûts **relatifs** qui doivent être considérés. Chaque pays a intérêt à se spécialiser dans la production dans laquelle il est le plus performant en termes de coût, ou le moins mauvais comparativement aux autres nations. Ainsi, l'Angleterre aura intérêt à se spécialiser dans le drap, où sa productivité est la moins mauvaise par rapport au Portugal.

Si les deux pays entrent dans l'échange international, et donc se spécialisent, ils produisent un seul type de bien, mais en plus grande quantité, à un coût relativement plus faible qu'à l'étranger. En vendant à l'étranger le surplus de cette production qu'ils ne consommeront pas intégralement, ils peuvent acquérir d'autres biens (car ils ont également besoin de biens qu'ils ne produisent pas) pour lesquels leur productivité est relativement moins forte. Il en résulte pour chaque pays, et donc pour l'économie mondiale, une hausse de la production et de la productivité.

DOCUMENT 4 *Illustration du principe des avantages comparatifs au sein de l'empire britannique au XIXe siècle*

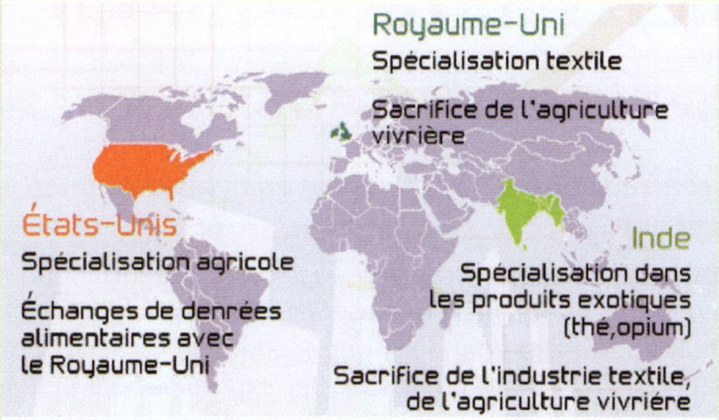

À l'époque de Ricardo, l'Angleterre, seule grande puissance à avoir connu la révolution agricole, a l'agriculture la plus productive du monde. Celle-ci est pourtant sacrifiée au profit de l'industrie selon la logique décrite par Ricardo. Autosuffisante au début du XIXe siècle, l'Angleterre dépendra pour plus des deux tiers de l'étranger pour son alimentation au début du siècle suivant.

Questions

2. Expliquez pourquoi, selon la théorie des avantages absolus d'Adam Smith, l'Angleterre ne pourrait pas participer au commerce international.
3. Selon Ricardo, pourquoi les pays ont-ils intérêt à se spécialiser dans certaines productions ? Justifiez en expliquant les spécialisations respectives de l'Angleterre et du Portugal.
4. Pourquoi, selon Ricardo, y a-t-il un gain global tiré du commerce international ?

DOCUMENT 5 *La spécialisation selon la dotation en facteurs de production : le modèle HOS (Heckscher, Ohlin et Samuelson)*

Les travaux de E. Heckscher, B. Ohlin et P.A. Samuelson montrent, également, que le libre-échange est à l'origine de gains pour les pays si ces derniers se spécialisent en fonction de leurs dotations relatives en facteurs de production, c'est-à-dire la terre, le travail et le capital.
Pour ces auteurs, c'est l'« abondance relative d'un facteur de production » qui va être à l'origine de l'avantage comparatif, c'est-à-dire d'un coût relatif plus faible. Ainsi, un pays abondamment doté en main-d'œuvre, mais disposant d'équipements restreints, aura-t-il tendance à se spécialiser dans des productions utilisant des techniques intensives en travail, car le coût du travail y sera moins élevé.
Chaque pays a donc intérêt à se spécialiser dans les productions utilisant les facteurs qu'il possède en abondance par rapport aux autres pays, à exporter de telles productions et à importer des biens renfermant des facteurs de production qui lui manquent.
Historiquement, la Chine a fondé sa croissance sur une main-d'œuvre abondante, et donc à bas coût. Elle s'est alors spécialisée dans des activités d'assemblage de produits manufacturés, peu automatisées et nécessitant beaucoup de main-d'œuvre.

DOCUMENT 6 *L'évolution de la spécialisation des pays asiatiques*

De manière dynamique, si la dotation relative d'un pays en capital augmente, sa spécialisation se déplace vers la production de biens utilisant beaucoup de capital, ce qui aura également pour effet de modifier la spécialisation des autres pays. [...]
La dynamique de « remontée des filières » appliquée par les pays asiatiques semble également suivre le modèle HOS : ces pays commencent par exporter des chaussettes et des T-shirts, qui exigent surtout du travail peu qualifié dont ils disposent en abondance, puis passent progressivement aux textiles synthétiques qui nécessitent du capital et une main-d'œuvre plus qualifiée, obtenus dans la première phase de leur développement. Avant de se lancer, comme la Chine, dans l'exportation de vêtements remplis de nanotechnologies, capables de changer de texture selon le temps qu'il fait, ce qui réclame une main-d'œuvre qualifiée et du capital.

Arnaud Parienty, *Alternatives économiques* n° 70, novembre 2014.

Questions

5. Qu'est-ce que la dotation factorielle d'une nation ?
6. Selon la théorie HOS, comment s'exerce la spécialisation internationale ? Expliquez pourquoi le théorème HOS est considéré comme un approfondissement de la théorie des avantages comparatifs.
7. Comment la spécialisation de la Chine a-t-elle évolué ?

II Les nouvelles approches du commerce international

A. La réalité des échanges internationaux

Document 7 *La contradiction par les faits des analyses classiques*

L'écart considérable entre les prédictions de la théorie traditionnelle et les constatations empiriques doit conduire à remettre en cause les idées antérieures. Elhanam Helpman et Paul Krugman, en 1985, considèrent ainsi que [certaines] caractéristiques importantes du commerce international contemporain ne sont pas expliquées par la théorie traditionnelle :
- les échanges internationaux se développent le plus rapidement entre les pays les plus développés, qui présentent des dotations factorielles très voisines, contrairement aux attentes de la théorie HOS ;
- le commerce intrabranche constitue une part significative et en croissance des échanges internationaux qui ne peut être expliquée ni par la théorie ricardienne, ni par la théorie HOS.

M. Rainelli, « Mondialisation et commerce international », *Cahiers français*, n° 325, La Documentation française.

Document 8 *Le poids du commerce intrabranche dans les pays de l'OCDE*

Le commerce international est dominé par le commerce intra-branche, c'est-à-dire les échanges de biens qui appartiennent à la même branche industrielle. Plus de la moitié du commerce entre pays de l'OCDE porte sur des échanges intrabranches. Au sein de l'Union européenne, première puissance commerciale du monde, 60 % du commerce est intrabranche. On pourrait en conclure que les pays fabriquent et échangent les mêmes biens, ce qui contredirait la théorie classique du commerce international, qui postule que les pays se spécialisent dans la production de biens pour lesquels ils disposent d'un avantage comparatif. En réalité, les producteurs, à l'intérieur d'une même branche (l'automobile, par exemple), cherchent à se distinguer de leurs concurrents en singularisant le plus possible leurs produits (en se spécialisant, par exemple, dans les véhicules bas de gamme ou haut de gamme), de sorte que les produits échangés ne sont pas équivalents pour les consommateurs.

S. Lepeltier, *Mondialisation : une chance pour l'environnement*, Rapport d'information du Sénat n° 233, *www.senat.fr*.

Questions

1. Identifiez les caractéristiques des échanges contemporains qui remettent en cause les théories traditionnelles des échanges internationaux. Argumentez vos réponses.
2. Qu'est-ce que le commerce intrabranche ?
3. Quelles sont les stratégies des entreprises dans le cadre du commerce intrabranche ?

Document 9 *Le marché automobile français*

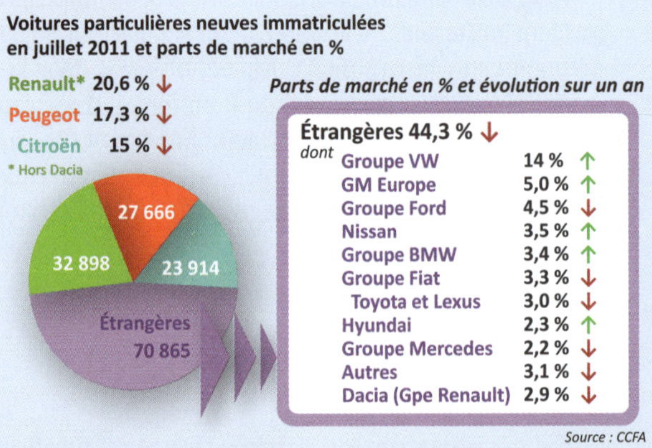

Question

4. En quoi la répartition des immatriculations en France traduit-elle l'importance du commerce intrabranche ?

B. Les apports des nouvelles théories du commerce international

Document 10 *Le goût des consommateurs pour la variété*

La théorie traditionnelle repose sur l'hypothèse d'homogénéité des biens : tous les producteurs anglais de drap mettent sur le marché le même drap, et le drap produit au Portugal est strictement identique à celui réalisé en Angleterre. Cependant, la théorie microéconomique a développé dès les années 1930 une hypothèse différente, celle de la différenciation des produits. Pour des raisons subjectives ou objectives, les consommateurs ne considèrent pas comme identiques les produits de deux firmes qui appartiennent à la même branche. [...]

L'introduction de cette hypothèse dans l'explication des échanges internationaux permet de comprendre l'existence du commerce intrabranche [pour deux raisons] :

– les consommateurs d'un pays vont demander des produits étrangers parce qu'ils ont un goût pour la variété (le commerce international leur permet d'accroître l'éventail de biens) ou bien parce que les producteurs étrangers offrent des produits qui correspondent plus précisément aux spécifications qu'ils demandent ; [...]

– les consommateurs sont confrontés à des produits qui ont des qualités différentes, comme, par exemple, les modèles d'automobiles. Les consommateurs ayant des revenus élevés demandent la qualité supérieure, alors que ceux à revenus faibles sont intéressés par la qualité inférieure. La spécialisation internationale s'explique alors par le niveau moyen de revenu des habitants. Le pays avec le revenu moyen le plus élevé se spécialise dans la production de la qualité supérieure, celui avec le revenu moyen le plus faible dans la production de la qualité inférieure, et il existe des échanges internationaux de produits de qualité différente.

M. Rainelli, *Le Commerce international*, éditions La Découverte.

Questions

5. Présentez les principales causes de l'échange intrabranche.
6. Montrez que le développement du commerce intrabranche vient contredire les conclusions des théories traditionnelles concernant la spécialisation des nations.

Document 11 *L'indien Tata a fait des miracles avec Jaguar et Land Rover en 2013*

Jaguar Land Rover, le fabricant britannique de voitures haut de gamme détenu par l'indien Tata Motors, a annoncé dimanche avoir vendu un nombre de véhicules record l'an dernier, à la faveur d'une forte hausse de la demande en provenance de pays tels que le Brésil, la Chine, l'Inde et les États-Unis.

Reuters, 12 janvier 2014.

Question

7. Pourquoi la spécialisation de l'Inde évolue-t-elle vers le véhicule haut de gamme ?

III La nouvelle division internationale du travail (DIT)

Document 12 *La DIT reflète la spécialisation des pays*

La division internationale du travail, ou DIT, est une extension de la division du travail appliquée au commerce international. Elle désigne le fait que les pays se sont spécialisés pour produire certains biens économiques : ils ne travaillent pas tous sur les mêmes produits et, de ce fait, échangent entre eux leur production. Cette spécialisation de pays ou zones repose initialement sur les simples avantages comparatifs des différents pays, pour évoluer vers une décomposition plus poussée de la chaîne de valeur, ou décomposition internationale du processus productif (DIPP).

La DIPP correspond au fait que les firmes délocalisent certains morceaux ou segments de la chaîne de production en plusieurs pays pour tenir compte des avantages de chacun d'eux (l'assemblage, par exemple), ce qui peut donner lieu à une exportation préalable de composants (tissus, composants automobiles, composants électroniques, pièces détachées...) et à des importations de produits finals.

Les firmes multinationales mettent ainsi en œuvre de nouvelles stratégies à l'échelle mondiale.

Document 13 *Le rôle des firmes multinationales dans la nouvelle DIT*

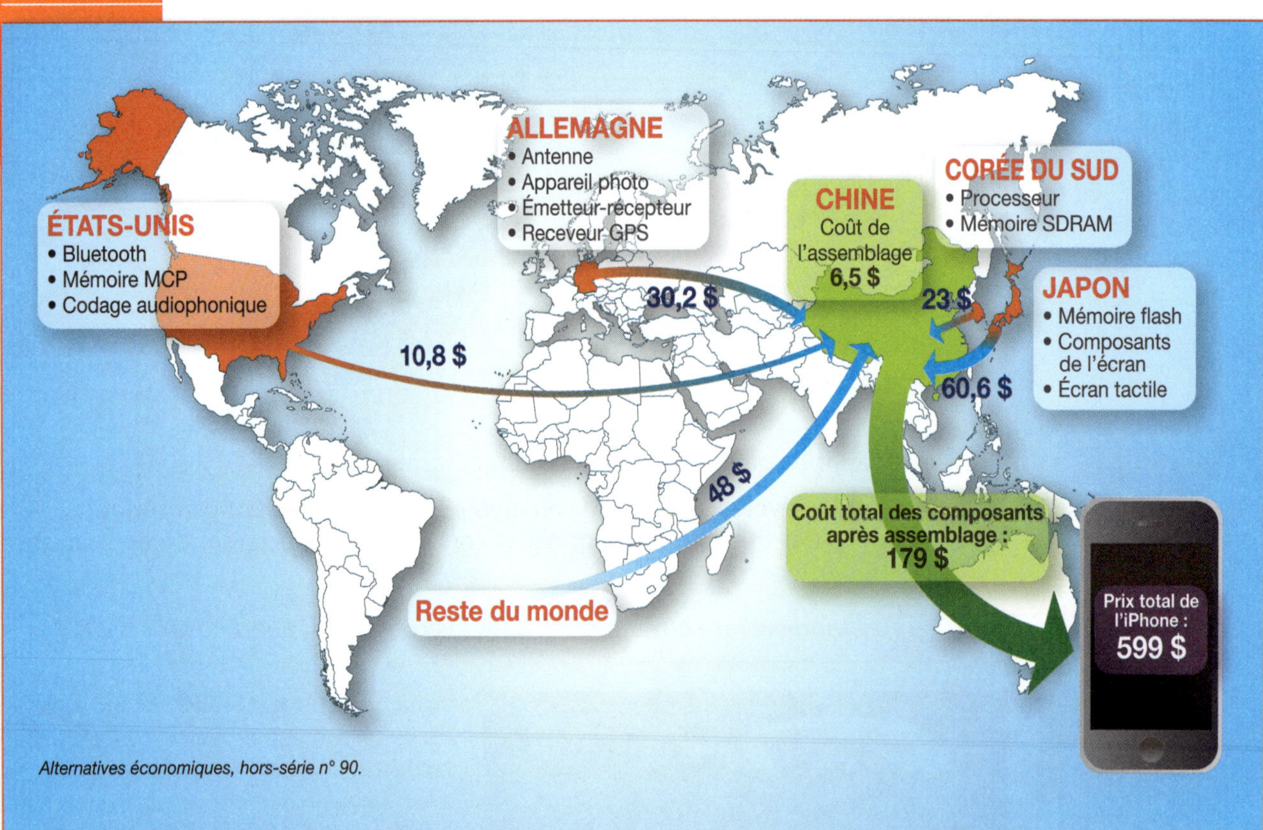

Alternatives économiques, hors-série n° 90.

➜ Questions

1. Que reflète la division internationale du travail au niveau de la répartition de la production mondiale ?
2. Caractérisez la décomposition internationale du processus productif (DIPP). En fonction de quel critère s'effectue-t-elle ? Illustrez avec l'exemple de la fabrication de l'iPhone.

Document 14 *L'évolution des avantages comparatifs*

Jusqu'à la fin des années 1960, on a assisté à une division internationale du travail dite « traditionnelle », où les pays développés exportent des produits manufacturés vers les pays du Sud en échange de produits primaires, produits agricoles et matières premières. La spécialisation des productions répond alors en partie à la volonté de bénéficier des avantages de productivité et à la dotation en facteurs.

À partir des années 1970, les avantages comparatifs évoluent. Les exportations du Sud vers le Nord sont de moins en moins constituées de matières premières et incorporent, au contraire, de plus en plus de produits manufacturés. Cependant, ce « rattrappage » se réalise fréquemment sur les segments « bas de gamme » de l'activité industrielle.

Document 15 *L'évolution de la DIT*

Le revirement par rapport au paradigme des années 1950 a donné lieu à de nouvelles théories du commerce international. On a ainsi appris que les avantages comparatifs jouaient non pas tant entre les secteurs (agriculture, matières premières, industrie manufacturière) qu'à l'intérieur de ces secteurs ; que les pays pauvres pouvaient ainsi développer des spécialisations dans les productions industrielles utilisant beaucoup de main-d'œuvre peu qualifiée, en se positionnant soit sur le bas de gamme en termes de prix et qualité, soit sur des segments de la chaîne de production intensifs en travail.

Les BRICS montrent aussi qu'ils peuvent développer des avantages comparatifs dans des secteurs exigeant un personnel très qualifié, comme l'a fait l'Inde dans les services des technologies de l'information et de la communication (TIC), dans l'industrie pharmaceutique et dans le secteur aéronautique.

A. Goldstein, F. Lemoine, *L'économie des BRICS*, Éd. La découverte, Collection Repères, août 2013.

Document 16 *Une nouvelle répartition des échanges mondiaux*

Les économies avancées restent les leaders mais elles sont en perte de vitesse par rapport aux émergents en termes de performance. Alors qu'elles représentaient près des 3/4 du PIB mondial en 2001 (80 % du commerce mondial), elles ne représentent plus que 60 % du PIB mondial (60 % du commerce mondial). [...]

L'Asie s'est ainsi imposée dans de nombreux secteurs, les composants électroniques et les matériels informatiques, respectivement 74 % et 78 % du chiffre d'affaires mondial de ces secteurs, mais aussi les équipementiers automobiles (60 % du chiffre d'affaires mondial).

Direction des études économiques du groupe Euler Hermes, *Le bulletin économique*, février 2013.

Questions

3. Quelle était la spécialisation des pays du Sud avant les années 1970 ? Pourquoi ?
4. Pourquoi peut-on parler de « nouvelle » division internationale du travail ?
5. Comment a évolué la répartition du commerce mondial entre les principaux pôles du commerce mondial ?

Entraînement

La compétence attendue

• Analyser les flux internationaux de biens et services

Mise en situation

Cinquième importateur et sixième exportateur mondial, la France s'est spécialisée au fil du temps dans certaines activités qui font sa renommée au niveau mondial. Vous êtes chargé(e) de mener une étude sur le type et les raisons de la spécialisation de la France.

Travail à faire

À l'aide du dossier joint et de vos connaissances, **en veillant à préciser les principaux concepts utilisés** et à exploiter les sources statistiques mises à votre disposition, vous êtes chargé(e) de concevoir une note argumentée et structurée dans laquelle :

1. vous indiquerez la signification de l'indicateur d'avantage comparatif révélé ;
2. vous expliquerez la théorie classique à laquelle se réfère l'annexe 3 et analyserez le graphique ;
3. vous montrerez comment a évolué la spécialisation de la France et exposerez les raisons de cette évolution à la lumière des théories du commerce international.

Annexe 1

Forces et faiblesses des produits français

Baisse des échanges en 2013, après un fort ralentissement en 2012.

En 2013, les exportations se replient de –1,3 %, après une croissance ralentie l'année précédente (+ 3,1 %). Le recul est prononcé pour certains biens intermédiaires (produits métallurgiques, chimie), où la baisse des quantités écoulées se conjugue à une diminution des prix. Il est aussi important pour les machines industrielles et agricoles et les véhicules automobiles. En revanche, les exportations correspondant aux points forts de la spécialisation française résistent mieux. C'est notamment le cas des ventes de produits pharmaceutiques et des industries agro-alimentaires (IAA), qui progressent encore malgré un rythme ralenti. Les exportations de produits agricoles se redressent, grâce aux ventes de céréales, tandis que les livraisons aéronautiques augmentent encore légèrement, après l'envolée de l'année précédente. Celles de certains produits de l'industrie du luxe (habillement, joaillerie et bijouterie, parfums et cosmétiques) sont aussi orientées à la hausse.

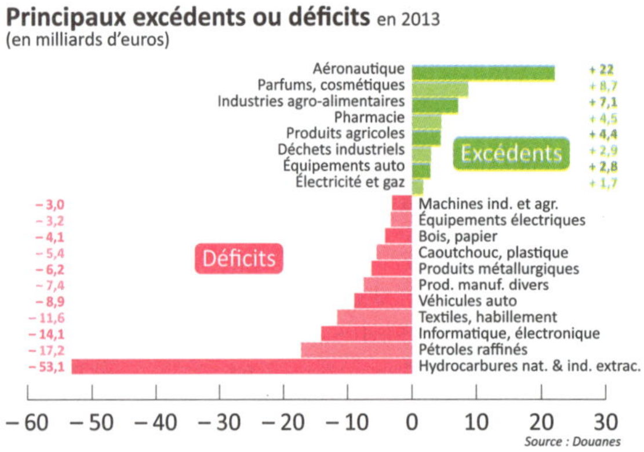

Douanes, Département des Statistiques et des Études Économiques, 2014.

Annexe 2

L'avantage comparatif révélé

L'indicateur des « avantages comparatifs révélés » (ACR), concept introduit par Béla Balassa en 1965 et développé en France par le CEPII, répond à la question : « Quels sont les points forts et les points faibles d'une économie à l'exportation ? » Plus il est élevé, plus il montre une forte spécialisation dans un domaine d'activité. Il permet ainsi de caractériser la structure de la spécialisation de chaque pays pour chaque secteur d'activité.

Annexe 3

Le déclin de l'industrie automobile française

Au premier trimestre 2013, les immatriculations de véhicules automobiles en Europe ont reculé de 10 % par rapport à la même période de 2012. Tous les constructeurs généralistes font face à des chutes d'immatriculation qui vont de 13 % (Volkswagen) à 20 % (Ford).

Jusque-là, producteurs haut de gamme comme *low cost* semblaient à l'abri de la crise ; mais le mois dernier, le haut de gamme a reculé (Audi – 9 %, BMW – 5 %) et, parmi les *low cost,* Dacia (+ 16 %) est pratiquement le seul à résister. [...]

Avantages comparatifs révélés, France-Allemagne (1990-2011)

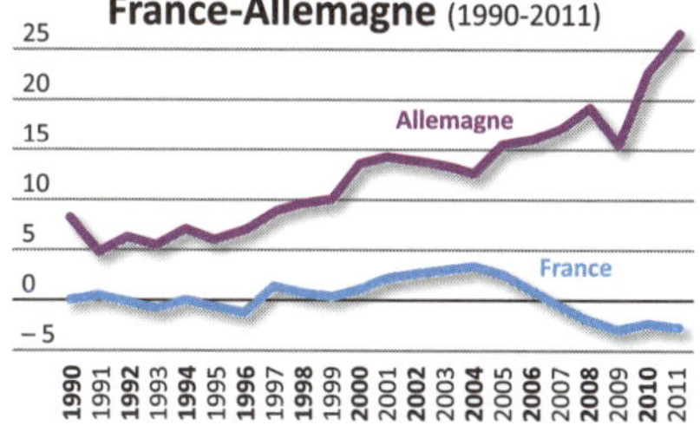

Source : véhicules pour particuliers, CHELEM

Une très forte divergence est apparue entre la France et l'Allemagne à partir de 2004. L'excédent automobile français a disparu pour faire place à un déficit croissant. La position allemande qui avait décliné, jusqu'au début des années 2000, enregistre des gains importants, notamment sur le marché européen. [...]

La progression des salaires horaires dans le secteur manufacturier a ainsi été quasi nulle en Allemagne au cours de la première décennie 2000, alors qu'ils augmentaient de 20 % en France. L'emploi manufacturier en général, et dans le secteur automobile en particulier, a été maintenu pratiquement constant en Allemagne alors qu'il baissait de 20 % en France. Les choix de développement de montée en gamme et en qualité ont fait le reste.

« Le déclin de l'industrie automobile française », Michel Fouquin, extrait de « L'industrie automobile européenne au point mort », billet du 14 mai 2013, blog du CEPII, http://blog.cepii.fr

Annexe 4

Une spécialisation sectorielle en mouvement

Au cours des 15 dernières années, la physionomie du commerce extérieur de la France évolue profondément. L'ouverture aux échanges se poursuit et la concurrence avec les pays tiers s'intensifie, de sorte qu'on assiste à une redistribution de ses avantages comparatifs. Le schéma traditionnel, qui voit la France spécialisée dans le savoir, tandis que les pays émergents sont cantonnés dans les produits à plus faible valeur ajoutée et intensifs en main-d'œuvre peu qualifiée, n'est plus tout à fait aussi pertinent qu'auparavant. [...]

En dehors du pétrole et du gaz, les principaux désavantages tiennent aux secteurs traditionnels, comme le textile, les meubles ou la métallurgie non ferreuse, mais pas seulement. L'évolution la plus marquante tient d'abord aux véhicules automobiles. Autrefois point fort de la spécialisation française, ils constituent maintenant l'un de ses principaux désavantages. Le modèle automobile français repose en effet sur une internationalisation croissante de la production, qui conduit à importer des pays à bas coûts les modèles d'entrée de gamme, d'où l'accumulation des déficits depuis 2007. L'autre fait saillant vient du creusement des désavantages dans le matériel informatique et l'électronique grand public, qui illustre la montée en gamme des pays émergents. Désormais, la moitié de ces produits est importée d'Asie et un quart de Chine, où ils sont assemblés. [...]

Sinon, le gros de la spécialisation française vient de produits plutôt innovants. Si la plupart des matériels de transport entrent dans cette catégorie, l'aéronautique et les satellites sortent du lot, car ils affichent des profils de spécialisation particulièrement dynamiques sur la période. De nombreuses poches de spécialisation viennent enfin de certains produits issus de secteurs *a priori* plus traditionnels, comme l'habillement/cuir/textile ou les métaux et produits métalliques, où l'on peut supposer l'existence d'une concurrence frontale avec les pays émergents. Dans le premier cas, il s'agit notamment des industries du luxe, abritant un savoir-faire important, où le marketing, voire l'innovation, jouent un rôle important (sacs à main, portefeuilles).

Études et éclairages n° 15,
Les chiffres du commerce extérieur,
Direction générale des douanes et droits indirects.

Sens de la leçon

Les fondements des échanges internationaux

1 Pourquoi procéder à des échanges internationaux ?

Pour les nations
→ Échanger permet de se spécialiser et aboutit à la division internationale du travail, qui entraîne des gains de productivité pour tous les pays.

Pour les consommateurs
→ Échanger permet d'augmenter la variété des produits offerts aux consommateurs et favorise leur pouvoir d'achat.

Pour les entreprises
→ Échanger permet de se spécialiser afin de réaliser des économies d'échelle et de gagner des parts de marché.

2 Les explications des échanges internationaux

Selon les théories traditionnelles, la spécialisation des échanges est déterminée par :

- Les avantages relatifs qu'elle procure à chaque nation : c'est la théorie des avantages comparatifs de David Ricardo.
- La dotation en facteurs de production de chaque nation : c'est le théorème HOS de E. Heckscher, B. Ohlin et P. A. Samuelson.

Les théories classiques présentent des insuffisances :

- Le commerce intrabranche est très élevé, notamment dans les pays développés.
- L'essentiel des échanges est réalisé par et entre les pays industrialisés.
- Les firmes se spécialisent en différenciant leurs produits pour répondre au besoin de variété des consommateurs. (Théorie du commerce international de Paul Krugman)

3 La nouvelle division internationale du travail (DIT)

- Dans le commerce mondial, la part des pays développés diminue et celle des pays émergents progresse.
- Les pays émergents se spécialisent de plus en plus vers des productions à plus forte valeur ajoutée.

Les mots-clés

Commerce intrabranche – Division internationale du travail – Théorème HOS – Théorie des avantages comparatifs

préparation à l'épreuve

S'entraîner au BTS n° 1

L'influence des pays émergents sur les échanges internationaux

Les compétences attendues

- Analyser les flux internationaux de biens et services
- Apprécier le degré d'ouverture d'une économie ou de secteurs
- Interpréter les soldes du compte des transactions courantes

Mise en situation

On assiste aujourd'hui à l'irrésistible ascension de pays autrefois en sous-développement qui, en quelques années, se sont imposés comme des acteurs majeurs de l'économie mondiale. L'essor des pays émergents a entraîné le développement des échanges internationaux. Le centre de gravité de l'économie mondiale s'est déplacé vers des pays d'Asie comme la Chine et l'Inde mais aussi vers l'Amérique du Sud avec le Brésil, vers l'est de l'Europe avec la Russie, et, dans une moindre mesure, vers l'Afrique avec l'Afrique du Sud.

Vous êtes responsable des études économiques internationales de votre entreprise dont la part du chiffre d'affaires à l'exportation vers les BRICS* ne cesse de progresser et est stratégique pour assurer sa pérennité. Dans ce cadre, vous êtes chargé(e) de réaliser une étude sur l'évolution des échanges internationaux de biens et services et de l'impact des BRICS sur le commerce mondial.

* Les cinq principaux pays émergents que l'on identifie sous l'acronyme BRICS : Brésil, Russie, Inde, Chine, auxquels on associe depuis 2011 l'Afrique du Sud.

Travail à faire

À l'aide du dossier joint et de vos connaissances, **en veillant à préciser les principaux concepts utilisés** et à exploiter les sources statistiques mises à votre disposition, vous êtes chargé(e) de concevoir une note argumentée et structurée dans laquelle :

1. Vous analyserez l'évolution des flux internationaux de biens et services de cinq pays émergents, les BRICS, ainsi que leur participation à la croissance mondiale.
2. Vous apprécierez le degré d'ouverture et le type de spécialisation des principales économies émergentes.
3. Vous interpréterez les comptes des transactions courantes des BRICS.

Ressources documentaires

Annexe 1 Pays émergents
Annexe 2 Les BRIC : de nouvelles puissances commerciales

Annexe 3 Composition par secteur des exportations de marchandises des BRICS en 2013 (en %)
Annexe 4 Le grand rattrapage
Annexe 5 Taux d'ouverture de quelques économies, en % du PIB
Annexe 6 Une évolution spectaculaire des flux commerciaux Sud-Sud
Annexe 7 La montée en puissance des pays émergents
Annexe 8 Le commerce extérieur des BRICS : les comptes des transactions courantes

Annexe 1 *Pays émergents*

Fondamentalement, les économies émergentes présentent quatre traits caractéristiques communs :
– **Revenus intermédiaires** : leurs revenus par habitant sont intermédiaires, situés entre ceux des pays les moins avancés et ceux des pays riches. Pour l'essentiel, ils sont compris entre 10 % (l'Inde) et 75 % (l'Europe centrale émergente) de la moyenne de l'Union européenne (en parités de pouvoir d'achat).
– **Dynamique de rattrapage** : leur croissance récente a rapproché les économies émergentes des niveaux de vie occidentaux. Le taux de croissance de leur PIB est supérieur ou égal à la moyenne mondiale durant la dernière décennie.
– **Transformations et ouverture** : au cours de la période récente, ces pays ont connu des transformations institutionnelles et structurelles qui ont contribué à les insérer de manière nouvelle dans l'économie mondiale. Ces économies échangent de plus en plus avec le reste du monde et bénéficient d'implantations industrielles et de services de la part de firmes multinationales d'origine occidentale. Certains développent désormais leurs propres capacités d'investissements à l'étranger et contribuent de manière active à la mondialisation.
– **Potentiel de croissance** : compte tenu de l'écart qui les sépare encore des niveaux de vie des pays avancés, ces économies bénéficient d'un potentiel de croissance important à moyen-long terme.

Julien Vercueil, *Les pays émergents Brésil, Russie, Inde, Chine…*, Bréal, 2012.

Annexe 2 *Les BRIC : de nouvelles puissances commerciales*

Une des manifestations les plus spectaculaires du succès des BRIC (Brésil, Russie, Inde, Chine) a été leur progression dans le commerce international où ils ont érodé la position dominante des grandes puissances en place (États-Unis, Union européenne, Japon).
Si l'on mesure l'ouverture commerciale d'un pays au ratio de ses exportations (ou de ses importations) sur son PIB, la Russie, l'Inde et la Chine sont des pays relativement plus ouverts que les États-Unis et le Japon.
Depuis vingt ans, la structure des exportations manufacturières des BRIC a évolué. Les produits les plus intensifs en travail peu qualifié et en ressources (comme le textile), qui dominaient leurs exportations industrielles au début des années 1990, ont perdu de l'importance au profit des secteurs incorporant plus de technologie, de travail qualifié et/ou de capital. Les secteurs de moyenne technologie (machines et équipements) et les secteurs dits de « haute technologie » (électronique, chimie, aéronautique) prennent le pas sur les secteurs d'exportation traditionnels.
Les BRIC ont doublé, en dix ans, leur part dans le commerce. Leur offre de produits manufacturés et de services a rogné la domination des pays avancés. Leur demande pèse de plus en plus lourd.
C'est dans le textile que les BRIC détiennent la plus grosse part de marché mondial (40 % en 2011) ; mais c'est aussi dans les secteurs électrique et électronique qu'ils ont le plus progressé ces vingt dernières années et ils assurent, en 2011, environ le quart des exportations mondiales. Leur part est loin d'être négligeable dans la sidérurgie, les machines, les métaux non ferreux.

Andréa Goldstein, Françoise Lemoine, *L'économie des BRIC*, La Découverte, mars 2014.

Annexe 3 *Composition par secteur des exportations de marchandises des BRICS en 2013 (en %)*

	PRODUITS MANUFACTURÉS	ÉNERGIE ET MINERAIS	PRODUITS AGRICOLES ET ASSIMILÉS	TOTAL
AFRIQUE DU SUD	42,0	46,4	11,6	100
CHINE	94,0	2,8	3,2	100
INDE	59,4	17,3	23,3	100
BRÉSIL	35,1	27,5	37,4	100
RUSSIE	19,3	75,0	5,7	100

OMC, 2014.

Annexe 4 Le grand rattrapage

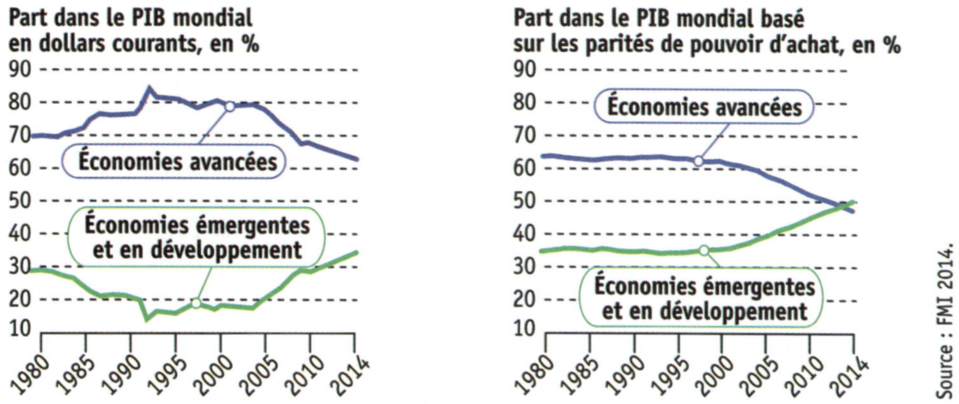

Claude Damma, *Alternatives économiques Poche*, hors-série n° 58 et FMI 2014.

Annexe 5 Taux d'ouverture de quelques économies, en % du PIB

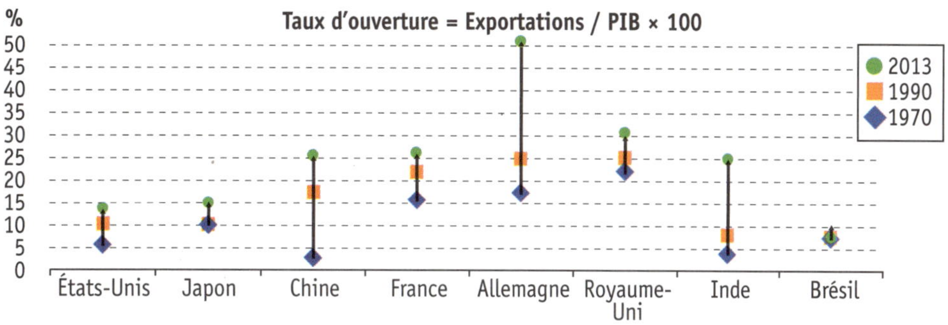

D'après *Alternatives économiques*, hors-série n° 86 et Banque mondiale 2014.

Annexe 6 Une évolution spectaculaire des flux commerciaux Sud-Sud

Le commerce mondial de marchandises a quadruplé en volume depuis 1980 et a été quasiment multiplié par dix en valeur pour atteindre 36 800 milliards de dollars en 2012.

Au cours de cette même période, l'intégration des pays du Sud dans le commerce international a fortement progressé, particulièrement depuis la fin des années 1990 : alors que leur part dans le commerce mondial était de 30 % en 1980 et 32 % en 2000, les échanges commerciaux des pays du Sud totalisaient 47 % des échanges mondiaux en 2012.

Plus remarquable encore apparaît la progression des échanges entre pays du Sud : ces échanges Sud-Sud, qui représentaient environ 10 % du commerce international en 1995, ont vu depuis leur part augmenter fortement, pour atteindre 25 % des échanges mondiaux en 2012. Cette accélération s'est accompagnée d'une quasi-stagnation des échanges Nord-Sud et d'une baisse sensible des échanges Nord-Nord.

Ambassade de France à Singapour, « Évolution des échanges commerciaux Sud-Sud asiatiques », *www.tresor.economie.gouv.fr*, 12 mai 2014.

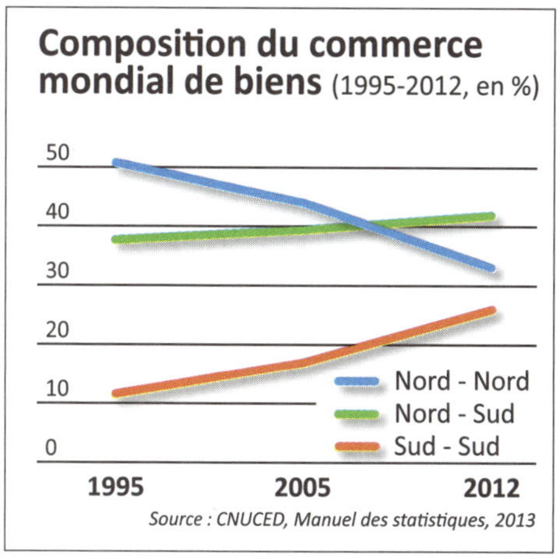

ANNEXE 7 *La montée en puissance des pays émergents*

Croissance du PIB dans les économies avancées et dans les économies émergentes, en %

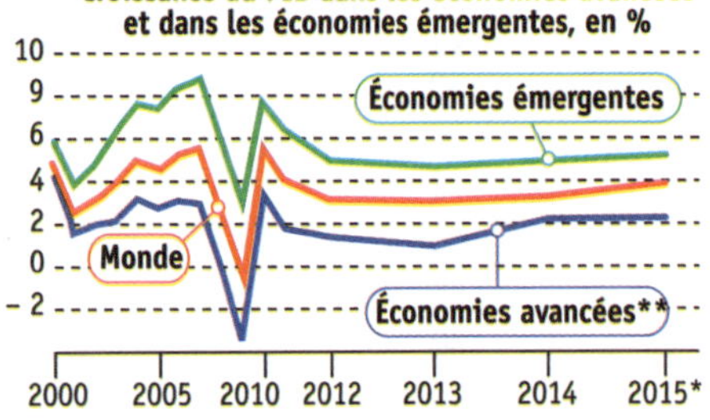

*Prévisions. ** Amérique du Nord, Japon et Europe.

Source : FMI, *Perspectives de l'économie mondiale*, 2014

Part dans les exportations mondiales de biens en %

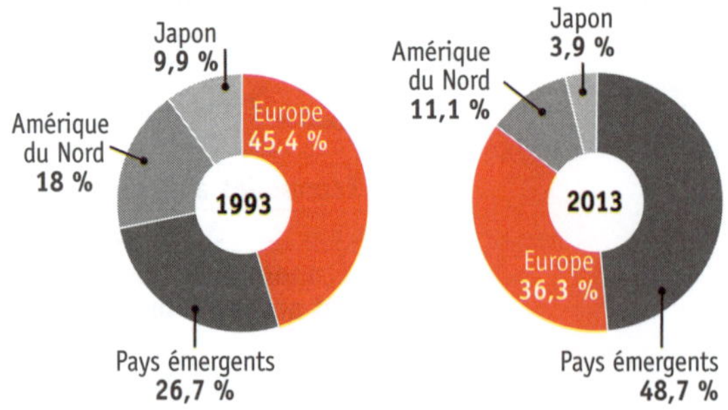

Sources : OMC, Hors-série *Capital*, décembre 2010-janvier 2011 ; OMC 2014

ANNEXE 8 *Le commerce extérieur des BRICS : les comptes des transactions courantes*

Brésil : En 2013, le déficit de la balance des transactions courantes représente 74 milliards de dollars, soit 3,4 % du PIB, ce qui s'explique par le déficit de la balance commerciale. En 2011, le pays avait enregistré son plus important excédent commercial depuis 2007. Mais il a chuté de 35 % en 2012. Cette dynamique baissière s'est poursuivie puisqu'en 2013, l'excédent commercial a été de 2,5 milliards de dollars seulement, en chute de 87 % par rapport à 2012. Cette nette détérioration s'explique par la baisse des prix des matières premières, la hausse des importations d'énergie et une moindre compétitivité des produits brésiliens. […]

Russie : La Russie présente une balance des transactions courantes structurellement excédentaire. En 2013, l'excédent du compte de la balance des transactions courantes s'est établi à 61,2 milliards de dollars, soit 2,9 % du PIB. La Russie affiche une balance commerciale largement excédentaire grâce aux richesses naturelles dont le pays est doté, notamment les hydrocarbures, tendance qui devrait perdurer en dépit d'une baisse des cours des matières premières et de la détérioration de la conjoncture économique internationale, qui devraient réduire cet excédent. […]

Inde : En 2013, le déficit de la balance des transactions courantes s'élevait à 66,1 milliards de dollars, soit 3,8 % du PIB. La balance commerciale de l'Inde est structurellement déficitaire. L'Inde importe près de 80 % de ses besoins en énergie, et la hausse des prix pétroliers pèse sur la facture des importations. En 2013, sous l'effet d'une baisse des exportations – notamment d'or – et d'une hausse des exportations favorisée par la dépréciation de la roupie, le déficit commercial s'est fortement réduit. […]

Chine : L'excédent de la balance des transactions courantes s'élevait à 258,9 milliards de dollars en 2013, soit 2,7 % du PIB. Le commerce extérieur représente plus de la moitié du PIB chinois. Après avoir dégagé un excédent commercial record ces dernières années, la Chine est devenue le premier exportateur mondial et se classe deuxième importateur mondial. […] Après s'être réduit en 2011 du fait de la crise de la zone euro, l'excédent commercial s'est renforcé en 2012, du fait d'un ralentissement de la croissance des importations dû à la morosité du marché immobilier. En 2013, l'excédent commercial chinois s'est élevé à près de 260 milliards USD, en hausse de 12,8 % par rapport à 2012.

Afrique du Sud : La balance des transactions courantes de l'Afrique du Sud est structurellement déficitaire. En 2013, le déficit de la balance des transactions courantes représente 22,7 milliards de dollars, soit 6,1 % du PIB. L'Afrique du Sud est très ouverte aux échanges internationaux. La part du commerce international dans le PNB du pays approche les 60 % (moyenne 2010-2012). […] L'Afrique du Sud exporte essentiellement des métaux et minéraux précieux et importe des machines et équipements, produits chimiques et pétroliers, produits alimentaires. Depuis la crise économique mondiale, les exportations restent faibles tandis que les importations augmentent régulièrement, la balance commerciale affichant un déficit croissant.

Sources statistiques : Le Moci, *www.lemoci.com*, *Fiches pays*, 2014.

6 Les finalités de la croissance

LE RÉFÉRENTIEL

2. La création de richesses et la croissance économique *(20 heures)*
2.1. Les finalités de la croissance *(9 heures)*
L'amélioration du niveau de vie
Le développement économique

La compétence attendue	Le plan du chapitre
• Apprécier la situation d'un pays ou d'une région en termes de niveau de vie et de développement	I. L'amélioration du niveau de vie A. La création de richesses B. Les effets de la croissance sur le niveau de vie C. Les comparaisons internationales II. Le développement économique A. La distinction entre croissance et développement B. Les indicateurs du développement

Mise en situation : Australie, vingt-et-un ans de croissance

Pour la 21e année consécutive, l'Australie a affiché […] une croissance économique positive, faisant progresser d'un rang la nation dans le classement des puissances économiques mondiales (12e place), au détriment de l'Espagne. […]

L'accélération économique de ces vingt dernières années n'a évidemment pas été sans conséquence pour les Australiens. Le coût de la vie y a littéralement explosé, tout comme les salaires […] et la consommation des ménages ferait pâlir d'envie bien des puissances européennes, grâce notamment à une inflation contenue et à un taux de chômage relativement bas (5,4 %). À titre de comparaison, les ventes de véhicules neufs ont ainsi augmenté de 23 % en 2012. Des chiffres qui expliquent notamment « *une certaine insouciance et un détachement des Australiens par rapport au reste du monde* », explique la sociologue Deborah Dempsey.

Charlotte Chabas, « Vingt-et-un ans de croissance », *http://sydney.blog.lemonde.fr*, 21 mars 2013.

Questions

1. Quelle est la principale caractéristique de la croissance australienne ?
2. Quelles sont les conséquences de cette croissance sur la vie des Australiens ?

I L'amélioration du niveau de vie

A. La création de richesses

Document 1 *La création de richesses au niveau de l'entreprise : la valeur ajoutée*

La « valeur ajoutée », c'est la valeur du produit final, moins les *consommations intermédiaires**. Par exemple, vous fabriquez des bilboquets. Le bilboquet est vendu 10 euros. Le bois vous a coûté 2,80 euros, la corde 15 centimes, l'énergie de votre atelier 5 centimes. Votre « VA » sur chaque bilboquet est donc de 7 euros.

Maria Rosa, 24 avril 2009, *www.rue89.com.*

* Ensemble des achats de biens et services, acquis auprès d'entreprises extérieures et qui sont transformés lors du processus de production.

Document 2 *La valeur ajoutée chez un fabricant de vélos*

Une entreprise fabrique des vélos. Pour produire un BMX vendu 600 euros, elle fait des dépenses :

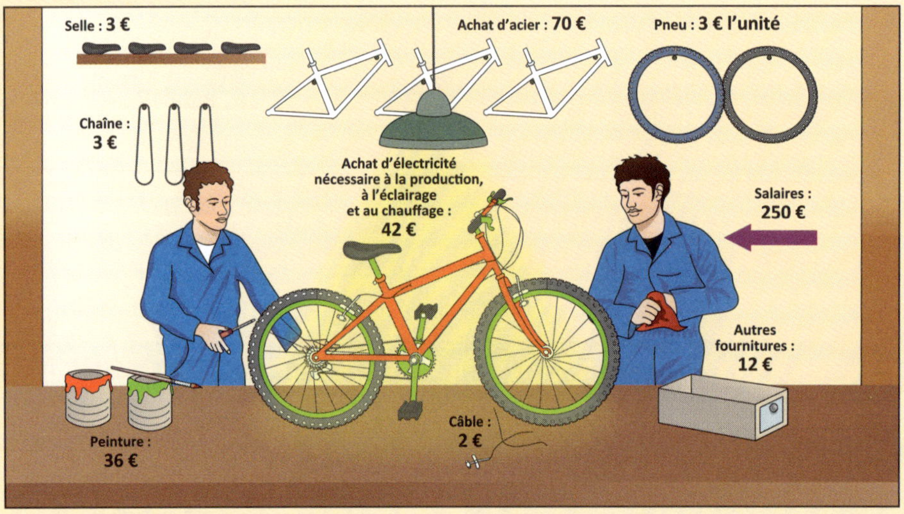

Questions

1. Calculez le montant des consommations intermédiaires nécessaires pour la production d'un BMX.
2. Calculez la valeur ajoutée créée lors de la fabrication d'un BMX.

Document 3 *La création de richesses au niveau national : le PIB*

Le produit intérieur brut ou PIB est l'un des indicateurs économiques les plus importants. Cet indicateur mesure le niveau de production d'un pays pour une période donnée. [...] Le produit intérieur brut est calculé en additionnant les valeurs ajoutées des différents agents économiques. [...] Seuls les biens et services finaux (c'est-à-dire les biens et services de consommation et les biens d'équipement) sont inclus dans le calcul du PIB. [...] Cette méthode permet d'éviter que la même production entre plus d'une fois dans le calcul du produit intérieur brut.

www.infinance.fr.

Document 4 *La répartition des richesses*

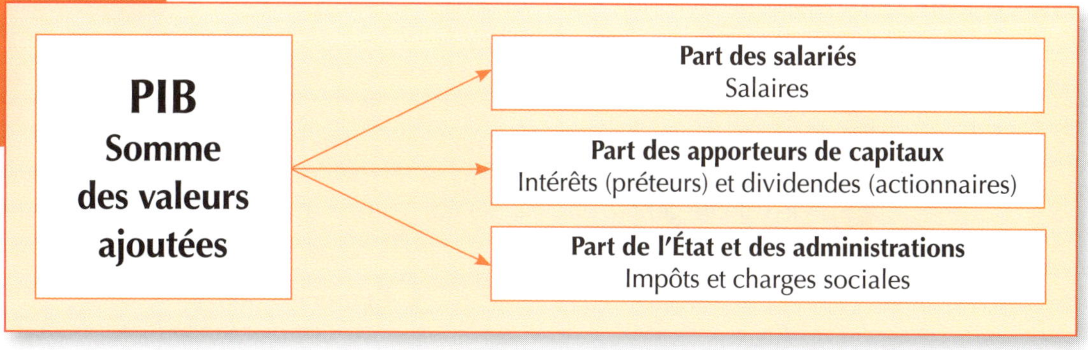

Questions

3. Que mesure le PIB ? Pourquoi ne prend-il en compte que la valeur ajoutée par les entreprises ?
4. Quels sont les agents économiques qui bénéficient de la répartition du PIB ?

Document 5 *Qu'est-ce que la croissance économique ?*

La croissance est l'évolution relative du PIB d'une année à l'autre. En d'autres termes, la croissance est la création supplémentaire de richesses d'une année sur l'autre. Lorsque l'on dit « croissance de 1 % », cela signifie que cette année, on aura produit 1 % de plus que l'an passé.

Document 6 *La croissance économique se mesure à partir du PIB réel (PIB en volume)*

On mesure habituellement la croissance économique en se fondant sur le rythme auquel change le produit intérieur brut (PIB) après correction pour tenir compte de l'inflation – que l'on nomme PIB réel (ou en volume). Quant au PIB nominal (ou en valeur), on le définit comme la valeur marchande des biens et services produits par un pays. Le PIB nominal peut augmenter par suite d'une hausse de la production de biens et de services, d'une hausse de leurs prix ou des deux. Le taux de croissance du PIB réel correspond au taux de croissance du PIB nominal moins le taux d'inflation.

www.canadianeconomy.gc.ca.

Document 7 *L'évolution réelle de l'activité économique*

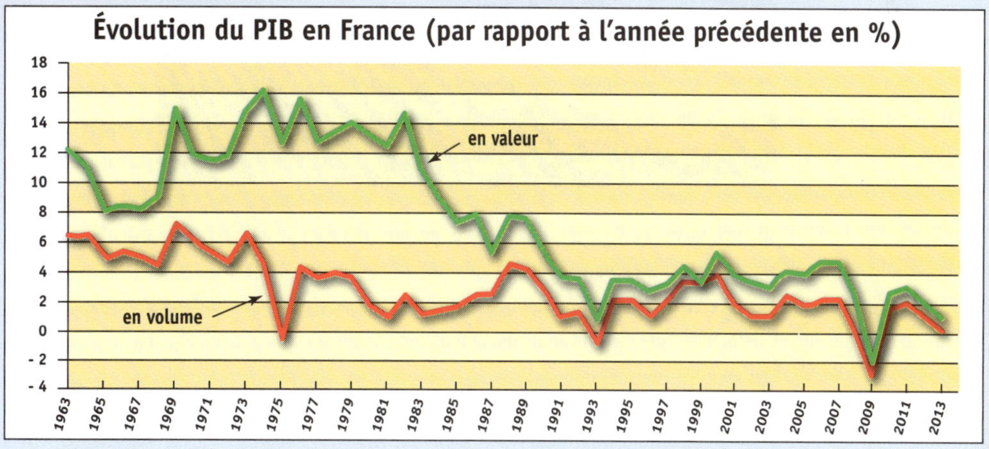

INSEE, comptes nationaux.

Questions

5. Que signifie un taux de croissance positif ? négatif ?
6. Quel est l'intérêt de distinguer PIB réel (en volume) et PIB nominal (en valeur) ?
7. Quelle est la conséquence d'une production dont la valeur augmente de 5 % avec une hausse des prix de 3 % ?
8. Quelle mesure du PIB permet d'évaluer la réelle augmentation des quantités produites ?
9. Distinguez les périodes de croissance forte et les périodes de croissance faible.

B. Les effets de la croissance sur le niveau de vie

DOCUMENT 8 *La relation entre revenu et niveau de vie*

Le niveau de vie mesure la quantité de biens et services qu'une personne, un ménage ou une population peut acheter avec son revenu. La croissance augmente le niveau de vie car elle génère une hausse des revenus qui sont utilisés dans la consommation et/ou l'épargne.

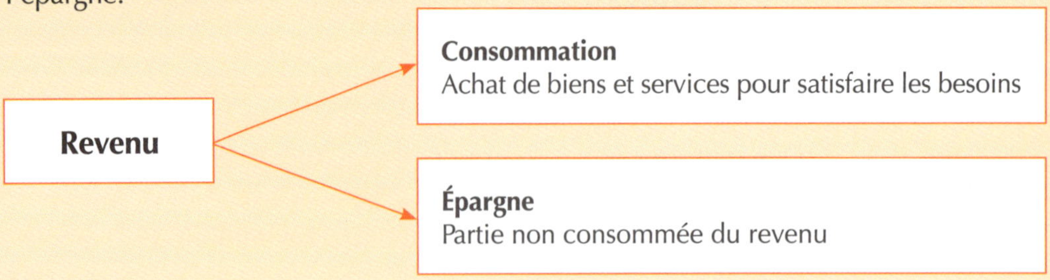

Questions

10. Quelles consommations permettent d'apprécier le niveau de vie d'une population ?

11. Rappelez les différentes formes de consommation selon la nature des biens consommés.

12. Quels sont les motifs de l'épargne ?

DOCUMENT 9 *Un indicateur de niveau de vie : le revenu par unité de consommation*

Pour comparer le niveau de vie des ménages, on ne peut s'en tenir à la consommation par personne. En effet, les besoins d'un ménage ne s'accroissent pas en stricte proportion de sa taille. Lorsque plusieurs personnes vivent ensemble, il n'est pas nécessaire de multiplier tous les biens de consommation (en particulier, les biens de consommation durables) par le nombre de personnes pour garder le même niveau de vie. Aussi, pour comparer les niveaux de vie de ménages de taille ou de composition différente, on utilise une mesure du revenu corrigé par unité de consommation.

Le niveau de vie est égal au revenu disponible du ménage divisé par le nombre d'unités de consommation (uc). Le niveau de vie est donc le même pour tous les individus d'un même ménage.

Les unités de consommation sont généralement calculées selon l'échelle d'équivalence dite « de l'OCDE », qui attribue 1 uc au premier adulte du ménage, 0,5 uc aux autres personnes de 14 ans ou plus et 0,3 uc aux enfants de moins de 14 ans.

INSEE.

Questions

13. Justifiez la phrase soulignée.

14. Déterminez le niveau de vie de deux ménages dont le revenu disponible est de 17 600 € par an, sachant que le ménage A se compose des parents et de 2 enfants de 14 ans et 16 ans, alors que le ménage B se compose des parents et de 3 enfants de 4 ans, 8 ans et 12 ans. Quelle conclusion en tirez-vous ?

Document 10 *Un indicateur de niveau de vie : le PIB par habitant*

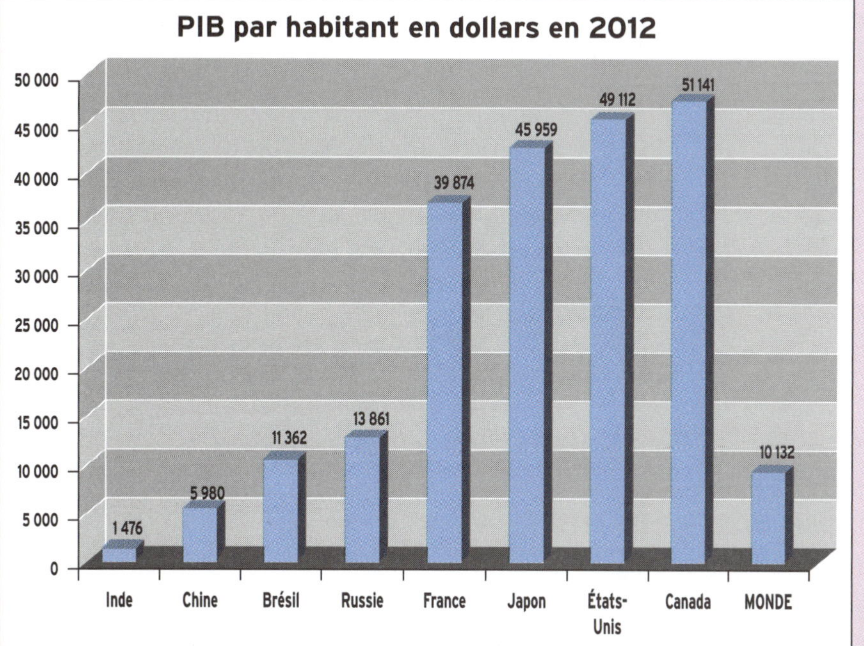

Manuel de statistiques de la Cnuced, 2013.

Le graphique permet de se faire une idée du niveau de la performance économique des différents pays considérés au travers de leur productivité, c'est-à-dire du PIB (produit intérieur brut) par habitant en 2012. Cet indicateur donne également une assez bonne idée du niveau de vie moyen. Il ressort du graphique que l'écart de niveau de vie demeure important entre les pays développés et les pays dits émergents (Brésil, Russie, Inde, Chine). Les pays les plus riches conservent un niveau de performance enviable par rapport à la moyenne mondiale.

Questions

15. Comment calcule-t-on le PIB par habitant ?

16. Quelles informations peut-on obtenir de l'observation du PIB par habitant ?

17. Comparez le niveau de vie de la Chine à ceux de la France et des États-Unis.

C. Les comparaisons internationales

Document 11 *Les parités de pouvoir d'achat (PPA)*

Pour comparer le revenu (ou le produit intérieur brut, PIB) par habitant de deux ou plusieurs pays, on admet le plus souvent que les conversions aux taux de change des monnaies nationales sont inadéquates et qu'il vaut mieux s'appuyer sur le pouvoir d'achat « réel » dans chaque pays, sur la base des prix nationaux.
Exemple : si un même panier de biens, représentatif de la consommation française et de la consommation américaine, coûte 0,90 euro en France et 1 dollar aux États-Unis, on dira que la parité de pouvoir d'achat (PPA) entre les deux pays est de 1 dollar pour 0,90 euro, et l'on pourra exprimer le PIB/habitant français en dollars PPA*.

Observatoire des inégalités.

* Le PIB_{PPA} est toujours exprimé en dollars.

Questions

18. Pourquoi utilise-t-on la parité de pouvoir d'achat ?

19. Dans l'exemple du document, par quel coefficient faut-il multiplier le PIB français par habitant pour obtenir le PIB_{PPA} ?

Document 12 *L'exemple du Big Mac*

Chaque année depuis 1986, le très sérieux hebdomadaire *The Economist* publie son indice Big Mac. […] Au lieu de comparer un panier de biens et de services, c'est le Big Mac qui est utilisé comme mesure, la valeur de référence étant le Big Mac américain à 4,20 dollars. Le produit est considéré comme le produit de comparaison idéal puisqu'il inclut à la fois les matières premières utilisées, les services annexes (frais de cuisine et de vente) et les locaux. Les amateurs de Big Mac de la zone euro doivent dépenser en moyenne 4,43 dollars (3,49 euros) […] [La Suisse occupe la première place] avec un burger à 6,81 dollars. La Norvège occupe la deuxième place du podium avec un Big Mac à 6,79 dollars. L'Inde occupe le bas du classement avec son « Chicken Maharaja » (l'équivalent du Big Mac) à 1,62 dollar.

www.atlantico.fr.

Questions

20. Pourquoi le Big Mac représente-t-il une valeur de référence ?

21. Que montre l'observation des prix du Big Mac dans les différents pays ?

Document 13 *Quelques niveaux de vie en Europe*

PIB par habitant en SPA, 2013, indice UE 28 = 100			
Pays-Bas	127	Espagne	95
Suède	127	Grèce	75
Danemark	125	République tchèque	80
Allemagne	124	Portugal	75
Belgique	119	Hongrie	67
Royaume-Uni	106	Pologne	68
France	108	Roumanie	54
Italie	98	Bulgarie	47
UE 28	**100**		

Le SPA (standard de pouvoir d'achat) est une unité monétaire artificielle qui élimine les différences de niveaux de prix entre les pays. Un SPA permet d'acheter le même volume de biens et de services dans tous les pays. Cette unité permet des comparaisons en volume significatives des indicateurs économiques entre les pays. Les agrégats exprimés en SPA sont calculés en divisant les agrégats à prix courants et en monnaie nationale par les parités de pouvoir d'achat (PPA) respectives.

Eurostat, communiqué de presse du 18 juin 2014.

Questions

22. Que signifie UE 28 = 100 ? Situez la France dans ce classement, par rapport à la moyenne de l'UE et aux autres pays de l'Union.

23. Quel est l'intérêt de corriger le PIB par habitant en SPA ?

II Le développement économique

A. La distinction entre croissance et développement

Document 14 *Définition du développement*

Le terme de développement désigne l'amélioration des conditions et de la qualité de vie d'une population, et renvoie à l'organisation sociale servant de cadre à la production du bien-être. Définir le développement implique de le distinguer de la croissance. Cette dernière mesure la richesse produite sur un territoire en une année et son évolution d'une année à l'autre. [...] Elle n'informe donc que peu sur le niveau de vie et encore moins sur la qualité de vie [...]. On parle de croissance sans développement quand la production de richesse ne s'accompagne pas de l'amélioration des conditions de vie. Inversement, même en l'absence de croissance, la priorité donnée aux productions les plus utiles et une plus grande équité dans la distribution des biens produits améliorent les conditions de vie des populations et créent du développement. Amélioration du bien-être, le développement relève donc davantage du qualitatif que du quantitatif. Néanmoins, l'économiste indien Amartya Sen a mis au point un indicateur de développement humain (IDH).

Bernard Bret, www.hypergeo.eu.

Questions

1. Relevez les termes qui définissent la notion de développement.

2. Quelle est la principale distinction entre la croissance et le développement ?

3. Qu'est-ce qui justifie le qualificatif d'humain accolé au terme développement ?

Document 15 *Les niveaux de développement*

Les économistes séparent traditionnellement les nations du monde en deux groupes : celui des pays développés et celui des pays en développement (ou du tiers monde). Parfois, un sous-groupe des pays moins avancés [PMA] est identifié au sein du second groupe, visant les pays les plus pauvres parmi les pauvres et caractérisés par un revenu par tête faible. Récemment, les termes de pays émergent et de marché émergent ont également fait leur apparition dans la littérature, désignant les pays les plus dynamiques parmi les pays en voie de développement [PVD] et les mieux intégrés dans l'économie désormais mondialisée, sans qu'une définition exacte soit élaborée à cet effet.

www.afdb.org.

Document 16 *Nigeria : passer de la croissance au développement*

Le Nigeria a connu une décennie de croissance économique soutenue, mais […] les Nigérians ne sont pas mieux lotis aujourd'hui qu'ils ne l'étaient avant. Il y a un gouffre, une déconnexion, entre la montée en flèche des fortunes du pays et la vie même des personnes à qui la croissance économique doit habituellement profiter. Il y a quelque chose de fondamentalement erroné dans la manière dont nous nous développons en tant que nation. […]

Il n'y a pas de voie unique pour le développement économique. Mais la croissance inclusive*, qui influe sur la vie de la majorité de la population, sera toujours celle qui permet la participation de la population dans l'économie.

De ce point de vue, toute voie qui n'inclut pas l'agriculture comme élément majeur pour l'économie du Nigeria se résumera à un effort futile. […]Nous avons fourni le pétrole dans un monde obsédé par le pétrole, mais le pétrole n'a à aucun moment rendu notre peuple prospère. La raison est simple : […] l'industrie du pétrole, de par la manière dont elle fonctionne à ce jour, n'est pas là pour créer des emplois pour les Nigérians. Il s'agit d'une industrie à forte intensité capitalistique, de machines et de plateformes. Elle est conçue pour générer du cash pour l'État, les multinationales et quelques individus.

L'agriculture s'avère beaucoup plus intéressante du point de vue des chiffres. Alors que l'industrie pétrolière nécessite souvent un niveau de savoir-faire technique qui n'est généralement pas disponible localement, l'agriculture représente une compétence naturelle de notre peuple. Nous devons faire tout notre possible pour permettre que nos agriculteurs produisent avec de meilleurs rendements grâce à des semences améliorées et un meilleur accès aux engrais.

Japheth J. Omojuwa, « Nigeria : passer de la croissance au développement », *www.contrepoints.org*, 23 juillet 2013.

* Une croissance inclusive est une croissance qui conduit à une réduction de la pauvreté.

Questions

4. Quels sont les différents niveaux de développement utilisés pour classer les pays ?
5. Quel est le niveau de développement du Nigeria ?
6. Sur quelles ressources le Nigeria peut-il construire son développement ?
7. Comment ces ressources peuvent-elles contribuer au développement du pays ?

Document 17 *L'Éthiopie sur les pas de la Chine*

Éthiopie, pont sur le Nil.

Comme la Chine, l'Éthiopie veut développer son industrie manufacturière et de grandes entreprises publiques. S'agissant de l'industrie, l'objectif est de récupérer une partie des délocalisations en provenance des Brics. La combinaison d'une énergie électrique peu chère, de bas coûts de main-d'œuvre et d'un niveau de formation élevé a déjà attiré de nombreux investisseurs. Les Chinois, les Turcs, les Israéliens et les Saoudiens ont massivement investi ces dernières années, incarnant le développement du commerce Sud-Sud.

Le gouvernement entend aussi développer de grandes entreprises publiques, comme EEPCO *(Electric Ethiopian Power Corporation)*, Ethiopian Airlines ou METEC [*Metals and Engineering Corporation*]. […]

La question principale, pour l'avenir, réside dans le rythme et le degré d'ouverture de l'économie éthiopienne. Le gouvernement, de nature dirigiste, est réticent à la libéralisation de l'économie. Or, la réforme foncière, l'allégement administratif et la libéralisation du secteur bancaire seront des politiques indispensables à mettre en œuvre pour accompagner la croissance potentielle du pays. Enfin, les réflexes protectionnistes demeurent marqués. À l'initiative de l'Union européenne, le gouvernement éthiopien l'a reconnu comme un interlocuteur légitime, notamment pour évoquer les améliorations en termes de climat des affaires et de stabilité juridique et fiscale. À tout point de vue, l'Éthiopie s'annonce ainsi comme un grand pays émergent du XXIe siècle.

Laurence Daziano, « L'Éthiopie sur les pas de la Chine », *http://afrique.lepoint.fr*, 19 août 2014.

Questions

8. Quelle orientation se fixe l'Éthiopie en matière de développement ?
9. Quels sont les atouts du pays ?
10. Quels sont les freins à son développement ?

B. Les indicateurs du développement

Document 18 *Les limites du PIB*

Le PIB mesure les richesses que les entreprises et les administrations produisent au cours d'une année. On y trouve donc des Airbus, du parfum, des soins médicaux, des cours de fac... Les pays les plus riches sont ceux qui produisent le plus de biens et de services. La première place revient aux États-Unis avec un PIB par habitant proche de 32 000 euros, alors qu'il n'est que de 24 000 euros en France. Qu'est-ce qui ne va pas dans ce calcul ?
Tout d'abord, un certain nombre de services échappent, par nature, à cette comptabilité. Prendre un vélo pour se rendre à son travail n'est pas pris en compte, alors que prendre un taxi ou le métro l'est. [...] Tout comme faire soi-même son ménage n'enrichit nullement la nation, ce qui n'est pas le cas si on a recours aux services d'une femme de ménage. Du coup, le PIB ne reflète pas seulement l'efficacité productive d'une économie mais aussi, pour une part, ses habitudes et ses choix sociaux. [...]
La deuxième critique, plus radicale, consiste à se demander si toute production est bonne. Ainsi, le PIB élevé des États-Unis tient, dans une certaine mesure, au fait que les Américains surconsomment. Un Américain ingurgite par exemple 25 % de plus de viande, trois fois plus de glaces... qu'un Français.

Brieuc Bougnoux, *Alternatives économiques*, n° 272.

Questions

11. Recherchez des exemples de productions non prises en compte dans le calcul du PIB.

12. Pourquoi certaines productions ne sont-elles pas significatives de développement ?

Document 19 *L'indicateur du développement humain (IDH)*

Le premier Rapport sur le développement humain a introduit une nouvelle manière de mesurer le développement en faisant la synthèse des indicateurs d'espérance de vie, de niveau d'études et de revenu, pour aboutir à un indicateur composite du développement humain. [...] L'IDH établit un minimum et un maximum pour chaque dimension, appelés balises, et indique ensuite la situation de chaque pays par rapport à ces dernières (dont la valeur varie entre 0 et 1).
La composante « éducation » de l'IDH est mesurée en termes d'années de scolarisation des adultes âgés de 25 ans et en termes d'années de scolarisation escomptées pour les enfants d'âge scolaire.

L'IDH : trois dimensions et quatre indicateurs

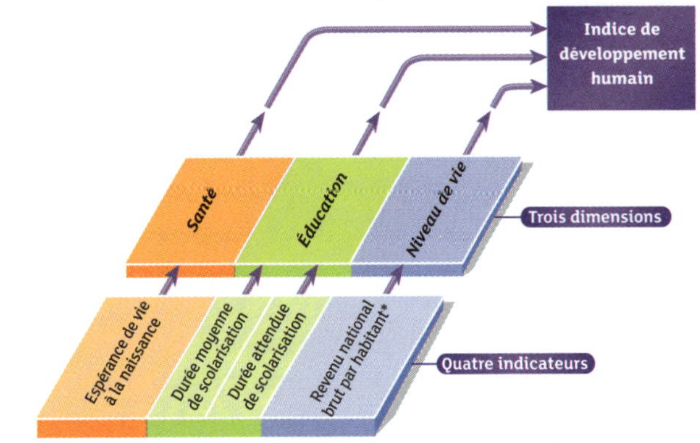

* RNB = PIB + revenus reçus du reste du monde – revenus versés au reste du monde

[...] La composante « espérance de vie à la naissance » de l'IDH est calculée en utilisant une valeur minimale de 20 ans et une valeur maximale de 83,4 ans. [...]
Pour la composante « richesse », le plancher pour le revenu minimum est de $ 100 (PPA) et le plafond est de $ 107.721 (PPA) [...].
L'IDH permet d'effectuer des comparaisons instructives des expériences au sein des pays et entre différents pays.

www.hdr.undp.org

Questions

13. Quelles sont les trois dimensions du développement humain ?

14. Quels indicateurs sont utilisés dans le calcul de l'IDH ?

15. Qu'apporte l'IDH par rapport au PIB par habitant ?

Document 20 *Les critères de développement par grandes régions du monde*

	Indice de développement humain (IDH)	Espérance de vie à la naissance (en années)	Durée moyenne de scolarisation (en années)	Durée attendue de scolarisation (en années)	Revenu national brut (RNB) par habitant (en PPA $)
Régions	**2013**	**2013**	**2012**	**2012**	**2013**
États arabes	0,682	70,2	6,3	11,8	15 817
Asie de l'Est/Pacifique	0,703	74,0	7,4	12,5	10 499
Europe/Asie centrale	0,738	71,3	9,6	13,6	12 415
Amérique latine/Caraïbes	0,740	74,9	7,9	13,7	13 767
Asie du Sud	0,588	67,2	4,7	11,2	5 195
Afrique subsaharienne	0,502	56,8	4,8	9,7	3 152
Monde	**0,702**	**70,8**	**7,7**	**12,2**	**13 723**

PNUD, *Rapport mondial sur le développement humain*, 2014.

Questions

16. Pourquoi la région des États arabes qui a le revenu national brut par habitant le plus élevé a-t-elle un IDH plus faible que celui d'autres régions du monde ?

17. Montrez les inégalités de développement entre l'Amérique latine/Caraïbes et l'Afrique subsaharienne.

Document 21 *L'indice de pauvreté multidimensionnelle (IPM)*

L'indice de pauvreté multidimensionnelle (IPM) se veut le reflet des privations multiples dont souffre chaque individu sur le plan de l'éducation, de la santé et du niveau de vie. [...]

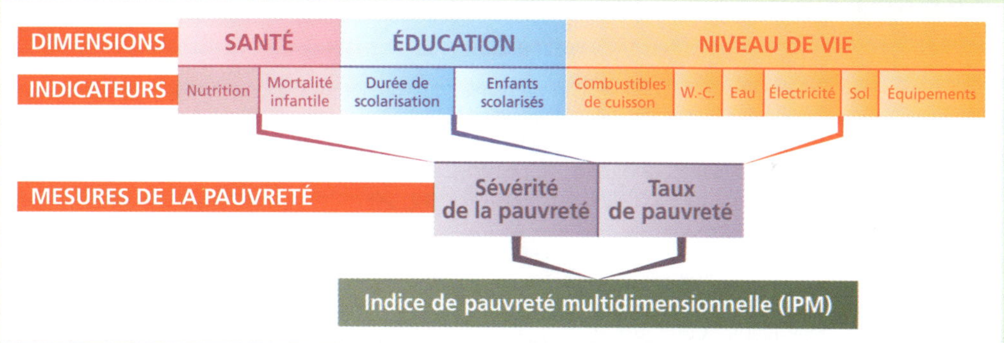

PNUD, *Rapport sur le développement humain*, 2011, *www.hdr.undp.org*.

Question

18. Pourquoi peut-on dire que la pauvreté se définit par des caractéristiques qui se cumulent ?

Entraînement

LA COMPÉTENCE ATTENDUE

- Apprécier la situation d'un pays ou d'une région en termes de développement

Mise en situation

L'association des étudiants de votre école édite un magazine mensuel dont vous êtes l'un des rédacteurs. Vous vous occupez plus spécialement de la rubrique économique. Pour mener à bien cette mission, vous avez mis en place une veille informationnelle. Votre attention a été retenue par une série d'articles sur le Vietnam qui font référence au développement économique particulièrement dynamique de ce pays au cours des dernières années.

Travail à faire

À l'aide du dossier joint et de vos connaissances, **en veillant à préciser les principaux concepts utilisés** et à exploiter les sources statistiques mises à votre disposition, vous êtes chargé(e) de concevoir une note argumentée et structurée dans laquelle :

1. vous relèverez les grandes tendances démographiques du Vietnam ;
2. vous comparerez la démographie vietnamienne à celle des pays les moins avancés ;
3. après avoir apprécié le niveau de développement du Vietnam, vous indiquerez quels progrès il doit accomplir pour améliorer la valeur de son IDH.

ANNEXE 1

Le Vietnam est entré dans la « structure démographique d'or »

Le 1er novembre 2013, la population vietnamienne a atteint 90 millions d'habitants. Le Vietnam se classe ainsi à la 14e place des pays les plus peuplés du globe et à la 3e de ceux de l'Asie du Sud-Est. Un événement à la signification extrêmement importante pour le travail démographique et de planning familial.

Avec une population de 90 millions de personnes et un taux de natalité de 2-2,1 enfants par couple, le Vietnam connaîtra une augmentation annuelle d'un million de personnes et atteindra un pic de 110 millions en 2050, dont 18 % âgés de 65 ans et plus.

Le Vietnam est entré dans ce que l'on appelle la « structure démographique d'or », c'est-à-dire que la proportion de la population active est le double de celle économiquement dépendante. Cette période, qui dure entre 30 et 35 ans, est une occasion unique donnée au pays de profiter de cet atout démographique au service de son développement socio-économique.

D'après les experts, le Vietnam devra mettre en place des politiques convenables pour pouvoir profiter efficacement des ressources abondantes en main-d'œuvre jeune, constituées par environ un million de personnes qui chaque année entrent sur le marché de l'emploi.

Le pays doit faire en sorte de maintenir et prolonger jusqu'en 2061 cette phase de « structure démographique d'or ».

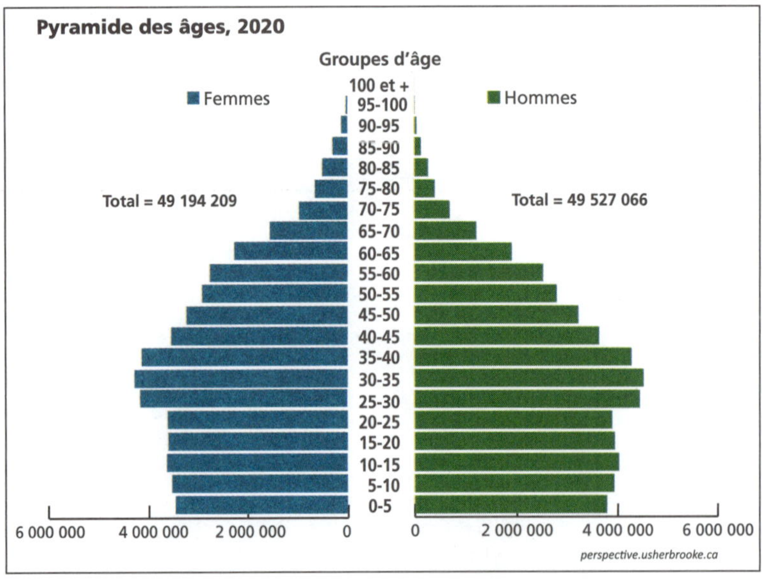

Vietnam+, « Démographie Vietnam : le pays est rentré dans sa "structure démographique d'or" », *www.geopopulation.com*, 1er novembre 2013.

Apprécier le niveau de développement du Vietnam

ANNEXE 2

Situation économique

L'économie vietnamienne s'est ouverte à partir du début des années 1990 avec la politique dite du « renouveau » (*doi moi*). Elle a depuis connu un essor remarquable : le PIB par habitant a été multiplié par trois sur la période (1 500 USD/hab. aujourd'hui), permettant au pays d'accéder en 2010 au statut de pays à revenu intermédiaire (tranche inférieure)*.

Le Vietnam est membre de l'ASEAN depuis 1995 et a accédé à l'OMC en 2007. […]

Le pays ambitionne de devenir une économie industrialisée dès 2020, mais des réformes structurelles sont attendues en raison notamment des fragilités du secteur bancaire et du secteur public. Le Vietnam a été contraint de conduire une politique d'assainissement depuis 2011.

Les plus grands défis qui se posent sont avant tout d'ordre social. La démographie vietnamienne est en effet caractérisée par une jeunesse nombreuse (56 % de la population a moins de 30 ans), avec environ un million de jeunes arrivant chaque année sur le marché du travail, posant à la fois la question de la création d'emplois et de la qualification des jeunes.

À ce constat s'ajoute celui des inégalités croissantes, nées d'un boom économique qui profite essentiellement aux villes, et celui de la nécessité pour le parti et le gouvernement de maintenir un niveau de croissance élevé afin de compenser les changements rapides de la société vietnamienne (évolution des mœurs, recul des solidarités traditionnelles…), pour garantir le bien-être social et une répartition satisfaisante de ce bien-être.

Le traitement de la crise économique, l'éducation, la restructuration des entreprises publiques et la lutte contre une corruption sont des chantiers prioritaires.

« Présentation du Vietnam », www.diplomatie.gouv.fr, 7 octobre 2014.

* Classement de la Banque mondiale. La catégorie pays à revenu intermédiaire comprend deux sous-catégories (tranche inférieure et tranche supérieure).

ANNEXE 3

Indicateurs de développement

	Indicateur de développement humain (IDH)	Espérance de vie à la naissance (en années)	Durée moyenne de scolarisation	PIB par habitant ($ PPA) en 2012	Indice de pauvreté multi-dimensionnelle (IPM)	Taux d'alphabétisation des adultes (% des 15 ans et plus)
France	0,884	81,8	11,1	36 075		
Royaume-Uni	0,892	80,5	12,3	34 674		
Portugal	0,822	79,9	8,2	25 096		95,4
Brésil	0,744	73,9	7,2	14 301	0,012	90,4
Turquie	0,759	75,3	7,6	18 167	0,028	94,1
Vietnam	0,638	75,9	5,5	4 919	0,026	93,4
Pakistan	0,534	66,6	4,7	4 360	0,237	54,9
Sénégal	0,485	63,5	4,5	2 174	0,390	49,7

PNUD, *Rapport mondial sur le développement humain*, 2014.

ANNEXE 4

Tendances démographiques

	Population totale		Croissance annuelle moyenne (%)		Population urbaine (% du total)	Âge médian[1] (années)
	2013	2030	2000/2005	2010/2015	2013	2015
France	64,3	69,3	0,7	0,5	86,9	41,0
Royaume-Uni	63,1	68,6	0,5	0,6	79,9	40,5
Portugal	10,6	10,4	0,4	0,0	62,1	43,0
Brésil	200,4	222,7	1,3	0,8	85,2	31,2
Turquie	74,1	86,8	1,4	1,2	73,4	30,1
Vietnam	91,7	101,8	1,0	1,0	32,3	30,7
Pakistan	182,1	231,7	1,9	1,7	36,8	23,2
Sénégal	14,1	21,9	2,7	2,9	43,1	18,2

1. **Âge médian :** âge permettant de diviser la population en deux parties égales, de façon à obtenir 50 % de la population au-dessus de cet âge et 50 % de la population en dessous de cet âge.

PNUD, *Rapport sur le développement humain*, 2014.

Sens de la leçon

Les finalités de la croissance

1 L'amélioration du niveau de vie

La création de richesses est mesurée par :

- **la valeur ajoutée (VA)**
  au niveau de l'entreprise
  VA = Valeur de la production $- \sum$ des consommations intermédiaires
- **le produit intérieur brut (PIB)**
  au niveau du pays
  PIB = $\sum$ VA des agents économiques

La croissance est l'évolution du PIB réel (en volume) d'une année sur l'autre.

- **La croissance permet d'améliorer le niveau de vie moyen des populations.**
- **Les comparaisons internationales se font sur la base du PIB par habitant.**
- **Le niveau de vie d'un ménage** $= \dfrac{\text{revenu disponible du ménage}}{\text{nombre d'unités de consommation}}$

2 Le niveau de développement s'apprécie par :

Des critères

- **Économiques**
  PIB
  PIB par habitant
- **Sociaux**
  Taux de scolarisation
  Taux d'alphabétisation
- **Démographiques**
  Espérance de vie à la naissance
  Taux de fécondité

Des indicateurs

- Indicateur du développement humain (IDH)
- Indice de pauvreté multidimensionnelle (IPM)

Les mots-clés

Croissance économique – Développement économique – IDH – IPM – Niveau de vie – Parité de pouvoir d'achat (PPA) – Pays émergent – Pays en développement – PMA – PIB – PIB par habitant

7 Le développement durable

LE RÉFÉRENTIEL

2. La création de richesses et la croissance économique *(20 heures)*
2.1. Les finalités de la croissance *(9 heures)*
Le développement durable

Les compétences attendues	Le plan du chapitre
• Analyser les politiques de développement durable mises en place par les pouvoirs publics	I. Les fondements du développement durable A. Les objectifs du développement durable B. Les indicateurs du développement durable
• Analyser l'influence du développement durable sur les processus de décision des agents économiques	II. L'influence du développement durable sur les décisions des agents économiques

Mise en situation : Quand le consommateur devient « consommacteur »

« Consommer responsable », c'est donner un sens éthique et une utilité sociale à l'acte d'achat. [...] L'éco-consommateur va réfléchir sur les conséquences environnementales et sociales de son acte d'achat. [...] Il doit encourager les bonnes pratiques de consommation et dénoncer les mauvaises. Il doit informer les autres (son entourage, ses collègues, des associations, en parler sur des forums Internet, à la presse...) sur la fabrication très polluante d'un produit, sur les pratiques d'industriels peu scrupuleux, ou qui ne respectent pas les règles de l'Organisation internationale du travail (OIT)... [...]
Les consommateurs deviennent de plus en plus responsables dans leurs actes de consommation, et cette tendance devrait modifier à terme toute la chaîne, notamment en forçant les entreprises et les distributeurs à plus d'implication en matière de développement durable.

« Consommation responsable », Vedura, le site du développement durable, *www.vedura.fr.*

Questions

1. Qu'est-ce qu'un consommateur responsable ?
2. Comment le consommateur peut-il influencer le développement durable ?

I Les fondements du développement durable

A. Les objectifs du développement durable

Document 1 *L'origine de la notion de développement durable*

En 1971, le Club de Rome lance un vrai pavé dans la mare en publiant *Halte à la croissance*. Face à la surexploitation des ressources naturelles liée à la croissance économique et démographique, cette association privée internationale, créée en 1968, prône la croissance zéro. […]
En 1972, la Conférence de Stockholm sera à l'origine du concept de développement durable et de la nécessité d'intégrer l'équité sociale et la prudence écologique dans les modèles de développement économique du Nord et du Sud. Il en découlera la création du Programme des Nations unies pour l'Environnement (PNUE) ainsi que le Programme des Nations unies pour le Développement (PNUD). […]
Au cours des années 1980, le grand public découvre les pluies acides, le trou dans la couche d'ozone, l'effet de serre, la déforestation et la catastrophe de Tchernobyl !
Le terme de *Sustainable Development* […] apparaît dans le rapport Brundtland […] publié en 1987. À l'époque […] présidente de la Commission mondiale sur l'Environnement et le Développement, Mme Brundtand s'attacha à définir ce concept de *Sustainable Development* par « un développement qui répond au besoin du présent sans compromettre la capacité des générations futures à répondre aux leurs ». Depuis cette date, le concept de développement durable a été adopté dans le monde entier.

D'après *www.ecologie.gouv.fr.*

Document 2 *Les trois axes du développement durable*

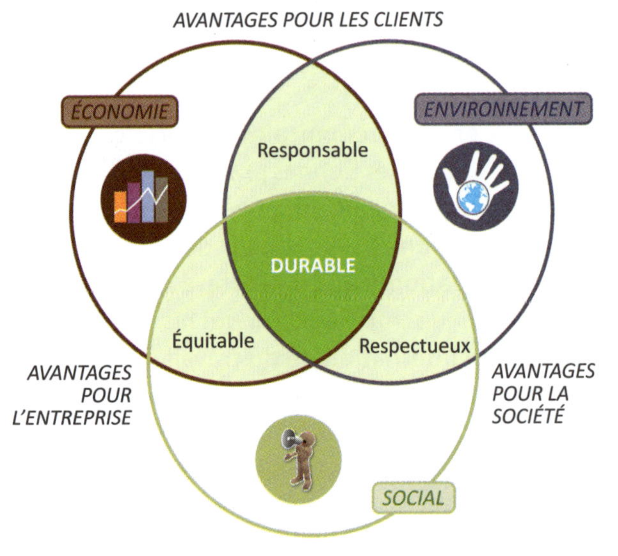

Source : AFNOR.

Document 3 *Les principes du développement durable*

Principe n° 1
Participation de tous les acteurs de la société civile

Principe n° 2
Solidarité avec les populations de la planète

Principe n° 3
Solidarité avec les générations futures

Principe n° 4
Prévenir les risques pour l'environnement

Questions

1. Relevez les étapes de la naissance du développement durable.
2. Sur quels piliers le développement durable repose-t-il ?
3. Quel objectif le développement durable vise-t-il ?
4. Quels aspects de la croissance le développement durable remet-il en question ?

B. Les indicateurs du développement durable

Document 4 *L'empreinte écologique*

Répartition de l'empreinte écologique globale

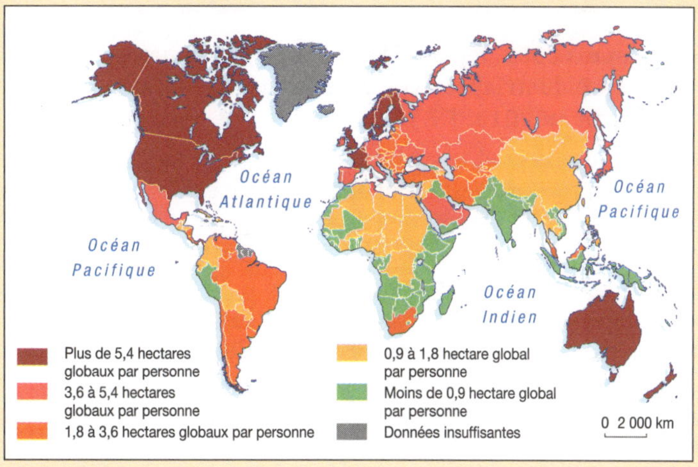

L'empreinte écologique mesure la pression qu'exerce l'homme sur la nature. Elle indique la surface nécessaire à une population pour produire les ressources nécessaires à sa consommation et absorber ses déchets. Elle s'élève à 5,2 hectares pour un Français. Or la Terre met à notre disposition 1,8 hectare par personne.

Questions

5. Quel est l'intérêt d'utiliser l'empreinte écologique comme indicateur ?
6. Quelle vision du monde l'empreinte écologique révèle-t-elle ?
7. Quelle devrait être l'empreinte écologique d'un développement durable ?

Document 5 *L'indicateur de progrès véritable*

La déforestation, un aspect trop méconnu du réchauffement climatique.

La fuite sur le puits de pétrole de la BP dans le golfe du Mexique (avril-mai 2010).

L'indicateur de progrès véritable (IPV) ne veut pas mettre de côté les conséquences de l'activité économique sur les ressources. Il préfère réfléchir en termes de développement durable. Né en 1994, cet indicateur comptabilise la consommation des valeurs ajoutées, mais il retranche la valeur estimée des richesses naturelles perdues. Par exemple, les dommages à l'environnement (coût de la pollution de l'air, de la déforestation, du trou dans la couche d'ozone, etc.) et les dégâts sociaux (coût des crimes, des familles séparées, du chômage, etc.). Calculé pour les États-Unis en 2002, l'IPV concluait à une richesse créée d'un montant de 2 720 milliards de dollars, alors que le PIB parlait cette année-là d'une production de 6 576 milliards de dollars.

Audrey Guiller, MSN Finances.

Questions

8. Citez les conséquences négatives de l'activité économique.
9. Comment l'IPV prend-il en compte le développement durable ?

II L'influence du développement durable sur les décisions des agents économiques

Document 6 *Les actions internationales : le protocole de Kyoto*

En vigueur depuis 2005, la première période d'engagement du protocole de Kyoto – qui oblige les pays industrialisés signataires à réduire leurs émissions de gaz à effet de serre – a pris fin en 2012. [...]

Il [a fallu] attendre 1997 et la signature du protocole de Kyoto pour que [les] bonnes intentions se traduisent en promesses quantitatives. Le traité prévoit des sanctions pour les pays développés. En tout, 37 d'entre eux se sont engagés à réduire, collectivement, d'au moins 5 % entre 2008 et 2012 leurs émissions de gaz à effet de serre (GES) par rapport au niveau de 1990. Mais les États-Unis, qui émettent 30 à 35 % du total des GES d'origine humaine, n'ont pas ratifié le protocole de Kyoto [en justifiant] cette décision par le fait que cela freinerait trop la croissance américaine, et que la Chine, autre gros pollueur mondial, n'a pas d'objectif de réduction contraignant en vertu de ce texte. [...]

Résultat : *« Entre 2008 et 2010, les 37 "assujettis" ont émis, en moyenne annuelle, 16,8 MtéqCO_2 (millions de tonnes équivalent CO_2/an, ndlr), soit 10,13 % de moins qu'en 1990 »*, rapporte Terra Eco. [...] Mais individuellement, *« 17 pays (dont 8 de l'Union européenne) n'atteignent pas, pour le moment, leur objectif »*.

De plus, le Réseau Action Climat souligne que le ralentissement économique lié à la crise a facilité l'atteinte de ces objectifs. Par ailleurs, la concentration de CO_2 dans l'atmosphère a bondi de 10,3 % durant les deux décennies du traité. *« La faute, sans doute, au fait que le protocole ne fixe aucune contrainte aux pays émergents ou en développement »*, indique Terra Eco.

Marie Slavicek, « Changement climatique : quel bilan pour le protocole de Kyoto ? », *www.jolpress.com*, 20 mars 2014.

Questions

1. Quel rôle joue la croissance sur les émissions de gaz à effet de serre ?
2. En quoi consiste le protocole de Kyoto ?
3. Quels sont les résultats et les limites des engagements pris dans le cadre du protocole de Kyoto ?

Document 7 *Les actions européennes : la politique environnementale de l'UE*

Depuis le début des années 1970, l'Europe s'est engagée en faveur de l'environnement. Au-delà d'actions dans des domaines précis (protection de la qualité de l'air et de l'eau, préservation des ressources et de la biodiversité, gestion des déchets...), la politique européenne de l'environnement vise à **assurer un développement durable du modèle européen de société**, en respectant l'équilibre entre protection de l'environnement et compétitivité. Dans ce but, elle encourage le **développement de l'éco-innovation** et les **technologies dites « vertes »**, bénéfiques pour l'environnement mais également pour les entreprises car elles leur confèrent un avantage concurrentiel, grâce au développement de technologies économes en ressources. [...]

La politique de l'environnement repose sur les **quatre principes fondamentaux** : le principe de précaution ; le principe de prévention ; le principe de la correction des atteintes à l'environnement ; le principe « pollueur-payeur ». [...]

L'UE, dans le cadre du protocole de Kyoto, s'est fixé pour objectif une réduction des émissions de gaz à effet de serre (GES) de 8 % en 2012 et, depuis mars 2007, de 20 % en 2020 par rapport à 1990.

Le plan « énergie-climat » adopté en décembre 2008 vise, d'ici 2020, à réduire l'émission des GES, à accroître l'utilisation d'énergies renouvelables et à économiser 20 % de la consommation d'énergie.

« Quelle est la politique environnementale de l'UE ? », *www.vie-publique.fr*, 24 février 2014.

Question

4. Quels sont les objectifs de la politique environnementale de l'UE ?

DOCUMENT 8 *Les actions à l'initiative des entreprises : les industries vertes*

On peut comprendre [le concept d'industrie verte] comme une industrie qui optimise sa gestion des produits chimiques, qui vise à polluer le moins possible (énormément de stratégies peuvent être ici adoptées, allant de l'usage minimal de produits toxiques jusqu'à un menu de la cafétéria plus végétalien), qui fait usage de technologies écologiques telles que les éoliennes, etc. [...] Mais l'industrie verte, c'est aussi et surtout une industrie qui vise à concilier prospérité et protection de l'environnement via le développement durable. Ainsi, le choix et la production des ressources sont des aspects cruciaux de ces industries écologiques. À titre d'exemple, l'huile de palme, souvent favorisée par les producteurs alimentaires pour son coût avantageux, est à l'heure actuelle un des ingrédients les plus nocifs pour l'environnement, de par sa production. Responsable de la déforestation de la moitié des forêts indonésiennes depuis cinquante ans, cette production met à mal non seulement les « poumons » de la planète, mais également quelques milliers d'espèces animales et végétales vivant dans ces habitats. Ce n'est donc pas pour rien que Greenpeace a récemment lancé une campagne pour dénoncer [...] la multinationale Procter & Gamble, un des plus grands producteurs d'huile de palme. La bonne nouvelle est que cette dernière s'est finalement engagée à éliminer ses impacts sur la déforestation... d'ici 2020. Si certains y voient une victoire, d'autres diront que la lutte aux changements climatiques ne peut attendre six ans. Une chose est certaine cependant, contre un géant de l'alimentation comme Procter & Gamble, une petite compagnie alimentaire qui voudrait faire l'effort de se passer de l'huile de palme part drôlement handicapée. Et là est le gros problème de l'industrie verte.

Emmanuelle Gauthier-Lamer, « La lutte à l'essor des industries vertes », *http://magazinemci.com*, 11 juin 2014.

Questions

5. Pour quelle raison l'entreprise Procter & Gamble a-t-elle modifié ses conditions de production ?
6. Quel est l'objectif principal d'une entreprise qui se convertit à l'industrie verte ?

DOCUMENT 9 *Les actions à l'initiative des consommateurs : le covoiturage*

Le covoiturage consiste à partager son véhicule personnel avec d'autres usagers de la route pour effectuer tout ou partie d'un trajet en commun.
[C'est] un moyen de réduire l'usage de l'automobile et de participer à la diminution de la pollution atmosphérique, au même titre que le développement des « transports propres ».

« Utilisation rationnelle de la voiture : co-voiturage », *www.areneidf.org.*

Questions

7. Pourquoi le covoiturage favorise-t-il le développement durable ?
8. Citez d'autres actions à l'initiative des consommateurs qui favorisent le développement durable.

Entraînement

Les compétences attendues

- **Analyser les politiques de développement durable mises en place par les pouvoirs publics**
- **Analyser l'influence du développement durable sur les processus de décision des agents économiques**

Mise en situation

Votre école a retenu pour son forum annuel le thème « Développement durable et innovation dans les transports ». Ce forum accueillera à la fois différentes expositions et une série de tables rondes. Parmi les différentes interventions prévues, vous avez choisi de préparer celle consacrée à « l'automobile à la recherche d'une énergie nouvelle ».

Travail à faire

À l'aide du dossier joint et de vos connaissances, **en veillant à préciser les principaux concepts utilisés** et à exploiter les sources statistiques mises à votre disposition, vous êtes chargé(e) de concevoir une note argumentée et structurée dans laquelle :

1. vous indiquerez les nuisances entraînées par l'utilisation des automobiles à moteur thermique ;
2. vous analyserez les raisons du développement de l'autopartage et ses conséquences ;
3. vous présenterez l'action de l'État pour favoriser le développement durable en matière de transport et indiquerez son impact sur le comportement des agents économiques.

Annexe 1

La justification des aides d'État à la voiture électrique

Les aides d'État à la voiture électrique obéissent partiellement à des décisions politiques ou idéologiques. […] Les voitures thermiques ont un coût pour la société en raison des nuisances qu'elles induisent. Aussi, en investissant dans la voiture électrique, l'État espère un retour sur investissement. La Commission européenne a ainsi évalué le coût social des véhicules thermiques […].

Coûts évités par la voiture électrique	Bas	Moyen	Haut
Pollution de l'air Coût sur le système de santé, dommage aux bâtiments, etc.	250	500	750
Bruit Perte de valeur locative, coût sur la santé, etc.	250	2 500	3 500
Changement climatique – Coût des politiques visant à limiter le changement climatique – Coût des dommages liés à l'augmentation de la température	210	750	1 350
Total (€)	710	3 750	5 600

Le coût social de la voiture thermique

Le coût de la pollution atmosphérique et du bruit est déterminé suivant trois scénarios : urbain, en campagne et un scénario intermédiaire. En effet, l'incidence de ces nuisances de la voiture thermique impacte plus les activités humaines en ville qu'à la campagne.

www.voiture-electrique-populaire.fr

Annexe 2

L'automobile partagée

Le partage, c'est l'usage d'une voiture, mais seulement quand on en a vraiment besoin. Le reste du temps, le véhicule, au lieu de rester inutilement garé au bord du trottoir, sert à d'autres. […] Les collectivités peuvent encourager ce mode, par exemple en réservant des emplacements sur la voirie aux voitures partagées, ou carrément en « achetant » des abonnements pour fournir aux sociétés d'autopartage leurs premiers clients.

Olivier Razemon, « Covoiturage, autopartage, vélo : trois trucs efficaces qui ne coûtent presque rien », *http://transports.blog.lemonde.fr*, 8 janvier 2014. Reproduit avec l'aimable autorisation du *Monde*.

Le développement durable et l'automobile

Annexe 3

Résultats d'une étude sur l'autopartage : l'exemple d'Autolib

Autopartage : système de location de voitures, généralement en milieu urbain, qui permet d'utiliser les véhicules avec ou sans réservation et de façon ponctuelle. […]

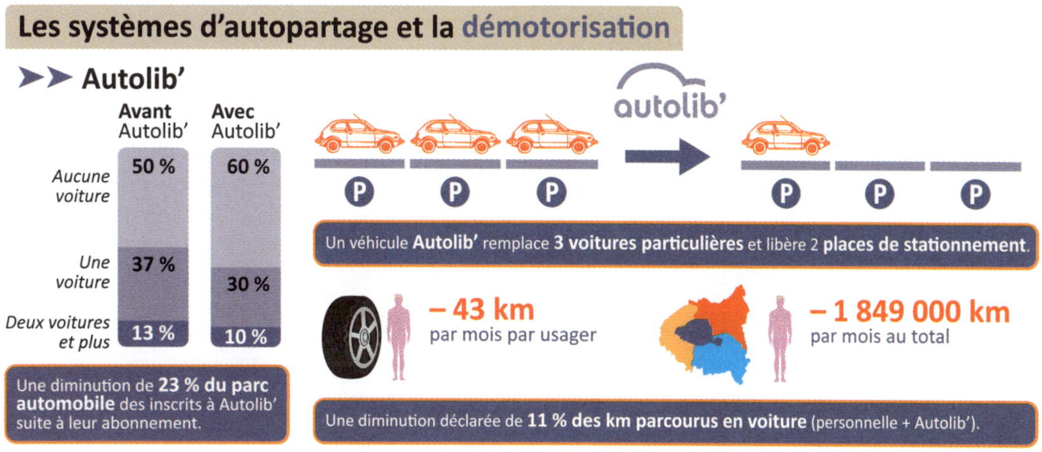

6t, « L'autopartage en trace directe : quelle alternative à la voiture particulière ? », *www.6t.fr.*

Annexe 4

Le gouvernement fait le pari de l'automobile verte

Dans le projet de loi pour la transition énergétique présenté le 30 juillet, le véhicule électrique disparaît au détriment des « véhicules propres ». […] En effet, alors que le Conseil économique, social et environnemental dénonçait les effets pervers du « tout électrique », la ministre a concédé quelques évolutions dans son projet de loi. […]

Alors qu'initialement le texte portait l'idée d'un remplacement des véhicules de la flotte de l'État et des établissements publics par des véhicules électriques, cette notion s'est effacée au détriment d'une formule beaucoup plus complète et donc exhaustive *« des véhicules propres, définis comme les véhicules électriques ou hybrides rechargeables, ainsi que tous les véhicules ayant un très faible niveau d'émission de gaz à effet de serre et de polluants atmosphériques ».* Si la nature des véhicules change, la proportion minimale de 50 % de ces véhicules propres au sein des flottes, elle, n'évolue pas et entrerait en vigueur progressivement à compter du 1er janvier 2016. […]

Le super bonus pour l'achat d'un véhicule désormais « propre » et non plus seulement électrique est lui maintenu. […] Cette prime pourrait atteindre un maximum de 10 000 euros.

Autre mesure présente dans le texte de loi et non des moindres : l'installation, d'ici à 2030, de 7 millions de bornes de charge en France. […]

Clément Boura, « Le “véhicule propre” éclipse le “véhicule électrique” », *L'argus.fr*, 31 juillet 2014.

Annexe 5

Maîtriser la transition énergétique

Interview de Dominique Herrier, directeur adjoint « Transports » – IFP Énergies nouvelles

Parmi les nouvelles technologies, lesquelles seront dans le parc automobile demain ?

D. H. : Il est toujours difficile de prévoir les échéances pour une application en série, laquelle dépend de multiples facteurs, économiques, fiscaux, techniques et commerciaux. La compétitivité des technologies joue aussi un rôle important. Ensuite, une nouvelle technologie automobile est rarement déclinée sur une application massive. Il s'écoule, en général, 10 à 15 ans entre le moment où cette nouvelle technologie apparaît sur le marché et celui où elle est largement diffusée au sein du parc automobile.

[…] En 2020, une certaine diversité existera tant pour les sources d'énergie que pour les systèmes de motorisation. Les solutions alternatives, et notamment les véhicules hybrides, occuperont très probablement une place conséquente.

« Maîtriser la transition énergétique », *www.ifpenergiesnouvelles.fr.*

Sens de la leçon

Le développement durable

1 Les fondements du développement durable

Les objectifs du développement durable

- Lutter contre les conséquences négatives de la croissance (externalités négatives)
- Mettre en œuvre un développement qui répond au besoin du présent…
- … sans compromettre les besoins à satisfaire des générations futures

Les indicateurs du développement durable

- **L'empreinte écologique**
  Mesure de la pression que l'homme exerce sur les ressources de la nature
- **L'indicateur de progrès véritable (IPV)**
  IPV = PIB – conséquences négatives des activités économiques

2 L'influence du développement durable sur les décisions des agents

Au niveau des instances internationales et européennes

- **Lutte contre la pollution de l'air et de l'eau**
  Ex. : protocole de Kyoto pour la réduction des gaz à effet de serre
- **Prévention des risques majeurs**
- **Protection de la nature et de la biodiversité**

Au niveau des entreprises et des consommateurs

- Consommation raisonnée des matières premières (assainissement, recyclage, chimie verte)
- Économies d'énergie (efficacité énergétique)
- Réduction des gaz à effet de serre (énergies renouvelables)

Les mots-clés

Développement durable – Empreinte écologique – Espérance de vie – Indice de progrès véritable (IPV) – Industrie verte – Protocole de Kyoto

8 Les facteurs de croissance

LE RÉFÉRENTIEL

2. La création de richesses et la croissance économique ***(20 heures)***
2.2. La dynamique de la croissance ***(11 heures)***
Les facteurs de croissance

Les compétences attendues	Le plan du chapitre
• Identifier et caractériser les contributions respectives des facteurs d'offre à la croissance	I. La contribution des facteurs de production à la croissance A. La combinaison productive B. Le progrès technique et la productivité
• Caractériser les facteurs de développement économique	II. Le rôle des investissements dans la croissance A. Les formes de l'investissement B. L'innovation C. Les incitations à investir

Mise en situation : Investir pour la France

Source : compte Twitter du gouvernement

La France pourrait bénéficier de 30 à 45 milliards d'euros dans le cadre du programme d'investissements promis par la Commission européenne pour les 3 prochaines années.
Ces investissements seront mis en œuvre par le secteur privé et cibleront les secteurs d'avenir du numérique, des transports, de l'énergie, de la recherche et de l'éducation.
Ces investissements d'avenir pourraient concerner en premier lieu les pôles de compétitivité, mis en place par le gouvernement français, pour mobiliser les facteurs clés de la compétitivité au premier rang desquels figure la capacité d'innovation, et pour développer la croissance et l'emploi sur les marchés porteurs.

Questions

1. Quel est l'objectif de ce programme d'investissements ?
2. Pourquoi l'innovation est-elle le facteur clé de la croissance ?

I La contribution des facteurs de production à la croissance

A. La combinaison productive

Document 1 *Les sources de la croissance : le facteur travail et le facteur capital*

La croissance économique se mesure par l'augmentation du PIB. Elle provient de différentes sources : le travail, le capital et la combinaison de ces deux facteurs, dite « combinaison productive ».
La quantité de travail disponible dans une économie dépend de l'importance et de l'évolution de la population active, notamment en fonction du chômage et du taux d'activité. C'est cette quantité de facteur travail qui va alimenter la croissance.
Mais il faut prendre en compte également la qualification de la main-d'œuvre. Plus la qualification professionnelle des individus, leur expérience et leur motivation s'améliorent, plus la croissance sera forte.
Le capital facteur de production, ou capital technique, désigne l'ensemble des biens nécessaires à la production. Il faut distinguer la quantité de capital (machines, outillages, bâtiments…) et la qualité du capital humain (savoir-faire, connaissances technologiques) qui mettent en œuvre le capital physique.
La croissance peut alors provenir de l'utilisation soit de plus de capital, soit d'un capital plus riche, intense en technologie et en innovation.
La combinaison productive sera plus efficace en termes de croissance pour une quantité de travail et de capital donnée si l'on améliore l'utilisation conjointe des deux facteurs.

Questions

1. Caractérisez les facteurs qui permettent la production et la croissance.
2. Quel est le lien entre le niveau de formation de la population et la croissance économique ?

Document 2 *La distinction entre croissance extensive et croissance intensive*

Croissance extensive
Résultat de l'augmentation de la quantité des facteurs de production utilisés

- ↗ **Facteur travail** = recrutement de nouveaux travailleurs, recours aux heures supplémentaires
- ↗ **Facteur capital** = ouverture de nouvelles usines, utilisation de machines supplémentaires, exploitation de nouvelles matières premières

Croissance intensive
Résultat de l'augmentation de la productivité par amélioration de l'efficacité des facteurs de production

- **Facteur travail** : amélioration de la formation des travailleurs, de l'organisation du travail
- **Facteur capital** : machines plus performantes grâce au progrès technique, meilleure organisation de la production

Questions

3. Quels facteurs sont à l'origine de la croissance extensive ?
4. Quels facteurs qualitatifs peuvent contribuer à la croissance de l'économie ?

B. Le progrès technique et la productivité

DOCUMENT 3 *La mesure de la productivité*

Quand on aborde la productivité d'une entreprise, on cherche à comparer ce qui est produit aux moyens utilisés pour produire. Les chefs d'entreprise suivent avec intérêt la productivité du travail pour mesurer l'efficacité de leurs salariés.

La productivité du travail s'évalue par le rapport suivant :

quantité de produits finis / quantité de travail utilisée pour cette production

Si le calcul est facile à faire dans l'industrie, il est plus compliqué dans les services et en particulier dans le commerce où les effets du travail sont plus difficiles à mesurer.

Toutes les entreprises visent à ce que leurs employés augmentent leur productivité, c'est-à-dire produisent plus sur une même durée, voire sur une durée réduite. Lorsque ce résultat est atteint, on parle de gains de productivité. Ces gains de productivité permettent à l'entreprise d'être plus compétitive pour mieux affronter la concurrence.

La productivité du capital mesure quant à elle l'efficacité du capital. Si deux entreprises produisent le même nombre de produits, l'entreprise ayant la plus grande productivité du capital sera celle qui utilise le moins de capital.

Exemple : dans un atelier de peinture de personnalisation automobile (custom), l'équipe de 4 peintres, travaillant pendant 8 heures, produit 2 véhicules par jour. L'heure de travail coûte à l'entreprise 40 euros et la personnalisation d'un véhicule est facturée 1 500 euros.

Questions

5. Que mesure la productivité ?
6. À partir de l'exemple, calculez la productivité physique par peintre et par heure de travail.
7. À partir de l'exemple, calculez la productivité en valeur par peintre et par heure de travail.

DOCUMENT 4 *La relation progrès technique et croissance*

Le progrès technique représente l'ensemble des innovations qui entraînent une transformation des méthodes de production, de l'organisation du travail, des produits ou des marchés. Il permet d'améliorer l'efficacité de la combinaison productive, entraînant ainsi des gains de productivité qui ont un impact sur la croissance. On constate, par exemple, que les TIC ont permis d'effectuer d'importants gains de productivité.
La productivité globale des facteurs indique la part de la croissance qui est liée à l'efficacité avec laquelle les facteurs de production sont utilisés. Cette efficacité résulte du progrès technique incorporé dans la production.
Ainsi, le progrès technique, en permettant des gains de productivité, est un moteur de la croissance.
À son tour, une croissance rapide entraîne une augmentation des profits qui stimule l'investissement. Le progrès technique peut alors être incorporé aux biens d'équipement : les nouveaux sont plus performants que les anciens, et une même dépense peut ainsi conduire à une productivité globale des facteurs plus élevée.

Schéma du cercle vertueux de la croissance

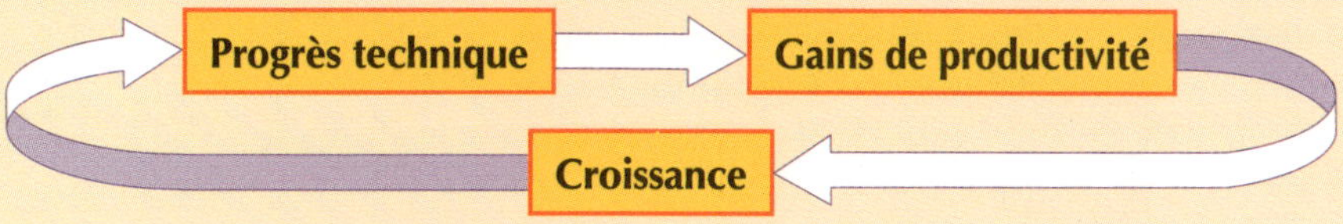

Questions

8. Pourquoi le progrès technique est-il déterminant pour la croissance ?
9. Pourquoi la croissance est-elle représentée comme un processus cumulatif qui génère un cercle vertueux ?

II Le rôle des investissements dans la croissance

A. Les formes de l'investissement

Document 5 *Les objectifs de l'investissement privé*

Dans une entreprise, l'investissement a pour objectif de maintenir ou d'accroître le potentiel productif. On distingue les investissements de capacité des investissements de productivité. L'investissement de capacité a pour objet l'achat de nouveaux équipements pour accroître la production, ce qui mène à une augmentation de la production et de l'emploi, tandis qu'un investissement de productivité consiste en l'achat d'équipements plus performants dans le but de parvenir à une réduction des coûts, ce qui aboutit à une augmentation de la productivité. Certains investissements sont, pour leur part, liés au renouvellement ou au remplacement du matériel.
L'investissement est facteur de croissance, [il permet] aux entreprises de produire plus et/ou mieux.

www.lejdd.fr.

Questions

1. Retrouvez les trois objectifs possibles d'un investissement.
2. Pourquoi l'investissement est-il facteur de croissance ?

Document 6 *Les investissements publics en Afrique*

Avec de bonnes infrastructures, l'Afrique pourrait atteindre un taux de croissance de 7 %, estime Kaberuka*.

Pour Kaberuka les 5 % de croissance actuels ne sont pas suffisants. « Tout le monde se satisfait d'un taux de croissance de 5 % du PIB du continent depuis plusieurs années, a-t-il déploré. Mais ce n'est pas ce dont l'Afrique a besoin. Avec la forte croissance démographique, le niveau de croissance nécessaire devrait se situer à 7 %. Cette différence entre 5 % et 7 % est due aux mauvaises infrastructures qui pénalisent le développement du continent. Donc, si nous avions de bonnes infrastructures, nous pourrions atteindre sans difficulté un taux de croissance de 7 % par an. Ce qui serait un bon départ pour l'Afrique. » [...]
Un Africain sur dix n'a pas accès à une route et le coût de l'énergie est deux fois plus élevé sur le continent que partout ailleurs dans le monde. L'Afrique produit à peine 2 % de l'électricité mondiale et 600 millions d'Africains n'ont pas accès à cette source d'énergie. Résultat ? Le manque d'infrastructures affecte la productivité des entreprises du continent de 40 % ! Pour résorber ces manques et doter l'Afrique d'infrastructures à la hauteur de son développement, 120 milliards de dollars sont nécessaires. Dont les deux-tiers sont à investir dans de nouvelles installations (routes, aéroports, etc.) et un tiers destiné à l'entretien et la maintenance de ces équipements.

Groupe de la Banque africaine de développement, 5 décembre 2013.

* Président de la Banque africaine de développement (BAD)

Questions

3. Quelles sont les conséquences de la faiblesse des infrastructures sur la vie des populations ?
4. Quelles sont les conséquences de la faiblesse des infrastructures sur l'économie des pays africains ?
5. Quel acteur peut investir dans les infrastructures ?

Document 7 *Le financement participatif de l'innovation par les ménages*

Le *crowdfunding*, littéralement « financement par la foule », fait aujourd'hui l'objet d'un engouement particulier pour sa facilité d'accès, sa simplicité de fonctionnement [...].
Dans une conjoncture économique difficile telle qu'aujourd'hui, confrontées à la frilosité des banques dès lors qu'il s'agit d'une proposition innovante, les entreprises porteuses d'un projet ou service innovant ont souvent du mal à réunir les capitaux nécessaires pour réaliser et lancer leur projet. [...]
Alternative entre les prêts octroyés par les proches d'un chef d'entreprise, souvent insuffisants, et les levées de fonds auprès d'investisseurs, souvent lourdes et longues à organiser, le *crowdfunding* permet de réaliser en un temps record la présentation d'un projet, l'adhésion du public à ce projet et la collecte des fonds nécessaires à sa réalisation. [...]
Trois PME alsaciennes viennent d'ores et déjà de franchir le pas, et vous proposent de participer dès le 25 septembre à la réussite de leur projet. [...] Trois projets, qui permettent de montrer la richesse et le dynamisme de notre région dans des champs d'innovation aussi variés que l'innovation de produits et de procédés, l'innovation sociale ou encore l'innovation dans le domaine du numérique.

« Alsace Innovation Crowdfunding », *www.region.alsace*, 29 septembre 2014. La Région Alsace recommande de consulter régulièrement son site internet pour les dernières mises à jour.

Questions

6. Quelle difficulté les entreprises peuvent-elles rencontrer pour financer l'innovation ?
7. Proposez une définition du *crowdfunding*
8. Comment le *crowdfunding* peut-il participer à la croissance de l'économie d'un pays ?

B. L'innovation

Document 8 *Cycles économiques et innovations*

Toute vie humaine se traduit par une succession de phases plus ou moins heureuses. Il en va de même pour la vie économique, marquée par des cycles. L'activité économique d'un pays connaît plusieurs phases. Une phase d'expansion marquée par une forte hausse du taux de croissance du produit intérieur brut (PIB) et du niveau de vie par habitant. Une phase de récession, caractérisée par une décélération de la croissance économique, et qui induit une baisse de la consommation et de l'investissement et un accroissement du chômage. [...] Enfin, il y a la phase de reprise de l'activité économique. [...]
On peut se référer à J. Schumpeter pour expliquer les cycles longs – 50 ans environ – de l'économiste russe N. Kondratieff. Pour Schumpeter, ce sont les innovations des entrepreneurs qui expliquent les phénomènes de « destruction créatrice » et les fluctuations de l'activité économique. Ces innovations concernent les produits ou les méthodes d'organisation des entreprises. Ainsi, les phases ascendantes – 25 ans environ – sont liées à l'émergence d'une ou plusieurs grandes innovations. On peut citer les exemples de la machine à vapeur (1780-1817), du chemin de fer et de l'acier (1844-1851), de l'électricité, du moteur thermique, de la chimie (1890-1920). Ces innovations majeures vont irriguer l'ensemble du tissu économique et produire à leur tour d'autres innovations ou « grappe d'innovations ». Elles augmentent considérablement les profits des entreprises et engendrent de nouveaux investissements et des créations massives d'emplois. On entre alors dans un cycle long et vertueux de croissance de l'économie.

Philippe Narassiguin, *www.economiqs.com*.

Questions

9. Proposez une représentation schématique d'un cycle économique.
10. Comment Schumpeter explique-t-il les cycles longs ?

Document 9 *Le passage d'un système technique à un autre : rupture ou continuité ?*

Les innovations modifient les pratiques culturelles, sociales, mais aussi économiques et organisationnelles. La révolution du moteur à explosion et de l'électricité signera ainsi l'avènement de la production et de la consommation de masse. La révolution des technologies de l'information celui de la société de la communication de masse.

Se pose alors en conséquence la délicate question du passage d'un système technique à un autre. [...]

L'innovation n'est donc en aucun cas une rupture, [...] on fait du neuf avec et grâce à de l'ancien : « Pour se développer, les nouvelles technologies s'appuient sur les technologies antérieures. Il n'y a donc pas un remplacement mais une greffe de la nouvelle technologie sur des pratiques anciennes. [...] L'innovation est un phénomène cumulatif. Les ingénieurs ont, par exemple, conçu et organisé le rail en référence à la seule expérience qu'ils avaient dans ce domaine : celle de la route. » [...]

Chaque grappe d'innovation majeure, chaque révolution industrielle a également toujours engendré une nouvelle économie, c'est là même une de ses principales caractéristiques.

François Caron, « De l'innovation sociale au changement technique », *Problèmes économiques*, n° 2738.

Questions

11. Sur quel principe se développe l'innovation ?

12. Qu'est-ce qu'une grappe d'innovation majeure et quelle est sa conséquence sur l'économie ?

Document 10 *En pleine « destruction créatrice »*

« Beaucoup, beaucoup, beaucoup de croissance » : l'affirmation de Nicolas Bouzou, hier matin, devant un hall du conseil général bondé, à Orléans, après l'assemblée générale de l'Agence de développement économique du Loiret, ne donne pas dans l'optimisme béat. Elle s'accompagne d'une contrepartie inéluctable : la « destruction créatrice ».

Le jeune économiste a illustré son propos de maints exemples, résumés en une phrase empruntée à l'économiste Joseph Schumpeter : « On n'a jamais vu un fabriquant de chandelles vendre des ampoules. » Ainsi chaque grande vague d'innovations (les lunettes, la machine à vapeur, l'électricité) s'est accompagnée de la disparition de pans entiers d'activités.

« Ne pas lutter contre les plans sociaux »

Aujourd'hui aussi, selon lui, nous vivons une grande vague d'innovation et de croissance, contenue dans les initiales NBIC, comme nanotechnologies, biologie, informatique et « cognitive intelligence ». Ces vagues sont, depuis toujours, synonymes de « décentrage » (la mondialisation actuellement), et de destruction d'emplois. Un exemple parlant : l'avènement des appareils photos numériques et la faillite de Kodak.

Destructions contre lesquelles, selon ce libéral, il serait vain de lutter, car cela gèlerait l'emploi et ne permettrait pas d'anticiper les mutations.

Carole Tribout, *www.larep.fr.*

Questions

13. Quel argument s'oppose au soutien d'industries en déclin par l'État ?

14. Pourquoi la destruction créatrice peut-elle être facteur de croissance ?

15. À partir de l'exemple du téléphone portable, illustrez la notion de destruction créatrice.

C. Les incitations à investir

Document 11 *Aider les entreprises du Limousin à investir pour se développer et se moderniser*

L'aide aux investissements matériels des entreprises
L'objectif de cette aide est d'accompagner les entreprises du Limousin qui effectuent des efforts de développement, de modernisation et de reprise en acquérant de nouveaux investissements : mise en œuvre de technologies nouvelles, mise aux normes d'installation dans le cadre d'une reprise, protection de l'environnement, etc. [...]

Les investissements matériels éligibles concernent les investissements matériels de modernisation à contenu technologique ainsi que les investissements immatériels liés à ces investissements (logiciels, brevets, licences, frais d'études), les travaux d'agencement et d'aménagements liés à ces équipements, les frais externes de formation liés à l'investissement et les études de faisabilité liées à la mise en œuvre du programme.

www.editions-tissot.fr.

Document 12 *Aide à la formation des salariés pour les entreprises du Loiret*

Loiret votre Département

Répondre aux besoins d'investissement en formation des entreprises. [...]

Bénéficiaires : Toutes les entreprises [...]

Modalités et conditions d'attribution :
- L'aide est versée sous forme de subvention.
- Le montant maximal de l'aide est proportionnel à l'effort de l'entreprise et plafonné [au maximum à 80 % de la dépense]. [...]
- Le versement sera effectué sur présentation des justificatifs des dépenses réalisées.
- L'activité devra être maintenue durant au moins 5 ans. [...]

L'Agence de développement économique du Loiret est au service de l'entreprise pour l'aider à formaliser son projet.

« Aide à la formation », *www.loiret.fr.*

Questions

16. Pourquoi la région Limousin apporte-t-elle une aide aux entreprises ?

17. Quels investissements sont privilégiés par l'aide de la région Limousin et pourquoi ?

18. Quel type d'investissement est concerné par le programme du Loiret ?

19. Montrez le caractère incitatif de ce programme.

Document 13 *La politique française des pôles de compétitivité*

Acteurs majeurs du dispositif d'innovation français, présents dans un grand nombre de secteurs économiques, les pôles de compétitivité sont des associations qui réunissent localement des entreprises innovantes de toute taille et des acteurs de la formation et de la recherche, autour de projets collaboratifs, en s'appuyant sur les atouts et les savoir-faire présents dans les territoires.
Depuis le lancement des pôles de compétitivité, l'État a concentré la majeure partie de ses efforts au financement des projets collaboratifs de R&D. Une dynamique a ainsi été créée avec des coopérations entre acteurs industriels, scientifiques et de la formation d'un même territoire.

www.competitivite.gouv.fr.

Question

20. Pourquoi le gouvernement a-t-il mis en place des pôles de compétitivité ?

Entraînement

Les compétences attendues

- Identifier et caractériser les contributions respectives des facteurs d'offre à la croissance
- Caractériser les facteurs de développement économique

Mise en situation

Vous effectuez un stage à l'Observatoire des sciences et des techniques (OST), qui conçoit et produit des indicateurs sur la recherche et le développement. Pour assurer cette mission, l'OST structure, à partir de sources multiples, une base de données sur la recherche internationale.
Vous travaillez au côté d'une chargée d'étude qui mène actuellement un travail sur les moteurs de la croissance chinoise. Les résultats de ce travail alimenteront le rapport biennal de l'OST, « *Indicateurs de sciences et de technologies* ».

Travail à faire

À l'aide du dossier joint et de vos connaissances, **en veillant à préciser les principaux concepts utilisés** et à exploiter les sources statistiques mises à votre disposition, vous êtes chargé(e) de concevoir une note argumentée et structurée dans laquelle :

1. vous commenterez l'évolution des indicateurs économiques chinois ;
2. vous indiquerez les conséquences de l'augmentation des salaires sur l'économie chinoise ;
3. vous préciserez le lien entre l'innovation et le maintien de la croissance de l'économie chinoise.

Annexe 1

La croissance chinoise au plus bas depuis trois ans

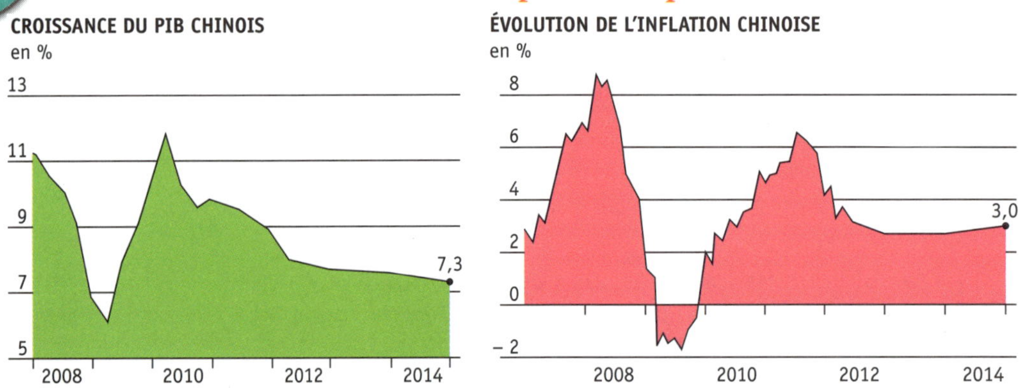

Note : les données 2014 sont des estimations.

Source : FMI-World Economic Outlook Database

Harold Thibault, *Le Monde*, 14, 15, 16 juillet 2012.

Annexe 2

L'économie chinoise montre de nouveaux signes d'essoufflement

Les ventes de maisons neuves ont baissé en août de 17,9 % sur un an et les prix de l'immobilier ont reculé dans la plupart des grandes villes, alors que la pierre représente plus des deux tiers de la richesse des ménages.
La production industrielle a limité sa progression en août à 6,9 % sur un an, soit **la plus faible croissance depuis la crise financière de 2008**. Et la production d'électricité a baissé en douze mois, pour la première fois depuis quatre ans. Les ventes au détail ont limité leur croissance à 11,9 %, inférieures aux anticipations des économistes. […]
Pour Pierre Sabatier de PrimeView, la Chine est le pays qui fait courir le plus grand risque à la croissance mondiale. Et **les signaux alarmants se multiplient** : le milliardaire Li Ka-shing, issu d'une famille parmi les plus influentes du pays, a vendu ces derniers mois pour 3 milliards de dollars d'immobilier commercial, soit 10 % de son patrimoine, une grande entreprise solaire a récemment fait défaut sur sa dette obligataire, une grande coopérative agricole et plusieurs promoteurs ont fait faillite. Enfin, plus d'un quart des résidences urbaines n'utilisent pas d'électricité… ce qui signifie qu'il n'y a personne à l'intérieur !

Romain Dion, « L'économie chinoise ralentit : attention danger pour les actions françaises », *www.lerevenu.com*, 16 septembre 2014.

La croissance chinoise à l'épreuve

Annexe 3

L'atelier du monde doit-il se reconvertir ?

L'industrie chinoise a longtemps profité du faible coût de la main-d'œuvre. [...] Aujourd'hui, la Chine est concurrencée par les pays d'Asie du Sud-Est où les coûts salariaux sont plus faibles. L'atelier du monde doit-il se reconvertir ?

La Chine doit effectivement se reconvertir, mais ce processus est à l'œuvre depuis plusieurs années. Dans des activités comme le textile, situé pour une large part dans le sud de la Chine, beaucoup d'entrepreneurs ont décidé de transférer une partie de la production soit vers des provinces assez proches, comme Guizhou, [...] soit vers des provinces plus lointaines comme le Sichuan. Il y a déjà un certain nombre d'entrepreneurs chinois qui ont transféré une partie de leur production dans ces régions, moins chères que la bande côtière. [...]

La deuxième stratégie est de délocaliser dans des pays voisins, comme l'Inde, le Vietnam, le Laos, le Cambodge, les Philippines, la Birmanie, le Bangladesh, où la production est moins chère. Par ailleurs, on observe une forte mécanisation de la production. Il s'agit d'une réaction face à l'augmentation des salaires. [...]

Ces stratégies de réponse à l'accroissement du coût salarial, de l'espace, du financement, des transports sont mises en œuvre depuis déjà plusieurs années. Néanmoins, elles sont propres à la production de biens à contenu technologique limité ou nul (comme le textile).

« Chine : quelles perspectives économiques ? », Entretien avec Dominique Jolly, *www.affaires-strategiques.info*, 18 août 2014.

Annexe 4

L'innovation dans les hautes technologies

Les dirigeants chinois montent en gamme sur les produits. L'époque de la Chine qui fabrique des vélos pour Decathlon et des chemises pour Kiabi est terminée, même si cela constitue toujours une part importante de ses exportations. Les exportations de produits de haute technologie, assemblés en Chine, sont en constante augmentation. Il y a une montée en gamme dans la technicité de la production ainsi que dans la conception. La Chine a donc conscience de la nécessité d'innover, et ce depuis au moins dix ans. [...]

La Chine commence à avoir des universités de niveau international [...]. Les centres de recherche publics sont en développement et commencent à publier des travaux significatifs sur le plan de la recherche dans des revues réputées. [...] Par ailleurs, les entreprises étrangères commencent à venir et à faire des centres de R&D en Chine. Les entreprises chinoises commencent ainsi à avoir des engagements assez significatifs en R&D, et ce dans divers domaines. Enfin, l'environnement juridique devient meilleur, ce qui favorise le développement d'entreprises innovantes et de la R&D. Tous les ingrédients sont donc réunis pour faire de la R&D et cela se développe de plus en plus. Aujourd'hui, la Chine dépose 650 000 brevets par an, contre 500 000 pour les Américains, dépassés depuis 3 ans. Donc à la question de savoir si la Chine est capable d'innover on serait tenté de répondre oui, mais dans la réalité il va falloir attendre encore un peu. En effet, l'analyse du contenu de ces brevets révèle qu'il s'agit, pour l'essentiel, de brevets d'innovation incrémentale, avec très peu d'innovation fondamentale. Autrement dit, l'innovation reste limitée.

« Chine : quelles perspectives économiques ? », Entretien avec Dominique Jolly, *www.affaires-strategiques.info*, 18 août 2014.

Université de Xiamen, Chine.

Sens de la leçon

Les facteurs de croissance

1 Les facteurs de production contribuent…

- **… à la croissance extensive par l'augmentation des quantités**
  - de facteur travail
  - de facteur capital
- **… à la croissance intensive par l'amélioration de la productivité**
  - Grâce à la qualité du facteur travail
  - Grâce au progrès technique
  - Grâce à une meilleure combinaison des facteurs travail et capital

2 Les investissements jouent un rôle dans la croissance…

- **… selon l'objectif visé**
  - Capacité
  - Productivité
  - Remplacement
- **… grâce à l'innovation et au progrès technique**
  - Nouveaux produits
  - Nouvelles méthodes d'organisation

Les investissements dans les innovations majeures expliquent les cycles économiques : théorie de la destruction créatrice de J. Schumpeter

- Phase de croissance : création de nouveaux emplois dans les secteurs en expansion
- Phase de dépression : destruction d'emplois dans les secteurs en déclin

L'État incite les entreprises à investir

- Les aides au financement
- Les pôles de compétitivité

Les mots-clés

Croissance extensive – Croissance intensive – Cycle économique – Destruction créatrice – Facteurs de production – Grappe d'innovation – Investissement – Pôle de compétitivité – Productivité – Progrès technique

9 Les firmes multinationales dans l'économie mondiale

LE RÉFÉRENTIEL

2. La création de richesses et la croissance économique ***(20 heures)***
2.2. La dynamique de la croissance ***(11 heures)***
Les firmes multinationales dans l'économie mondiale

Les compétences attendues	Le plan du chapitre
• Repérer et analyser les flux d'IDE	I. Les flux d'investissements directs à l'étranger A. Les stratégies des firmes multinationales B. L'importance des IDE dans la mondialisation
• Analyser les effets des stratégies des firmes multinationales sur les pays d'accueil et les pays d'origine	II. Les effets des stratégies des FMN A. Les effets dans les pays d'origine B. Les effets dans les pays d'accueil

Mise en situation : Quand les Chinois investissent en France

L'entrée d'un constructeur chinois au capital de PSA Peugeot Citroën souligne la montée en puissance des entreprises chinoises. Ces entreprises suscitent parfois inquiétude et méfiance, alors que ce pays pratique une politique commerciale agressive. Mais les investissements chinois peuvent aussi contribuer à sauver ou développer l'emploi en France et ouvrir des marchés. [...]

Si PSA fait ce mariage chinois, c'est qu'il n'a pas le choix. Le constructeur doit impérativement trouver des fonds. Dongfeng devrait ainsi réaliser le plus gros investissement industriel chinois en France. Mais l'opération a surtout une forte portée symbolique. Car en pénétrant chez PSA, le Chinois s'installe au cœur de l'industrie française. C'est la première fois qu'une entreprise de l'Empire du milieu noue un partenariat aussi étroit avec l'un des fleurons du capitalisme français. [...] Dès lors, la décision d'investir ou pas dans une entreprise étrangère répond à une logique de développement, qui passe par l'internationalisation. Exactement comme le font les entreprises françaises en achetant des entreprises à l'étranger, y compris en Chine.

Alain Guillemoles, *La Croix*, 18 février 2014.

Questions

1. Quelles sont les raisons de ce « mariage » entre PSA et Dongfeng ?
2. Quel est le principal objectif d'un investissement à l'étranger ?

I Les flux d'investissements directs à l'étranger

A. Les stratégies des firmes multinationales

Document 1 *Les firmes multinationales (FMN), acteurs majeurs de la mondialisation*

Une firme multinationale est constituée d'une maison mère et de filiales implantées à l'étranger. La CNUCED retient une définition large des firmes multinationales (FMN) : est considérée comme multinationale une firme qui contrôle au moins une filiale basée à l'étranger ; est considérée comme une filiale une entreprise dont la maison mère détient au moins 10 % du capital. [...]
Le commerce international est très lié à l'activité des FMN. On estime en effet qu'un tiers du commerce mondial de biens et services correspond à des échanges « intra-firmes » réalisés par des entreprises dépendant d'une même firme. Un autre tiers correspond aux ventes « extra-firmes » des FMN et de leurs filiales.
Au-delà, il importe de noter que le montant des ventes locales des filiales à l'étranger représente aujourd'hui le double de la valeur totale des exportations mondiales. Autrement dit, le commerce international, qui est pourtant un indicateur majeur de la mondialisation, est nettement moins important que la distribution locale de biens et services par les multinationales. [...]
Apprécier la place réelle d'une nation dans la mondialisation implique donc de prendre en compte l'activité des FMN dont la maison mère est basée dans ce pays.

Rapport du Sénat n° 2333, « Mondialisation et environnement ».

Questions

1. À quelles conditions une firme peut-elle être qualifiée de « multinationale » ?
2. Précisez la différence entre les échanges intra-firmes et les échanges extra-firmes.
3. Quelle est la contribution des FMN au commerce mondial ?

Document 2 *Classement des 10 premières multinationales en termes de chiffre d'affaires*

Rang	Entreprise	Nationalité	Activité
1	Wal-Mart Stores		Distribution
2	Royal Dutch Shell		Pétrole
3	Sinopec Group		Pétrole
4	China National Petroleum		Pétrole
5	Exxon Mobil		Pétrole

Rang	Entreprise	Nationalité	Activité
6	BP		Pétrole
7	State Grid		Électricité
8	Volkswagen		Automobile
9	Toyota Motor		Automobile
10	Glencore		Négoce matières premières

Source : d'après *Fortune*.

Questions

4. Distinguez les 10 premières multinationales en trois groupes selon leur secteur d'activité.
5. Quel pays est le plus représenté dans ce classement ?

Document 3 — *Définition de la division internationale du processus productif (DIPP)*

La DIPP correspond au fait que les firmes délocalisent certains morceaux ou segments de la chaîne de valeur (l'assemblage, par exemple), ce qui peut donner lieu à une exportation préalable de composants (tissus, composants automobiles, composants électroniques, pièces détachées…) et à des importations de produits finals. Ces opérations s'effectuent soit par le biais d'investissements directs (telle firme multinationale crée une filiale d'assemblage ou de montage à l'étranger), soit par le biais de la sous-traitance internationale.

Philippe Moati et El Mouhoub Mouhoud, *Revue d'économie politique*, septembre-octobre 2005.

Questions

6. Rappelez la théorie de l'avantage comparatif.
7. Comment les investissements à l'étranger permettent-ils la DIPP ?

Document 4 — *Apple et les délocalisations*

Dans un récent article, le New York Times expliquait pourquoi le géant américain de l'informatique, Apple était contraint de faire fabriquer ses iPhones, iPads et autres produits à l'étranger et notamment en Chine. […] 90 % des centaines de composants que contient un iPhone, par exemple, sont produits hors des États-Unis […] et le tout est monté en Chine. Une meilleure organisation des entreprises et une meilleure disponibilité des compétences expliquent ainsi la préférence donnée à l'Empire du milieu où on trouve, contrairement aux États-Unis, beaucoup d'ingénieurs hautement qualifiés très flexibles et surtout habitués au rythme imposé par la succession rapide des innovations et des versions des produits de la marque à la pomme.
C'est cette flexibilité qui permet à Foxconn Technology, son principal sous-traitant en Chine, d'assembler pour des compagnies autres qu'Apple (Amazon, HP, Dell, Motorola, Nintendo, Nokia, Samsung, Sony, etc.), 40 % de la production mondiale des biens de consommation électroniques.

Composants d'un iPhone

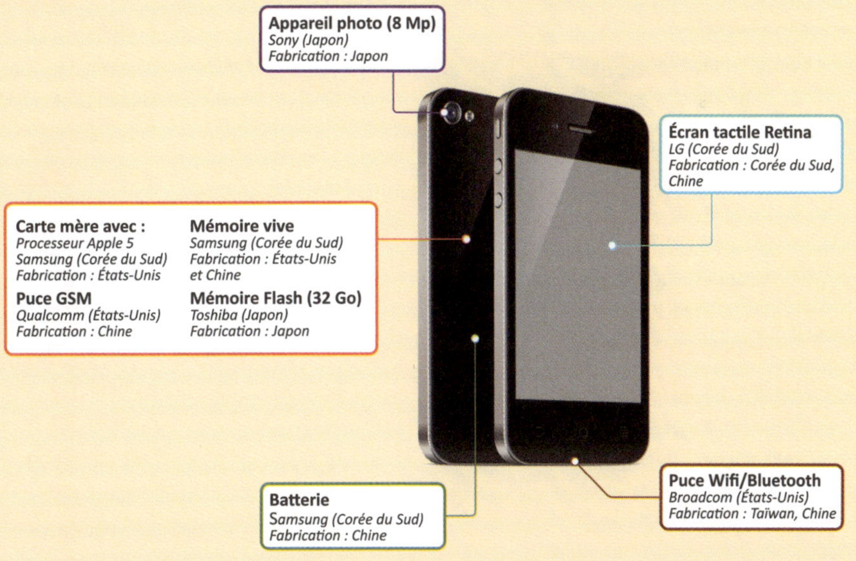

Vitraulle Mboungou, *Afrique Expansion Magazine*, 6 mars 2012, *www.afriqueexpansion.com*.

Questions

8. Quels avantages la Chine offre-t-elle pour les entreprises qui veulent délocaliser leurs activités ?
9. Quel lien peut-on établir entre les délocalisations et la DIPP ?
10. Identifiez les différents fournisseurs des composants de cet iPhone en indiquant, dans un tableau, leur nationalité et leur lieu de fabrication.
11. Caractérisez la démarche d'Apple pour la fabrication de son iPhone.

B. L'importance des IDE dans la mondialisation

Document 5 *Qu'est-ce qu'un IDE ?*

Les investissements directs regroupent les opérations effectuées par les investisseurs afin d'acquérir, d'accroître (ou de liquider) un intérêt durable dans une entreprise et d'avoir (ou de ne plus avoir) une influence sur sa gestion. Par convention, on considère qu'une relation d'investissement direct est établie dès lors qu'une personne physique ou morale (l'investisseur) détient au moins 10 % des droits de vote lors des assemblées générales d'une entreprise (l'entreprise investie) ou à défaut 10 % du capital social. Lorsque ce seuil est atteint, l'ensemble des opérations financières entre les deux entreprises est alors enregistré en investissements directs.

Sénat.

Selon le *Manuel de la balance des paiements* du Fonds monétaire international, un investissement direct est supposé tel quand « il est effectué dans le but d'acquérir un intérêt durable dans une entreprise exerçant ses activités sur le territoire d'une économie autre que celle de l'investisseur, le but de ce dernier étant d'avoir un pouvoir effectif dans la gestion de l'entreprise ».

Pierre Jacquemot, *La firme multinationale : une introduction économique*, Economica.

Questions

12. En quoi ces définitions se complètent-elles ?

13. Pourquoi qualifie-t-on ces investissements de « directs » ?

Document 6 *Le top 20 des pays investisseurs et des pays destinataires des IDE*

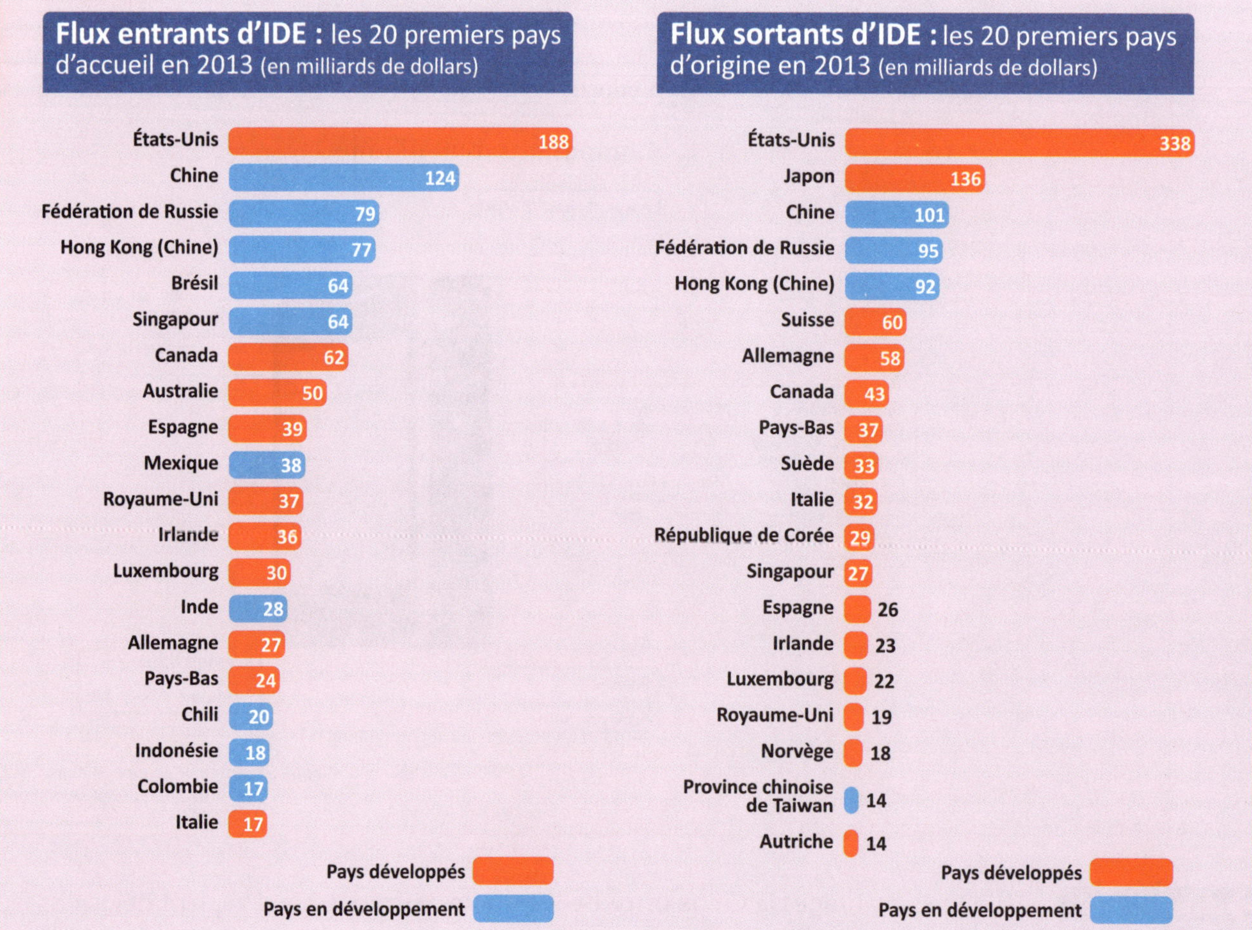

CNUCED, *Rapport sur l'investissement dans le monde*, 2014.

Questions

14. Que signifient flux entrants et flux sortants d'IDE ?

15. Quels sont les principaux pays investisseurs mais aussi bénéficiaires d'IDE ?

Document 7 *Les IDE dans le monde*

Les mouvements internationaux de capitaux réalisés en vue de créer, développer ou maintenir une filiale à l'étranger, autrement dits les investissements directs étrangers (IDE), ont augmenté de 9 % en 2013 pour s'établir à 1 450 milliards de dollars. L'Asie se taille une part du lion de ce gâteau et demeure le premier bénéficiaire de cette manne, avec près de 30 % des entrées d'IDE. [...]
Ce redressement devrait se poursuivre dans les trois prochaines années. La Cnuced* prévoit que les flux globaux d'IDE atteindraient 1 600 milliards de dollars en 2014, 1 750 milliards en 2015 et 1 850 milliards en 2016. À cette date, 52 % des IDE mondiaux proviendraient des économies développées contre moins de 40 % ces dernières années. « On s'achemine vers le retour des pays développés dans le paysage des IDE après un déclin drastique », observe Axèle Giroud, économiste à la Cnuced.
Dans les 39 pays développés, les entrées d'IDE ont atteint 556 milliards de dollars (+ 9 %) et les sorties sont restées quasi inchangées à 857 milliards. Ensemble, ces flux sont inférieurs de moitié aux montants enregistrés en 2007, ce qui est assez logique compte tenu des effets de la grande récession. [...]
En 2013, les économies en développement se sont taillées la part du lion dans les investissements mondiaux : elles représentent 54 % des IDE entrants et ont atteint le niveau de 778 milliards de dollars. [...] 57 milliards de dollars ont par ailleurs été investis en Afrique en 2013, soit 4 % de plus qu'en 2012. [...]
Une part croissante des IDE en Afrique porte désormais sur le secteur manufacturier, en particulier les biens de consommation. En Afrique aussi, l'investissement intra-régional commence à se développer, l'Afrique du Sud, le Kenya et le Nigéria jouant un rôle majeur dans cet essor.

Claire Guélaud, « L'Asie, première destination des investissements directs étrangers », *LeMonde.fr*, 24 juin 2014.
Reproduit avec l'aimable autorisation du *Monde*.

* Conférence des Nations unies pour le commerce et le développement.

Document 8 *Les flux entrants mondiaux d'IDE en milliards de dollars*

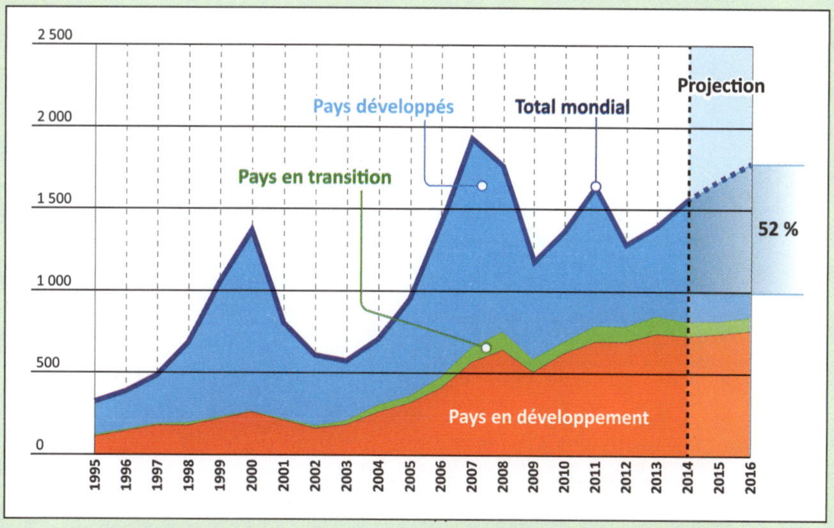

Note : les pays en transition sont les pays qui passent d'une économie planifiée à une économie de marché (anciennes républiques de l'Union soviétique, pays d'Europe centrale et orientale, Chine, Vietnam...).

Questions

16. Montrez l'évolution de la part des IDE réalisés dans les pays en développement et dans les pays développés.

17. Commentez la part de l'Afrique dans l'accueil des IDE par rapport aux économies en développement.

18. Le montant des IDE annuels est-il stable entre 1995 et 2014 ? Pourquoi ?

II Les effets des stratégies des FMN

A. Les effets dans les pays d'origine

Document 9 *Les effets négatifs des délocalisations*

« *Ce qui est bon pour General Motors est bon pour les États-Unis* », disait autrefois son directeur général C. Wilson. Mais les destinées des entreprises et des nations sont aujourd'hui séparées, car les entreprises ne produisent plus toujours là où elles vendent, et réciproquement. [...]
Dans ce contexte, le débat sur les délocalisations est marqué par deux craintes. La première concerne la désindustrialisation [...]. L'idée est que la délocalisation de l'essentiel de l'industrie ferait perdre le contact avec l'innovation, qui se fait largement dans l'atelier. Cette analyse est partagée par les firmes japonaises, qui estiment indispensable de continuer à produire sur place pour innover.
Le second débat porte sur l'emploi. [...] Dans les services, le McKinsey Global Institute estime les emplois perdus par les pays développés au bénéfice du Sud à 1,5 million en 2003 et sans doute 4,1 millions en 2008, ce qui est peu au regard de l'emploi global. Cependant, l'impact se fait aussi sentir sur les salaires, la menace réelle ou supposée de la délocalisation pesant sur les négociations salariales. D'autre part, l'effet sur l'emploi dépend largement du degré de flexibilité et de réactivité des marchés. La mondialisation reconfigure l'emploi rapidement et certains pays s'adaptent plus vite que d'autres. Une autre enquête du McKinsey Global Institute a montré que les délocalisations avaient un effet global positif aux États-Unis et négatif outre-Rhin, essentiellement parce que 70 % des personnes licenciées aux États-Unis retrouvaient un emploi dans les six mois, contre 40 % seulement en Allemagne.
Une étude de la London School of Economics de 2012 confirme cet impact positif des délocalisations sur l'emploi aux États-Unis.

Arnaud Parienty, *Alternatives économiques*, HS n° 70, novembre 2014.

Questions

1. Expliquez la phrase : « Ce qui est bon pour General Motors est bon pour les États-Unis. »
2. Pourquoi les délocalisations entraînent-elles une « perte de contact avec l'innovation » ?
3. Quels sont les effets des délocalisations sur le marché du travail ?

Document 10 *Les avantages des délocalisations pour les pays d'origine*

On craint depuis longtemps que les marchés du travail dans les économies avancées ne souffrent de délocalisations vers les pays à bas salaires [...]. En revanche, on parle beaucoup moins des avantages que la délocalisation peut apporter à l'ensemble de l'économie parce que, en règle générale, ils ne sont pas immédiatement observables et qu'il est donc plus difficile de les associer directement à la délocalisation.
Cela dit, des études indiquent que la délocalisation peut aider à réaliser des gains de productivité, favoriser l'amélioration des compétences, entraîner une hausse du pouvoir d'achat des consommateurs (en raison du niveau inférieur des prix des intrants importés) et réduire l'exposition des exportateurs au risque de change en offrant une couverture naturelle.
La délocalisation joue selon toute vraisemblance un rôle important en réorientant la composition de l'activité économique du pays d'origine vers les industries qui exploitent le mieux les avantages comparatifs de ce pays. Elle contribue en outre à élargir la base d'approvisionnement mondiale, ce qui se traduit généralement par une intensification de la concurrence et donne lieu à une modification des rapports de prix.

Calista Cheung, James Rossiter et Yi Zheng, *Revue de la Banque du Canada*, automne 2008.

Questions

4. Quels sont les avantages des délocalisations présentés dans ce document ?
5. Pourquoi les délocalisations entraînent-elles une hausse du pouvoir d'achat des consommateurs ?

B. Les effets dans les pays d'accueil

Document 11 *L'impact des IDE sur les pays d'accueil*

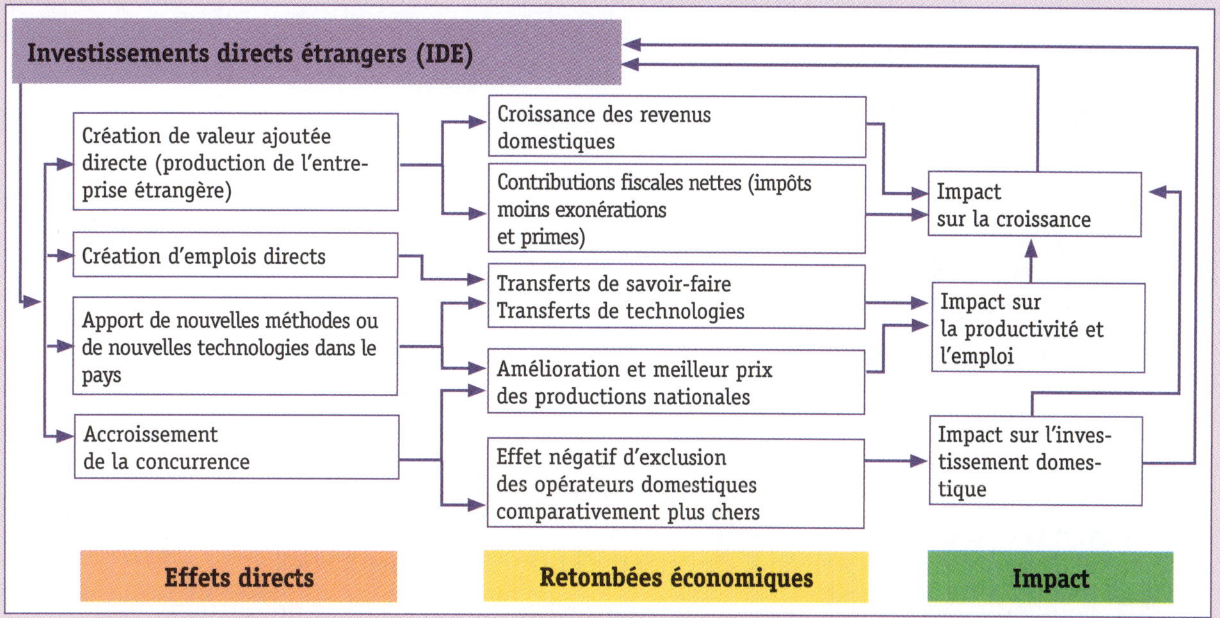

© Bénédict de Saint Laurent – ANIMA Investment Network

➔ Questions

6. Montrez comment les IDE ont un impact sur la croissance.

7. Expliquez en quoi les IDE contribuent à accroître la concurrence.

Document 12 *Attirer en France les investissements étrangers*

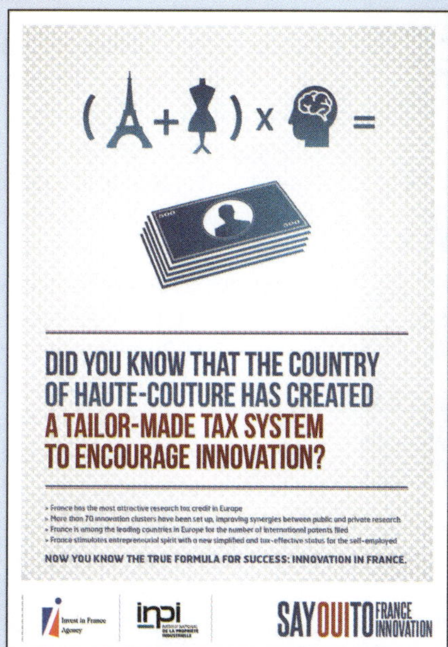

« Saviez-vous que le pays de la haute couture avait créé un système d'imposition sur-mesure pour favoriser l'innovation ? »

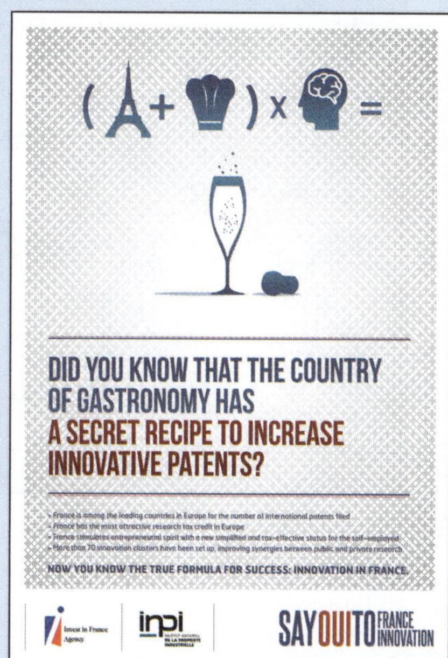

« Saviez-vous que le pays de la gastronomie a une recette secrète pour accroître les brevets innovants ? »

Agence française des investissements internationaux et Institut national de la propriété industrielle, campagne « Say oui to France ».

➔ Questions

8. Quel est l'objectif de cette campagne et à qui est-elle destinée ?

9. Quels éléments la France met-elle en avant pour démontrer son attractivité ?

Entraînement

Les compétences attendues

- Repérer et analyser les flux d'investissements directs à l'étranger (IDE)
- Analyser les effets des stratégies des firmes multinationales sur les pays d'accueil et les pays d'origine

Mise en situation

Vous êtes consultant auprès d'un organisme d'études spécialisées dans l'activité des entreprises. Cet organisme doit fournir à la chambre de commerce de votre région des informations sur les intentions des entreprises de délocaliser hors de France ou de relocaliser en France certaines de leurs activités.

Pour préparer la conduite des entretiens avec les différents chefs d'entreprise, vous avez rassemblé une documentation qui vous permet de mieux cerner les mouvements de délocalisation.

Travail à faire

À l'aide du dossier joint et de vos connaissances, **en veillant à préciser les principaux concepts utilisés** et à exploiter les sources statistiques mises à votre disposition, vous êtes chargé(e) de concevoir une note argumentée et structurée dans laquelle :

1. vous indiquerez ce que recherche une entreprise qui délocalise sa production ;
2. vous présenterez les conséquences économiques des délocalisations pour la France ;
3. vous expliquerez ce que signifie relocaliser la production et quels sont les objectifs de cette stratégie.

Annexe 1

France : la délocalisation, un phénomène préoccupant

S'il y a un facteur qui fragilise l'économie française, c'est bien le phénomène de la délocalisation des entreprises. [...]

Les entreprises qui délocalisent le plus viennent du secteur chimique et du secteur pharmaceutique. D'ailleurs, la France fait partie des premiers producteurs de médicaments au monde, notamment avec le groupe Aventis qui a des sites de production aux États-Unis et un peu partout. Mais l'un des secteurs les plus touchés actuellement par la délocalisation en France est le secteur industriel. Que ce soit le secteur textile, automobile ou électronique, les entreprises françaises préfèrent délocaliser en Afrique du Nord ou en Asie. [...]

La première conséquence de la délocalisation est souvent la perte d'emplois. L'économie française est déjà mal en point et le taux de chômage ne baisse pas. Quand les entreprises ferment leurs portes, des milliers de Français perdent leurs emplois. Selon le journal français *Le Figaro*, la délocalisation détruit 36 000 emplois en moyenne par an en France. En période de croissance, le secteur de l'emploi est touché par une perte de 20 000 personnes et, en récession, c'est 60 000 emplois de perdus. Des secteurs comme celui de l'automobile ont supprimé plus de 100 000 emplois en l'espace de 10 ans à cause de la délocalisation. [...]

En dehors de la perte d'emplois, la délocalisation peut avoir un impact sur le PIB de la France et sur son image dans le monde, car ce pays européen devient dépendant des pays étrangers à cause de la forte croissance des importations et de la diminution des exportations. Si les entreprises délocalisent, les produits désirés par les consommateurs ne se produisent plus sur le territoire ; ils sont alors obligés d'acheter sur les marchés extérieurs. Par conséquent, la balance commerciale du pays risque d'être déficitaire.

Alima Azang Arielle Raïssa, Université de Sherbrooke, 8 avril 2014.

Délocalisations *versus* relocalisations

Annexe 2

Pourquoi délocaliser ?

La première réponse qui vient à l'esprit est la question du coût. [...] Effectivement, ce type de stratégie est très souvent mené dans une optique de réduction du prix de revient en localisant sa fabrication dans un pays où la main-d'œuvre est bon marché. En réalité, tout n'est pas aussi évident, de nombreux groupes ont fait marche arrière, car au-delà des économies visibles, des coûts cachés apparaissent.
La localisation des moyens de production requiert une stratégie industrielle mûrement réfléchie. Même si le critère de coût de la main-d'œuvre et des autres avantages économiques locaux (réduction d'impôts et taxations diverses) est prépondérant dans les choix d'implantation, d'autres facteurs entrent en considération comme :

L'accès au marché
Produire sur place ouvre fréquemment les portes d'un nouveau marché. La relation entre la marque et les consommateurs locaux s'établit sur de nouvelles bases : la proximité géographique. De plus, certains pouvoirs politiques imposent des investissements dans leur pays pour avoir accès à leur marché, voire aux réseaux de distribution.

Les implantations des autres unités de production et les interactions
Dans le flux de production, certains composants peuvent provenir d'unités implantées dans plusieurs pays. L'optimisation des flux, en tenant compte des localisations des unités, peut nécessiter des déplacements de sites industriels.

Raphaële Granger, « Stratégie de délocalisation », *www.manager-go.com*, 24 septembre 2014.

Annexe 3

Relocalisation : pourquoi les entreprises reviennent ?

Les trois logiques de la relocalisation

Relocalisation
Implantation sur le territoire national d'une activité qui était auparavant réalisée à l'étranger, soit dans une filiale de l'entreprise, soit en sous-traitance, éventuellement suite à une délocalisation

Relocalisations d'arbitrage
Opérées par de grands groupes, le plus souvent étrangers, qui optimisent leur implantation internationale pour réaliser des activités à haute valeur ajoutée

Relocalisations de retour
Opérées par des entreprises françaises de taille moyenne, elles résultent d'un bilan de l'ensemble des coûts après délocalisations dans un pays à bas coût de main-d'œuvre

Relocalisations de développement
Opérées par des entreprises françaises de taille moyenne dont la croissance comporte une phase de lancement dans un pays à bas coût de main-d'œuvre

Les motifs de relocalisation en France

Les huit premiers motifs de relocalisation		Le choix du lieu où se réimplanter	
Motifs de relocalisation	**En %**	**Critères géographiques**	**En %**
Logistique	67	Relocalisation à proximité d'un site existant	83
Image/Marketing	53	Relocalisation dans un local existant	60
Qualité des produits	53	Opportunité foncière	23
Recherche de synergies	40	Achat d'entreprise	10
Proximité client/fournisseur	30	Qualité des infrastructures	10
Développer des innovations de produit	30	Bassin d'emploi qualifié	7
Qualification main-d'œuvre	27	Autre	13
Économies d'échelle	27		

Christophe Bellogo, DGCIS, *Le 4 pages*, n° 30, mars 2014.

Sens de la leçon

Les firmes multinationales dans l'économie mondiale

1 Les FMN sont à l'origine de flux d'IDE à travers le monde

Les deux principaux moyens pour investir à l'étranger

- Acquisition d'une entreprise étrangère : au moins 10 % du capital
- Implantation d'une entreprise à l'étranger

La recherche stratégique de l'avantage comparatif de chaque pays conduit à une division internationale du processus productif (DIPP) :

Pays de fabrication → Pays d'assemblage → Pays de montage final

Depuis le début des années 1990, on observe une forte augmentation :

- des flux d'IDE entrants (dans les pays d'accueil)
- des flux d'IDE sortants (dans les pays d'origine)

2 Les stratégies des FMN ont des effets contrastés

Les FMN contribuent aux mouvements de délocalisation avec des conséquences sur les pays d'origine

Négatives
- Suppression d'emplois
- Perte de contact avec l'innovation
- Baisse du niveau des salaires

Positives
- Hausse du pouvoir d'achat
- Incitation à augmenter la productivité

Les FMN favorisent le développement économique des pays d'accueil

- Création d'emplois
Croissance
- Transfert de technologies
- Accroissement de la concurrence
Baisse des prix

Les mots-clés

Délocalisation – Division internationale du processus productif (DIPP) – Firme multinationale – Investissements directs à l'étranger (IDE) – Maison mère – Mondialisation

préparation à l'épreuve

S'entraîner au BTS n° 2

Les enjeux du développement durable pour les pays en développement

Les compétences attendues

- Analyser les politiques de développement durable
- Analyser l'influence du développement durable sur les processus de décision des agents économiques
- Analyser les effets des stratégies des firmes multinationales sur les pays d'accueil

Mise en situation

Le site Presidency Key Brief est un site de prospective consacré au développement durable.

Ses créateurs l'ont fondé sur l'idée qu'il ne peut pas y avoir de développement durable sans réflexion prospective politique et économique à moyen et long terme. De même, le développement durable ne peut se développer sans démocratie ni bonne gouvernance des États et des entreprises.

Le site Presidency Key Brief vous a demandé de suivre la préparation du prochain forum mondial organisé par la Nouvelle École d'Athènes, qui réunit les leaders des trois groupes d'acteurs qui contrôlent la mondialisation, c'est-à-dire les gouvernements, les entreprises et la société civile, et qui a pour thème : « Les enjeux du développement durable pour les pays en développement ».

Travail à faire

À l'aide du dossier joint et de vos connaissances, **en veillant à préciser les principaux concepts utilisés** et à exploiter les sources statistiques mises à votre disposition, vous êtes chargé(e) de concevoir une note argumentée et structurée dans laquelle :

1. Vous préciserez les défis énergétiques que doivent relever les pays émergents.
2. Vous expliquerez pourquoi les pays en développement investissent dans les énergies propres.
3. Vous présenterez les modalités de financement de la croissance verte dans les pays en développement.
4. Vous analyserez comment les entreprises des pays émergents prennent en compte la nécessité du développement durable.

Ressources documentaires

Annexe 1 Le développement économique de l'Éthiopie
Annexe 2 Les pays en développement et la croissance verte : la planète est en train de changer
Annexe 3 La question énergétique, nouvel enjeu de croissance et de développement
Annexe 4 Changement climatique et défis énergétiques
Annexe 5 Les Émergents plus « écolos » que les Développés ?
Annexe 6 Les énergies renouvelables en forte croissance dans les pays émergents
Annexe 7 Les pays émergents en pointe dans le développement des énergies propres

Annexe 1 *Le développement économique de l'Éthiopie*

Ashegoda, c'est le plus vaste champ éolien d'Afrique. [...] Ici s'entrechoquent deux mondes, à l'image de l'Éthiopie d'aujourd'hui : l'un à l'avant-garde de la technologie, avec des kilomètres de fibres optiques enfouies dans le sous-sol de ce bout de désert [...] au nord de l'Éthiopie. L'autre avec des caravanes de chameaux chargés de sel [...] et des paysans coupant à la main leurs champs de tef, la céréale nationale. [...]
Devenir le premier exportateur d'électricité du continent africain et le leader en matière d'énergies renouvelables, c'est l'ambition du pouvoir. Déjà, l'Éthiopie fournit en courant le Kenya, le Soudan et Djibouti grâce à l'énergie hydroélectrique qu'elle tire de ses nombreux barrages. Pourtant, seuls 54 % du territoire éthiopien sont couverts jusqu'à présent en électricité. [...]
Après que Vergnet, une entreprise française de taille intermédiaire de la région d'Orléans, eut emporté le contrat d'Ashegoda face à ses concurrents chinois et égyptien, il lui a fallu quatre ans pour construire cette centrale éolienne, en partenariat avec Alstom. [...] Ce projet est le reflet de l'intérêt croissant que les investisseurs étrangers portent à l'Éthiopie, deuxième pays le plus peuplé d'Afrique avec ses 90 millions d'habitants.
Avec un taux de croissance du produit intérieur brut de 8 % à 10 % en moyenne depuis dix ans, l'Éthiopie commence à perdre son image de pays dramatiquement pauvre et se positionne comme un pays pré-émergent, l'un des plus dynamiques du continent africain. [...] Il aspire à devenir le « tigre » de l'Afrique, sur le modèle du Vietnam.

Florence Beaugé, « La France veut profiter des promesses du marché éthiopien », *www.lemonde.fr*, 24 décembre 2013.

Annexe 2 *Les pays en développement et la croissance verte : la planète est en train de changer*

Les investissements des pays en développement dans une économie à faible intensité en carbone sont à la hausse. [...]
L'investissement en capital n'est pas la seule façon avec laquelle les pays en développement financent la transition vers une économie d'avenir à faible intensité de carbone. La hausse des tarifs de l'électricité et de l'eau et les changements dans la répartition des recettes fiscales pour soutenir les énergies renouvelables, les dépenses pour l'agriculture résistante au climat et les dépenses de transport public à faible carbone reflètent une approche de plus en plus large du financement de la croissance verte.

Simon Zadek, *www.greenetvert.fr*, 30 janvier 2014.

ANNEXE 3 *La question énergétique, nouvel enjeu de croissance et de développement*

Concilier croissance économique et développement durable

Il n'aura échappé à personne que le développement économique accéléré de ces régions a fait bondir les besoins énergétiques des économies émergentes, notamment dans des pays immenses comme la Chine, l'Inde ou le Brésil. [...]

Aujourd'hui, ces nouveaux pays grands consommateurs doivent à leur tour relever le défi de la transition énergétique. Avec un objectif « simple » : parvenir à concilier un développement socio-économique durable et la maîtrise de leurs besoins en énergie. L'enjeu est de taille. Il pose à la fois la question de l'approvisionnement énergétique, et donc celle de la dépendance, mais aussi la question de la protection de l'environnement. Pour toutes ces raisons, les pays émergents se sont engagés depuis plusieurs années dans le développement des énergies renouvelables. [...]

Les pays émergents en pointe sur les énergies renouvelables

Soyons réalistes : pour les émergents et leurs gouvernements, le développement d'énergies renouvelables est d'abord une nécessité économique. Avec des besoins qui augmentent de façon constante, ces nations savent qu'elles ne pourront pas fonder leur développement économique sur des énergies fossiles vouées à s'épuiser progressivement. Leur sécurité énergétique – probablement l'enjeu stratégique des siècles à venir – passe donc forcément par le développement de nouvelles énergies, essentiellement renouvelables. [...]

Bien négocier le tournant de la transition énergétique, un enjeu central pour les émergents

[...] Dans un espace économique mondialisé où l'énergie est plus que jamais devenue une ressource stratégique, les gouvernements de ces pays doivent continuer à soutenir l'évolution, la diversification et la modernisation de leur secteur énergétique en allant plus loin. Le développement des énergies renouvelables doit bien entendu être progressif et adapté aux particularités des nations émergentes. À ce titre, les échanges et la coopération entre politiques et initiatives privées, des pays du Nord aux pays du Sud, sont indispensables. Plus que jamais, la transition énergétique est devenue un enjeu mondial et doit donc être traitée comme tel.

Jean-Marie Santander, *www.actu-environnement.com,* 19 novembre 2014.

ANNEXE 4 *Changement climatique et défis énergétiques*

Les idées reçues ont décidément la peau dure. Les BRICA (Brésil, Russie, Inde, Chine et Afrique du Sud) ne se préoccuperaient que d'économie, sans prendre en compte l'environnement.

Il est vrai que comparativement aux pays occidentaux le club des cinq affiche un retard en matière de développement durable. Mais ces pays ont une volonté commune de limiter leur impact sur le changement climatique ; ne serait-ce que pour assurer la durabilité des villes, la sécurité alimentaire et pérenniser leur croissance économique. Situés bien souvent dans des zones géographiques où les effets directs du changement climatique se ressentent sur les hommes, l'économie et les écosystèmes, les pays émergents doivent inéluctablement agir en faveur du développement durable.

Conscients par ailleurs que les ressources non renouvelables s'épuisent inexorablement, certains pays émergents tentent de limiter leur dépendance énergétique en misant sur l'énergie solaire, l'éolien ou les biocarburants.

L'intérêt croissant qu'ont les pays émergents pour les énergies vertes tient notamment au fait que la très forte croissance économique des pays émergents (Chine, Brésil, Inde) entraîne une augmentation de leur dépendance aux énergies fossiles. Ceci, malgré les énormes ressources en charbon de la Chine ou en hydroélectricité du Brésil. Quant à l'Inde, elle doit faire face à des besoins importants en énergie puisqu'environ 500 millions de sa population n'a pas accès à l'électricité.

Green et vert, *Quel développement durable pour les pays émergents ?*, 2012.

Annexe 5 Les Émergents plus « écolos » que les Développés ?

La récente étude de Grant Thornton met en lumière l'engouement croissant des entreprises pour le développement durable [...] au sein des marchés émergents.

Plus de 2 500 entreprises issues de 34 économies différentes ont répondu à cette enquête qui révèle ainsi que les chefs d'entreprise des pays émergents sont davantage préoccupés par le développement durable au cœur de leurs activités que les dirigeants qui exercent au sein des pays développés. Ils sont en effet nombreux à considérer le coût, la fiabilité et le renouvellement de l'énergie qu'ils consomment, comme une priorité pour l'expansion de leur entreprise. [...]

L'assurance de l'approvisionnement énergétique est lui aussi un enjeu essentiel pour les entreprises en Afrique (71 %), en Europe de l'Est (71 %) et en Amérique latine (65 %) qui, toutes, l'incluent très largement dans leur stratégie de croissance.

« [...] Les chefs d'entreprise sont de plus en plus motivés par les avantages que représente la gestion des coûts et s'orientent désormais vers des pratiques sociales et environnementales plus durables et responsables. »

Julien Thibert, *Classe Export*, 30 octobre 2014.

Annexe 6 Les énergies renouvelables en forte croissance dans les pays émergents

Le cabinet d'étude Bloomberg New Energy Finance (BNEF) a publié [...] un état des lieux de la croissance des filières renouvelables à l'international. Si les pays de l'OCDE dominent toujours le secteur, ce rapport souligne cependant que les nouvelles énergies durables progresseraient désormais plus rapidement au sein des économies émergentes. [...]

En effet, selon ce rapport, la baisse des coûts d'installation et production des énergies renouvelables semble avoir changé la donne et permis à de nombreux pays en voie de développement d'accéder à ce type de technologies.

L'Énergie d'avancer, 31 octobre 2014.

Annexe 7 Les pays émergents en pointe dans le développement des énergies propres

« Pendant longtemps, il était globalement admis que seuls les pays les plus riches avaient les moyens de bénéficier de sources d'énergies bas-carbone [...]. Mais les technologies des énergies propres ne sont plus hors d'accès des pays en développement », note ainsi BNEF*.

Au contraire, le fait que dans ces pays les populations dépendent pour beaucoup de groupes électrogènes diesel au coût très élevé pour produire leur électricité « rend l'argument économique en faveur de sources d'électricité alternatives souvent très pertinent ».

D'autant que les projets renouvelables mettent beaucoup moins de temps à voir le jour que des grands barrages par exemple. « Des projets éoliens peuvent sortir de terre en deux à trois ans, des projets photovoltaïques de taille industrielle construits en moins de six mois et des panneaux solaires installés sur des toits en un jour ou moins », avance BNEF.

www.sciencesetavenir.fr, 28 octobre 2014.

* Bloomberg New Energy Finance

10 Les inégalités de revenus et de patrimoine des ménages

LE RÉFÉRENTIEL

3. La répartition des richesses ***(20 heures)***
3.1. Les inégalités de revenus et de patrimoine des ménages ***(8 heures)***
Le partage inégal des revenus et du patrimoine
La formation des salaires

Les compétences attendues	Le plan du chapitre
• Décrire et caractériser la répartition des revenus et du patrimoine	I. La répartition des revenus A. Le partage de la valeur ajoutée B. La formation du revenu disponible des ménages
• Analyser les modalités de formation des salaires	II. Les mécanismes de la formation des salaires A. La formation des salaires B. L'action de l'État
• Analyser les inégalités de revenus dans les pays développés	III. Les inégalités dans les pays développés A. Les inégalités de revenus B. Les inégalités de patrimoine

Mise en situation : Thomas Piketty et les inégalités

La thèse complexe du *Capital au XXIe siècle* [publiée par l'économiste français Thomas Piketty] peut se résumer ainsi : après avoir atteint des sommets après la révolution industrielle, qui a vu l'émergence d'une classe de rentiers, les inégalités s'étaient fortement réduites après les deux guerres mondiales et pendant les Trente Glorieuses. La croissance, dans un monde en reconstruction, était alors suffisante pour engraisser à peu près tout le monde. Mais le grand écart est reparti à la hausse, d'un pas franchement gaillard. Aux inégalités de revenus du travail s'ajoute un phénomène de concentration du capital. Selon les travaux de Thomas Piketty, le rendement des revenus du capital, dans son ensemble, augmente aujourd'hui plus vite que la croissance des revenus nationaux, alimentant ce phénomène. Et cette tendance ne serait pas prête de s'arrêter. Sauf si les politiques décident de l'entraver, en taxant davantage les riches. Ainsi, si le livre a fait plus de bruit à sa sortie aux États-Unis qu'en France, c'est probablement pour une raison des plus simples : les inégalités y ont récemment crû beaucoup plus vite que dans la vieille Europe.

P. Jaxel-Truer, « Thomas Piketty, Pourquoi ses courbes affolent la planète », *M le magazine du Monde*, 28 juin 2014.

Questions

1. Comment les inégalités de revenus évoluent-elles en fonction de la croissance de l'économie ?
2. Pourquoi Thomas Piketty propose-t-il de taxer les riches pour lutter contre les inégalités ?

I La répartition des revenus

A. Le partage de la valeur ajoutée

Document 1 *La valeur ajoutée et sa répartition*

Partage de la valeur ajoutée à prix courants en 2013
(en %)

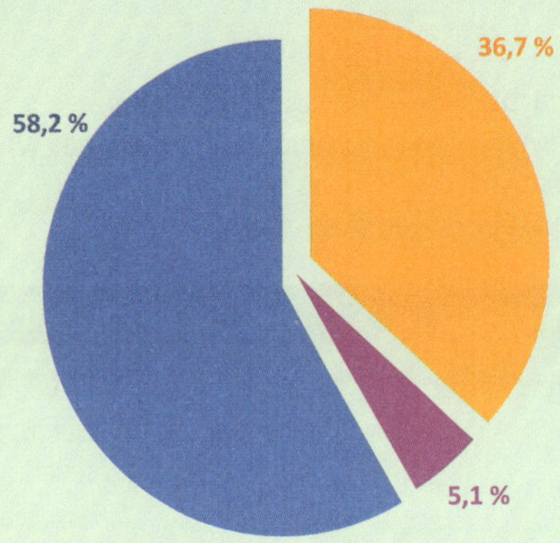

Source : INSEE

Après avoir encaissé le produit de ses ventes et payé les factures de ses fournisseurs, un chef d'entreprise observe ce qui lui reste : la valeur ajoutée créée par son activité tout au long de l'année. Il utilisera cette valeur ajoutée pour payer les salaires, les primes, les cotisations sociales, bref tout ce qui est lié aux salaires. L'excédent brut d'exploitation (EBE) sera ainsi dégagé.

L'EBE sera utilisé pour payer les impôts, en particulier l'impôt sur les bénéfices, et pour verser des dividendes aux actionnaires de la société. Le reste pourra être investi dans l'entreprise pour continuer à la développer.

Document 2 *Les enjeux du partage de la valeur ajoutée*

Le partage de la valeur ajoutée a des implications à la fois économiques et sociales. [...] Si une part importante de la valeur ajoutée est accordée au travail, la consommation sera favorisée.

Si au contraire c'est le capital qui tire son épingle du jeu, c'est l'investissement qui pourra être accru. Socialement, on peut dire que le partage de la VA traduit le pouvoir des salariés dans les négociations salariales. Faible en période de fort chômage, on peut imaginer que la part du travail dans la valeur ajoutée augmente avec la reprise du marché de l'emploi. [...]

Ce partage met alors en jeu un conflit distributif. Thomas Piketty écrit ainsi à ce sujet : « En l'absence de toute action publique de redistribution, le partage effectif entre capital et travail dépendra, par exemple, du pouvoir de négociation des syndicats, des capacités des employeurs à s'approprier une large part, ou plus généralement de l'état présent des rapports de forces entre capitalistes et travailleurs. »

www.businesspme.com, DR.

Questions

1. Entre quels acteurs se répartit la valeur ajoutée ?
2. Quel rôle peut jouer la négociation syndicale dans le partage de la valeur ajoutée ?
3. Quelle est la conséquence d'un partage de la valeur ajoutée favorable aux salariés ? favorable aux entreprises ?

B. La formation du revenu disponible des ménages

Document 3 *La répartition primaire des revenus*

Les revenus primaires des ménages sont les revenus directement liés à leur participation au processus de production.

Revenus salariaux	Revenus de la propriété	Revenus mixtes
Salaires + primes	Revenus fonciers Revenus des valeurs mobilières Revenus de l'épargne « quasi liquide »	Rémunération du travail effectué + rémunération du capital investi par le propriétaire de l'entreprise individuelle

Questions

4. Quelles sont les deux grandes catégories de revenus issus de la répartition primaire ?

5. Quels noms portent les revenus des différentes valeurs mobilières ?

6. Citez des actifs non salariés qui perçoivent des revenus mixtes.

Document 4 *La répartition secondaire des revenus*

La redistribution des revenus est une politique qui vise à assurer une plus juste répartition des richesses entre les individus. Elle vise à réduire les écarts de revenu entre les ménages d'une même société. La redistribution s'opère en deux étapes :

– une première étape de prélèvements obligatoires sur la richesse des ménages et des entreprises, sous forme d'impôts et de cotisations sociales ;

– une seconde étape de versement de revenus de transfert sous la forme d'indemnités chômage, d'allocations familiales, de pensions de retraite ou encore de revenu de solidarité active (RSA).

L'objectif de la redistribution est de réduire les écarts de revenu qui existent entre les ménages en modifiant leur revenu disponible. Ce revenu disponible correspond à la somme des revenus primaires et des prestations sociales perçus par un ménage diminuée des impôts et des cotisations sociales qu'il a versés.

Le système d'imposition qui finance la redistribution peut être plus ou moins redistributif, notamment lorsque le taux d'imposition augmente avec la base d'imposition. On parle alors d'impôt progressif.

Questions

7. Quel est l'objectif principal de la redistribution des revenus ?

8. À quelle condition l'impôt participe-t-il à la redistribution des revenus ?

Document 5 *Comparaison entre revenu disponible et revenu avant transferts*

Avant redistribution, le niveau de vie moyen des 20 % de personnes les plus aisées est de 55 300 euros par an, soit 7,6 fois supérieur au niveau de vie moyen des 20 % de personnes les plus modestes (7 300 euros par an). Après redistribution, ce rapport est de 4,0 : le niveau de vie moyen des 20 % de personnes les plus modestes a augmenté de 55 % et celui des 20 % les plus riches a diminué de 20 %.

INSEE *Première*, n° 1513, septembre 2014.

Question

9. Quels sonts les effets de la répartition secondaire sur le revenu disponible des ménages les plus pauvres ? et les plus riches ?

II Les mécanismes de la formation des salaires

A. La formation des salaires

Document 6 *La conception moderne du salaire*

Le salaire est fixé par négociation entre les représentants syndicaux et ceux de la direction de l'entreprise.
Le salaire est le résultat d'un équilibre obtenu sur un marché monopolistique, avec deux forces en présence : un offreur face à un demandeur.

Si la négociation porte uniquement sur le salaire, son niveau sera déterminé en fonction de la capacité de résistance du syndicat et des possibilités de concession du patronat. Toutes deux sont fonction du temps. La négociation peut être schématisée par une courbe dont l'allure s'apparente à celle de la courbe de l'offre et de la demande.

A. Silem, *Encyclopédie de l'économie et de la gestion*, Hachette.

Question

1. En quoi peut-on dire qu'une négociation salariale s'apparente à la loi de l'offre et de la demande ?

Document 7 *Le dialogue social*

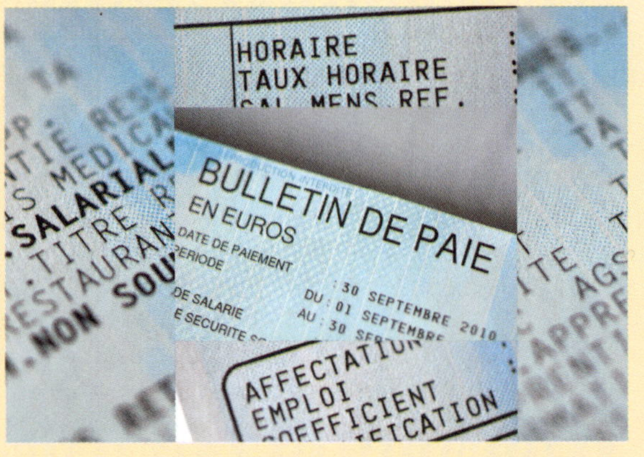

Les grilles de salaires sont fixées par les partenaires sociaux dans le cadre des conventions collectives nationales.

La détermination de la grille de classification et de salaires ne se fait pas en fonction de l'emploi occupé par le salarié qui est engagé, mais en fonction de la convention collective qui est applicable dans l'entreprise, compte tenu de son activité, de sa forme juridique, etc. Le principe est qu'un employeur n'applique qu'une seule convention collective ; l'ensemble des salariés relèvent donc de la même grille de salaires.
Chaque convention collective définit une grille de classification ainsi que les critères permettant de positionner un emploi sur la grille.
Par exemple, pour un organisme relevant de la convention des théâtres privés, les employés travaillant à la création et la réalisation des costumes seront rattachés, selon le cas, à l'emploi de couturière ou de chef couturière, ou encore de chef costumière. Pour la convention des entreprises artistiques et culturelles, les fonctions de metteur en scène et scénographe relèvent de la nomenclature spécifique aux emplois artistiques.
Par contre, la création et la réalisation de costumes relèveront, selon le cas, de la qualification de technicien agent de maîtrise 1 « réalisateur de costumes » (nomenclature générale, filière technique) ou de la qualification de collaborateur(trice) du metteur en scène, concepteur de costumes (nomenclature spécifique aux emplois artistiques).

Ainsi, la qualification est à étudier en fonction de la convention collective applicable dans l'entreprise et du contenu précis du poste.

© CAGEC GESTION
www.cagec.fr, www.legiculture.fr

Questions

2. Qu'est-ce que le dialogue social ? Qui sont les partenaires sociaux ?
3. Définissez les termes suivants : convention collective, qualification, grille de classification.

Document 8 *L'influence du diplôme*

Salaires (médians) selon le sexe, l'âge regroupé et le diplôme

Champ : population salariée

SEXE	ÂGE	Ensemble	Diplôme supérieur	Baccalauréat + 2 ans	Baccalauréat ou autre diplôme de ce niveau	CAP, BEP ou autre diplôme de ce niveau	Brevet des collèges	Aucun diplôme ou CEP
Ensemble	Ensemble	1 600	2 218	1 834	1 500	1 500	1 400	1 300
	De 15 à 29 ans	1 307	1 700	1 500	1 200	1 250	1 100	1 114
	De 30 à 49 ans	1 679	2 300	1 902	1 600	1 500	1 450	1 333
	50 ans et plus	1 719	3 000	2 353	1 987	1 621	1 577	1 324
Hommes	Ensemble	1 783	2 678	2 083	1 700	1 633	1 558	1 490
Femmes	Ensemble	1 430	1 961	1 700	1 373	1 300	1 288	1 100

INSEE, « Enquête emploi en continu 2012 », *INSEE Résultats*, n° 146, septembre 2013.

Questions

4. Quelle est l'influence du diplôme sur le salaire pour l'ensemble des salariés ?
5. Cette influence est-elle la même pour les hommes et pour les femmes ? et aux différents âges ?

Document 9 *Une prime au travail qualifié*

Pourquoi les inégalités de revenus à l'intérieur d'un très grand nombre de pays augmentent, au point qu'aujourd'hui, la Chine est aussi inégalitaire que les États-Unis ? Fondamentalement, le problème de l'inégalité tient au fait que le travail qualifié est beaucoup mieux rémunéré que le travail non qualifié, et cela en raison de l'évolution technologique. En économie, le facteur rare est toujours mieux payé que le facteur abondant. Mais ce problème est aggravé par le fait que le travail non qualifié n'est pas assez développé ou stimulé. Les hausses répétées et indifférenciées du Smic, par exemple, ont pour conséquence de rendre plus difficile l'entrée sur le marché des non-qualifiés. [...]

Beaucoup d'études faites à propos du Mexique montrent que la rareté du travail disponible profite avant tout aux travailleurs qualifiés plus qu'aux non-qualifiés. Autrement dit, même si le travail est non qualifié, ce sont des travailleurs qualifiés qui le prennent. C'est un problème que l'on connaît d'ailleurs en France aussi, notamment dans les emplois de la fonction publique, où l'on ne peut pas refuser un emploi à une personne sous prétexte qu'elle serait surqualifiée.

Zaki Laïdi, *Constructif*, n° 19, *www.constructif.fr*

Questions

6. Comment s'expliquent les disparités de salaires entre le travail qualifié et le travail non qualifié ?
7. Quel est le lien entre la rareté du travail qualifié disponible et le niveau des salaires ?

Document 10 *Le nouveau dilemme de la poule et de l'œuf*

Si la productivité horaire est élevée, il est plus facile de verser des salaires élevés. Sur le long terme, la répartition de la valeur ajoutée entre salaire et profit oscille aux alentours d'une répartition 2/3-1/3. Alfred Sauvy, analysant les mutations des sociétés industrielles, prenait à rebrousse-poil ceux qui voyaient dans la machine la cause du chômage. Au contraire, expliquait-il, la machine en accroissant la productivité élève le niveau de vie de la population, suscitant ainsi une demande nouvelle. [...]

Ces gains de productivité ont été aiguillonnés par la concurrence et, dans une certaine mesure, par le dialogue social. Dans cette vision, plutôt positive, qui rend bien compte de la situation des Trente Glorieuses, la hausse de la productivité entraîne la hausse des salaires et de l'enrichissement général. [...]

La forte réduction du temps de travail des années 2000 a provoqué les mêmes conséquences pernicieuses.

A. B. Galiani, *www.alain-lambert-blog.org*

Questions

8. Justifiez le titre du document.
9. Quel est le lien entre la productivité et le niveau des salaires ?

B. L'action de l'État

Document 11 *Le salaire minimum interprofessionnel de croissance (SMIC)*

Le **salaire SMIC** correspond au salaire minimum horaire en dessous duquel aucun salarié ne peut être rémunéré et ce, quelle que soit la forme de sa rémunération. [...] Il détermine donc le montant du salaire minimum légal en France.
Le salaire SMIC est **revalorisé tous les ans** et, en général, au 1er janvier. Il est **indexé sur l'inflation.**
• Cette revalorisation est réalisée sur la base de la moitié du gain de pouvoir d'achat du salaire horaire moyen des ouvriers et des employés.
• Si, pendant l'année, l'indice des prix à la consommation parvient à une **hausse d'au moins 2 %** par rapport à l'indice constaté lors de l'établissement du dernier montant du SMIC, celui-ci est augmenté systématiquement dans des proportions similaires.
• Cependant, le gouvernement peut décider d'augmenter le salaire SMIC quand il le souhaite. [...]
Les bénéficiaires du salaire SMIC sont les salariés qui sont âgés de plus de 18 ans. Seul le salarié mineur et l'apprenti peuvent se voir appliquer une minoration du salaire SMIC sous certaines conditions.

« Salaire SMIC 2015 », *gestion-paie.comprendrechoisir.com*, janvier 2015.

Questions

10. Quelles sont les garanties apportées par le SMIC ?

11. Quelle est la conséquence de l'existence d'un salaire minimum sur le niveau des salaires du secteur privé ?

Document 12 *Les salaires dans la fonction publique*

Les salaires de la fonction publique de l'État sont calculés en fonction d'une grille qui définit la rémunération principale, selon l'échelon hiérarchique et l'ancienneté. Chaque agent de l'État possède un indice, qui définit la base de son traitement, auquel s'ajoutent ensuite des primes et indemnités. Le point d'indice, commun à tous les fonctionnaires de l'État, est en général revalorisé chaque année pour tenir compte de l'inflation. Mais après avoir été augmenté de 0,8 % chaque année entre 2007 et 2009, puis de 0,5 % en 2010, il a été gelé « en valeur » en 2011 et 2012.

Samuel Laurent, *Le Monde*, 2 juillet 2012. *www.abonnes.lemonde.fr.*

Questions

12. Sur quels critères sont fixés les salaires dans la fonction publique ?

13. Le traitement des fonctionnaires prend-il en compte la motivation individuelle ?

Document 13 *L'intervention de l'État dans le secteur privé*

Le Code du travail prévoit déjà une obligation annuelle de négocier sur les salaires au niveau des branches professionnelles et des entreprises. La [loi sur les revenus du travail] établit un lien entre ces négociations obligatoires et le droit aux allègements de cotisations, dans un but incitatif.
Toutes les entreprises soumises à l'obligation de négociation annuelle (entreprises comportant au moins 1 [délégué syndical]) et n'observant pas l'obligation d'engager des négociations sur les salaires effectifs devront supporter une réduction, puis la suppression de certains allègements de cotisations patronales dont elles bénéficient.
En effet, si, au cours d'une année civile, l'obligation annuelle de négociation n'est pas remplie, le montant de **l'allègement sera réduit de 10 %** au titre des rémunérations versées cette même année et sera totalement **supprimé si l'employeur ne respecte pas son obligation pour la 3e année consécutive.**

www.cabinet-bouticourt.com

Questions

14. Pourquoi le gouvernement encourage-t-il les entreprises à négocier sur les salaires ?

15. Le système de sanction utilisé est-il suffisant pour obliger les entreprises à négocier ? Pourquoi ?

III Les inégalités dans les pays développés

A. Les inégalités de revenus

DOCUMENT 14 *La mesure des inégalités : qu'est-ce qu'un décile ?*

Pour mesurer les inégalités, on découpe la population en tranches. […]
Quand on découpe notre population en tranches égales de 10 %, on obtient ce que l'on appelle des « déciles ». Si on la découpe en fonction du niveau de salaire, notre décile est le niveau de salaire qui sépare chaque tranche, de 10 % en 10 %.
Ensuite, on classe les déciles par ordre croissant. Le premier décile, c'est donc le niveau de salaire pour lequel 10 % de la population touche moins. Alors, logiquement, 90 % touche plus. […] Les statisticiens écrivent D1, pour le premier décile, D2 pour le second, et ainsi de suite. […]
Notre découpage nous intéresse pour mesurer les inégalités, car il permet de rapporter le niveau d'une tranche sur une autre. Le plus souvent, on rapporte D9 à D1, et on appelle ça le « rapport interdécile ».

Louis Maurin, *Observatoire des inégalités*, *www.inegalites.fr*.

DOCUMENT 15 *Répartition du revenu disponible des ménages par déciles en 2011*

Tranche de revenu annuel disponible	Limite supérieure de tranche (décile)	Revenu annuel moyen (en euros)
Inférieur à D1	13 070	9 480
De D1 à D2	16 830	15 060
De D2 à D3	20 380	18 570
De D3 à D4	24 470	22 400
De D4 à D5	29 010	26 730
De D5 à D6	34 210	31 510
De D6 à D7	40 490	37 250
De D7 à D8	48 680	44 280
De D8 à D9	62 980	54 810
Supérieur à D9	///	99 750

Champ : France métropolitaine, ménages dont le revenu déclaré au fisc est positif ou nul et dont la personne de référence n'est pas étudiante.

INSEE, *Les revenus et le patrimoine des ménages*, édition 2014.

Questions

1. Quel est l'intérêt de découper la population en tranches égales de 10 % (appelées déciles) pour observer les inégalités ?
2. Indiquez la signification des données relatives à la tranche « D1 à D2 ».
3. Calculez le rapport interdécile D9/D1. Quelles informations sur la mesure des inégalités ce résultat indique-t-il ?

Document 16 *L'indice de Gini*

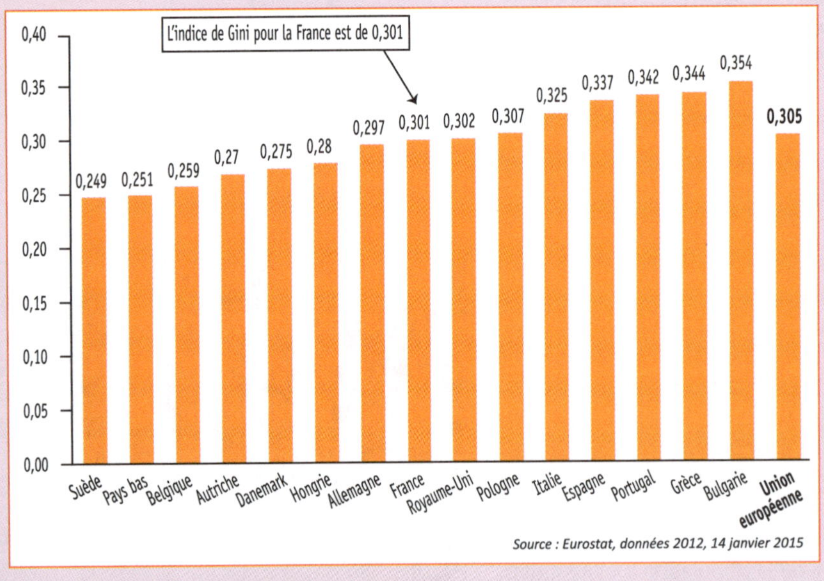

Source : Eurostat, données 2012, 14 janvier 2015

L'indice de Gini compare l'état de la répartition des revenus à une situation théorique d'égalité parfaite. Plus il est proche de zéro, plus on s'approche de l'égalité (tous les individus ont le même revenu). Plus il est proche de un, plus on est proche de l'inégalité totale (un seul individu reçoit tous les revenus).

Observatoire des inégalités, *www.inegalites.fr.*

Données 2012, source Eurostat, 16 septembre 2014.

Questions

4. Donnez un titre au graphique.

5. Quelle est la situation de la France ?

Document 17 *L'évolution des inégalités de revenus en France*

Évolution des inégalités de revenus depuis 40 ans

Les écarts de niveau de vie ont baissé si l'on se place sur une longue période. Cependant, elles repartent à la hausse depuis une quinzaine d'années. Principalement parce que les niveaux de vie des très riches se sont envolés mais aussi parce que ceux des plus pauvres ont diminué dans les années récentes. [...]

Évolution des inégalités de revenus depuis 2008

On assiste à un changement de taille. Non seulement les revenus des catégories aisées progressent, mais ceux des plus démunis diminuent. Entre 2008 et 2011, le niveau de vie moyen annuel des 10 % les plus riches a augmenté de 1 795 euros, alors que celui des 10 % les plus pauvres a baissé de 360 euros. Et la situation s'est probablement dégradée depuis 2011 du fait de la progression du chômage. On passe d'un régime de progrès mal partagé à un régime au sein duquel les différentes catégories sociales s'éloignent les unes des autres. Ceci est très différent et constitue un moteur majeur des tensions sociales.

Observatoire des inégalités, *www.inegalites.fr*, 13 février 2014.

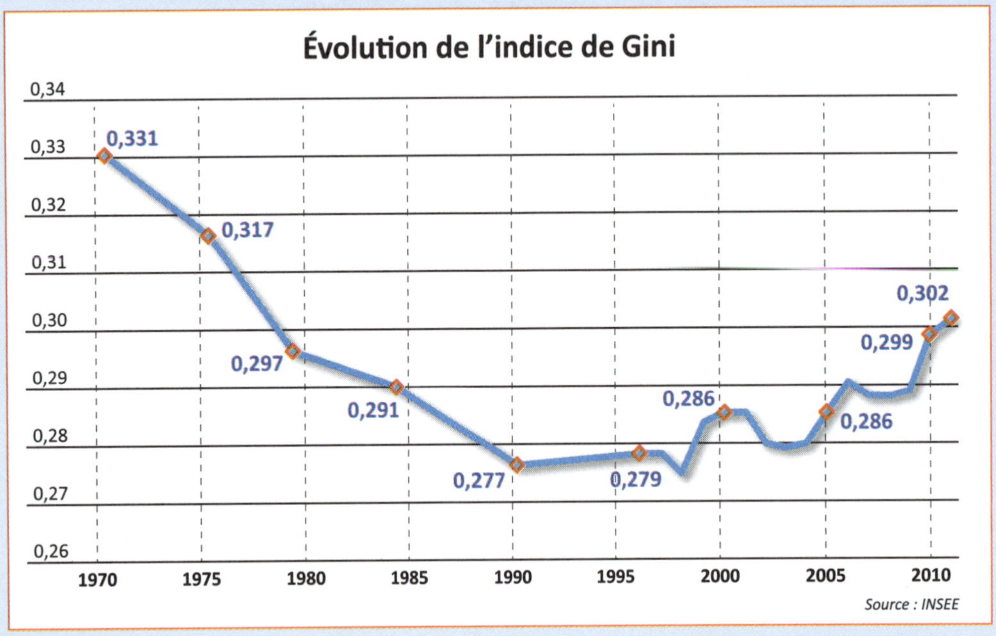

Source : INSEE

Questions

6. Distinguez et commentez les grandes périodes du graphique.

7. Quel risque fait peser l'accroissement des inégalités ?

Document 18 *La courbe de Kuznets*

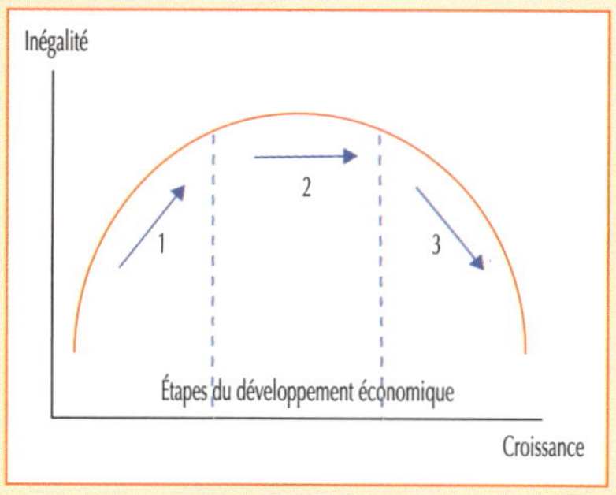

La courbe en « U inversé » de Simon Kuznets, économiste et statisticien américain d'origine russe [...], amène à distinguer trois phases : une première étape du développement économique au cours de laquelle les inégalités économiques iraient croissant ; puis une phase de stabilisation, les inégalités cessant d'augmenter ; enfin, un troisième stade de croissance avancée qui se caractériserait par une réduction des inégalités. [...]
On ne peut pour autant en déduire qu'il existerait une relation mécanique réduisant les inégalités à mesure qu'avance le développement des pays. En effet, ce n'est pas parce que l'on observe, même sur une longue période, que la croissance a augmenté en même temps que les inégalités ont baissé que l'on peut en déduire une relation de cause à effet entre les deux. Bien d'autres facteurs, comme le progrès technique ou l'amélioration du niveau d'éducation, peuvent avoir à la fois amélioré la croissance et réduit les inégalités. Il est notamment un facteur clé, que Kuznets avait lui-même mis en avant pour commenter ce qu'il observait : l'importance prise par la politique sociale dans la redistribution des revenus à partir des années 1940 et son rôle dans la réduction des inégalités pendant les années de croissance d'après-guerre.

Jézabel Couppey-Soubeyran, *Alternatives Économiques* n° 312.

Questions

8. Quelle relation la courbe de Kuznets établit-elle entre développement et inégalités ?

9. Quels facteurs agissent sur la réduction des inégalités ?

B. Les inégalités de patrimoine

Document 19 *Les inégalités de répartition du patrimoine dans différents pays développés*

La courbe de Lorenz illustre ici la répartition de la richesse dans un pays donné. Plus la courbe est éloignée de la bissectrice, plus les inégalités sont fortes dans le pays étudié. La bissectrice définit l'égalité parfaite dans la répartition objet de l'étude, situation purement théorique.

Courbes de Lorenz du patrimoine de différents pays

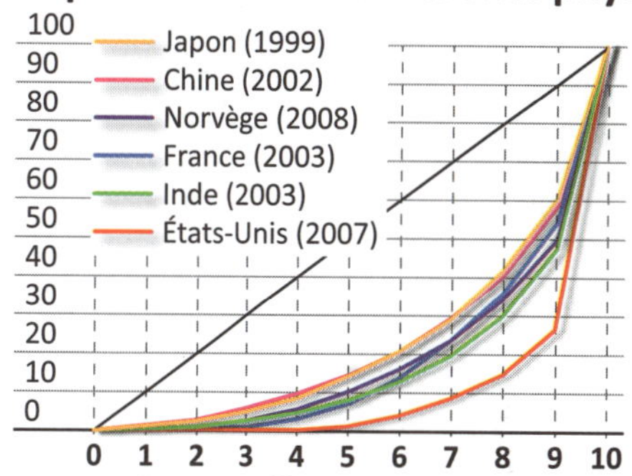

Sources : Wolff ; O. Berruyer, www.les-crises.fr

Questions

10. Qu'illustre le graphique ?

11. Quel est le pays le plus inégalitaire en termes de répartition du patrimoine ?

12. Quelle position occupe la France sur ce graphique ?

Document 20 *Patrimoine : qui possède combien ?*

Les 10 % des ménages les plus fortunés disposent de près de la moitié de l'ensemble de la richesse du pays, les 50 % les moins fortunés en possèdent 7 %... L'inégalité des patrimoines est encore plus accentuée que celle des revenus : les 10 % aux niveaux de vie les plus élevés touchent « seulement » un quart des revenus... Cette situation est logique : les patrimoines sont constitués de revenus accumulés au fil du temps.
Ces énormes inégalités de richesse sont à la source de la reproduction sociale de génération en génération par le biais de l'héritage. Les patrimoines matérialisent en quelque sorte la transmission des inégalités dans le temps.
Le patrimoine immobilier représente 50 % du patrimoine détenu par les 10 % les plus riches. Le patrimoine financier en constitue 23 % et le patrimoine professionnel (les biens liés à une activité professionnelle industrielle, commerciale, agricole, etc., actions), 24 %. Phénomène intéressant : la part des patrimoines financier et professionnel croît à mesure que l'on monte dans la fortune. Au contraire, la part de l'immobilier est inversement proportionnelle à la fortune détenue.

Observatoire des inégalités, *www.inegalites.fr*, 16 avril 2013.

Questions

13. Établissez la relation entre inégalités de revenus et inégalités de patrimoine.

14. Expliquez la phrase soulignée.

Entraînement

La compétence attendue

• Analyser les modalités de formation des salaires

Mise en situation

Vous travaillez pour un magazine, destiné plus spécialement à un public féminin. Un numéro spécial va être consacré au thème « salaires hommes/femmes : l'égalité en marche ? » Vous devez rassembler une documentation sur ce sujet à partir d'articles de presse et d'études. La situation de la France est à apprécier par rapport à l'Union européenne.

Travail à faire

À l'aide du dossier joint et de vos connaissances, **en veillant à préciser les principaux concepts utilisés** et à exploiter les sources statistiques mises à votre disposition, vous êtes chargé(e) de concevoir une note argumentée et structurée dans laquelle :

1. vous rechercherez les causes des différences de formation des salaires masculins et féminins ;
2. vous indiquerez quelle est la tendance en matière d'inégalités de salaires hommes/femmes au niveau de l'Union européenne ;
3. vous justifierez l'existence, dans certains cas, de différences salariales entre hommes et femmes.

Annexe 1

En Europe, les femmes continuent de travailler « pour rien » 59 jours par an

L'écart de rémunération entre hommes et femmes, soit l'écart moyen de rémunération horaire entre hommes et femmes pour l'ensemble de l'économie, n'a guère évolué ces dernières années, puisqu'il se situe toujours autour des 16 % (se maintenant à 16,4 % comme un an auparavant). [...] Pour la deuxième année consécutive, la Journée européenne de l'égalité salariale se tient le 28 février. Cet événement européen marque la date de la nouvelle année civile à partir de laquelle les femmes commencent réellement à être rémunérées pour leur travail par rapport aux hommes. Cela signifie, en effet, que les femmes travaillent actuellement 59 jours « pour rien » avant d'atteindre le même niveau de rémunération que les hommes. [...]

Les chiffres les plus récents montrent qu'en 2012, l'écart de rémunération entre hommes et femmes atteignait en moyenne 16,4 % dans l'Union européenne. Ils font apparaître une stagnation après la légère tendance à la baisse enregistrée ces dernières années, puisque cet écart avoisinait voire dépassait les 17 %. Une tendance continue à la baisse peut être observée au Danemark, en République tchèque, en Autriche, aux Pays-Bas et à Chypre, tandis que dans d'autres pays (Pologne et Lituanie), la tendance s'est inversée en 2012. Dans certains pays comme la Hongrie, le Portugal, l'Estonie, la Bulgarie, l'Irlande et l'Espagne, l'écart de rémunération entre hommes et femmes s'est même creusé ces dernières années.

La tendance à la baisse de l'écart de rémunération s'explique par plusieurs facteurs, tels que l'augmentation de la part des diplômées de l'enseignement supérieur parmi les salariées ou l'incidence plus grande du ralentissement économique dans certains secteurs traditionnellement masculins, comme la construction et les industries mécaniques. Cette évolution ne procède donc pas exclusivement d'une amélioration des conditions de travail et de rémunération des femmes.

http://europa.eu. © Union européenne, 1995-2015.

Les salaires hommes/femmes en Europe

Annexe 2

Écart de rémunération entre hommes et femmes dans l'UE

Qu'est-ce que l'écart de rémunération entre les femmes et les hommes ?
L'écart de rémunération entre les femmes et les hommes correspond à la différence moyenne de rémunération horaire brute entre les travailleurs de sexe féminin et masculin.
En moyenne, les femmes de l'Union européenne perçoivent un salaire horaire inférieur d'environ 16 % à celui des hommes. L'écart de rémunération entre les femmes et les hommes varie selon les pays européens. S'il est inférieur à 10 % en Italie, au Luxembourg, à Malte, en Pologne, en Roumanie et en Slovénie, il dépasse les 20 % en Allemagne, en Autriche, en Estonie, en Hongrie, en République tchèque et en Slovaquie. […].
Cet écart existe en dépit du niveau de qualification généralement plus élevé des femmes… […]

Pratiques et systèmes de rémunération sur le lieu de travail
Les femmes et les hommes font l'objet de pratiques différentes sur leur lieu de travail en ce qui concerne, par exemple, les perspectives d'évolution de carrière et l'accès à la formation. Différents modes de gratification des travailleurs (par exemple au moyen de bonus, d'avantages et de primes sur la base des performances réalisées), ainsi que la structure effective du système de rémunération, peuvent conduire à des différences salariales entre travailleurs féminins et masculins. Souvent, cette discrimination se manifeste en raison de facteurs historiques et culturels qui se répercutent sur les modalités de fixation des salaires. Ce que l'on appelle le « plafond de verre » empêche ainsi les femmes d'accéder aux postes les mieux payés.

« Éliminer l'écart de rémunération entre les femmes et les hommes au sein de l'Union européenne »,
pp. 2 et 6, © Union européenne, 2014.

Annexe 3

Pour l'économiste Rachel Silvera, « il y a toujours un quart en moins »

Les différences de salaires hommes-femmes persistent… Elles semblent inscrites dans le paysage, comment l'expliquez-vous ?
Rachel Silvera : Un inspecteur du travail, Pierre Hamp, dénonçait déjà, en 1918, « le régime du quart en moins », appliqué, à poste égal, aux femmes dans les usines de guerre. Près d'un siècle après, il y a toujours « un quart en moins ». Bien sûr, ce n'est pas à poste égal, c'est en moyenne, tous postes confondus, quelle que soit la durée du travail. Mais il y a eu tellement de lois sur l'égalité salariale que l'on peut avoir le sentiment que tout a été fait, que l'écart ne pourra jamais être réduit.
Est-ce de la discrimination pure, ou d'autres facteurs entrent-ils en jeu ?
Si l'on raisonne à poste égal, l'écart se situe autour de 10 %, c'est de la discrimination salariale pure. Ce taux peut atteindre 25 % chez les cadres […]. Pour le reste du différentiel, énormément de causes peuvent être citées, comme le temps de travail : le temps partiel est féminin à 82 %. L'idée commune est que les femmes choisissent de travailler moins, car elles peuvent se l'offrir. Mais il y a des situations de sous-emploi qui ne relèvent pas du choix. […]
La maternité joue également un rôle. Lequel ?
Les grossesses continuent encore et toujours à peser sur les carrières […]. Même quand la femme n'est pas enceinte, un soupçon pèse : elle pourrait l'être, elle risque d'être potentiellement moins disponible… Le seul fait d'être une femme n'est pas rassurant pour l'entreprise […].
Êtes-vous d'accord avec [l'affirmation selon laquelle] les stéréotypes sexistes constituent le principal obstacle à l'égalité ?
Certains stéréotypes persistent, comme l'idée que le salaire des femmes est un salaire d'appoint ou que le travail qu'elles effectuent n'a pas la même valeur que celui des hommes. C'est à mon avis un autre point crucial pour l'égalité. Le principe « à travail de valeur égale, salaire égal » de 1972 doit être mis en œuvre. Un exemple venu du Canada l'illustre bien : un gardien de zoo est mieux payé qu'une gardienne d'enfants.

Rachel Silvera : « La peur de la sanction est un axe de lutte fort pour l'égalité salariale hommes-femmes »,
propos recueillis par Gaëlle Dupont, *www.lemonde.fr*, 6 mars 2014.

Sens de la leçon

Les inégalités de revenus et de patrimoine des ménages

1 La répartition des revenus résulte…

… de deux étapes successives :

- Le partage de la valeur ajoutée : répartition primaire des revenus
- Les opérations de redistribution : répartition secondaire des revenus

… pour aboutir au revenu disponible (RD) des ménages

RD = Revenus primaires – Prélèvements obligatoires + Prestations sociales

2 La formation des salaires résulte :

- du jeu de l'offre et de la demande sur le marché du travail…
  - … complété par la négociation entre les représentants syndicaux et les dirigeants de l'entreprise
- de l'action de l'État :
  - SMIC
  - salaires des fonctionnaires
  - incitation des entreprises à négocier sur les salaires

3 Des inégalités importantes subsistent dans les pays développés :

- Inégalités de revenus
- Inégalités de patrimoine

Les mots-clés

Courbe de Kuznets – Courbe de Lorenz – Décile – Indice de Gini – Partenaires sociaux – Patrimoine – Prélèvements obligatoires – Rémunération – Répartition primaire des revenus – Répartition secondaire des revenus – Revenu disponible – Salaire – SMIC

11 La politique de redistribution

LE RÉFÉRENTIEL

3. La répartition des richesses *(20 heures)*
3.2. La politique de redistribution *(8 heures)*
Les objectifs et les instruments de la redistribution
L'efficacité économique et sociale de la redistribution

Les compétences attendues	Le plan du chapitre
• Caractériser et analyser les différents instruments de la redistribution en France	I. La redistribution en France II. Les instruments de la redistribution A. La fiscalité B. Les transferts sociaux C. Les services publics
• Repérer les justifications et les orientations de réformes de la politique de redistribution	III. L'efficacité de la redistribution A. Les aspects positifs de la redistribution B. La remise en cause de la politique de redistribution C. Les orientations de réformes

Mise en situation : La Couverture Maladie Universelle Complémentaire

La couverture maladie universelle complémentaire donne le droit à une prise en charge des soins médicaux pour les personnes ayant de faibles ressources.
Ce dispositif ouvre le droit à une prise en charge à 100 % des frais de santé : hôpital, consultation de médecins, médicaments, une paire de lunettes par an… Elle est ouverte à toute personne seule dont les ressources mensuelles sont inférieures à 720 euros. Pour un couple avec un enfant, le plafond de ressources mensuel est de 1 297 euros (plafonds applicables au 1er juillet 2014, en métropole). En 2013, cette prestation qui a couté 1,6 milliard d'euros aux finances publiques sur un an représente moins de 1 % des dépenses de santé. Le coût moyen par bénéficiaire est de 446 par an (coût moyen en 2013, en métropole, pour le régime général).
À la fin de l'année 2014, plus de 5 millions de personnes sont bénéficiaires de la CMU-C. Avec la décision du gouvernement d'élargir, en 2013, les conditions d'accès à la CMU-C pour lutter contre la pauvreté, le nombre de bénéficiaires a progressé de 9 % en un an. Cette mesure fait partie du plan quinquennal de lutte contre la pauvreté et pour l'inclusion sociale.

Questions

1. Quelle protection la CMU-C assure-t-elle ?
2. Qui peut en bénéficier ?
3. Pourquoi la CMU-C contribue-t-elle à la politique de redistribution ?

I La redistribution en France

Document 1 *Les deux conceptions de la couverture des risques sociaux*

Otto von Bismarck (1815-1898)

Lorsque l'on étudie les systèmes de protection sociale, leur mode de fonctionnement et de financement, on constate qu'ils sont structurés autour de deux archétypes : le modèle bismarckien et le modèle beveridgien.
Le premier renvoie à des modes de prise en charge privilégiant la **logique assurantielle** (les prestations sont versées aux individus qui se sont assurés contre tel risque), le second à une **logique assistancielle** (les prestations sont versées aux individus qui en ont besoin).

« Systèmes bismarckien et beveridgien : quelles caractéristiques ? », *www.vie-publique.fr*, 14 avril 2014.

Document 2 *L'originalité du système français*

Le système de Sécurité sociale français emprunte plus d'éléments au modèle bismarckien qu'au modèle beveridgien, même si les principes de ce dernier ne sont pas niés. Ainsi, l'universalisme est recherché mais en se fondant sur la généralisation de la Sécurité sociale et en se basant sur le postulat que le salariat sera la norme et qu'à travers lui tous les individus bénéficieront d'une protection sociale, [...] en cotisant [...]. Cette logique assurantielle a cependant été nuancée voire contournée :
- en étendant la couverture à des populations non cotisantes [étudiants, retraités, chômeurs] ;
- en maintenant le principe de l'aide sociale pour toutes les personnes en insuffisance de ressources afin de bénéficier de moyens convenables d'existence ; [...]
- en généralisant [...] le bénéfice de la Sécurité sociale sur des principes qui ne reposent plus sur l'exercice d'une activité salariée mais sur des critères de résidence.

Ce mouvement d'extension est parachevé par la mise en œuvre de la couverture maladie universelle (CMU).

« Comment la France se situe-t-elle entre le modèle bismarckien et le modèle beveridgien ? », *www.vie-publique.fr*, 15 avril 2014.

Document 3 *Objectif tirelire et objectif Robin des bois*

Les États-providence peuvent poursuivre des objectifs distincts et réaliser différents types de redistribution. Dans la plupart des pays de l'OCDE, la principale finalité des systèmes de transferts sociaux est soit d'offrir une assurance ou de garantir un certain niveau de revenu en cas de réalisation de risques particuliers (chômage, invalidité, maladie), soit d'opérer une redistribution des revenus au cours du cycle de vie, soit sur des périodes où les individus ont des besoins plus importants (notamment lorsqu'ils ont des enfants à charge) ou pendant lesquelles ils verraient leur revenu diminuer en l'absence de ces transferts (à la retraite, par exemple). C'est ce que l'on appelle l'« objectif tirelire ».
La seconde finalité essentielle de l'État-providence peut être décrite comme le fait de prendre aux riches pour donner aux pauvres (ce que l'on appelle l'« objectif Robin des bois »).

« Croissance et inégalités », rapport OCDE 2008.

Questions

1. Quelle est la conception de la couverture des risques sociaux du modèle bismarckien ? du modèle beveridgien ?
2. Comment la France se situe-t-elle entre le modèle bismarckien et le modèle beveridgien ?
3. La CMU relève-t-elle d'une logique d'assistance ou d'assurance ? Justifiez.
4. Quels sont les deux objectifs d'un État-providence ?

II Les instruments de la redistribution

A. La fiscalité

Document 4 *Les principaux prélèvements obligatoires*

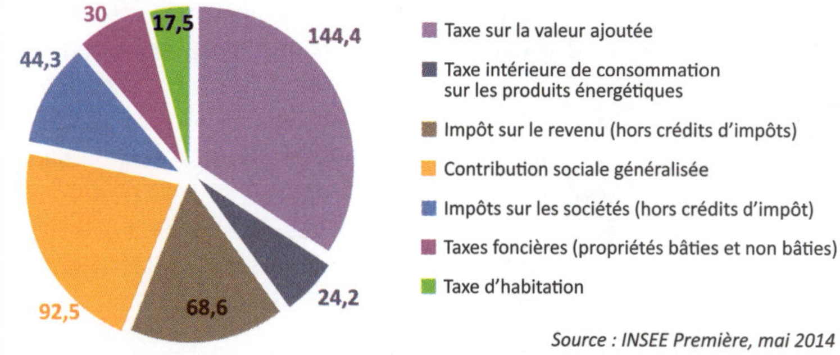

Source : INSEE Première, mai 2014

La fiscalité permet de financer la redistribution des revenus. Le taux de prélèvements obligatoires représente le rapport entre les recettes fiscales et le PIB.
La France consacre 45 % de la richesse nationale (un des taux les plus élevés du monde) à la redistribution par l'État, les collectivités locales et les organismes sociaux.

Questions

1. Quel est le rôle des prélèvements obligatoires ?
2. Quels sont les trois prélèvements qui génèrent le plus de recettes fiscales ?
3. Que signifie le taux de prélèvements obligatoires ?

Document 5 *Qu'entend-on par proportionnalité et progressivité de l'impôt ?*

• Un **impôt proportionnel applique un taux de prélèvement identique quelle que soit la base d'imposition** (ex. : l'impôt sur les sociétés). La base d'imposition, ou assiette, désigne les grandeurs économiques (revenus, patrimoine, chiffre d'affaires…) servant de base au calcul de l'impôt. Les partisans de la proportionnalité considèrent que c'est un mode de calcul juste, car chacun contribue dans la même proportion de son revenu. Ils pensent également qu'elle favorise la neutralité fiscale. […]

• Avec l'**impôt progressif, le taux d'imposition augmente avec la base d'imposition** (ex. : l'impôt sur le revenu). Plus le revenu est élevé, plus la proportion acquittée sous forme d'impôt est grande. D'autres éléments que le taux permettent d'introduire de la progressivité : minimum de perception, seuils. L'impôt progressif est considéré comme juste dans la mesure où il permet une redistribution des richesses et une réduction des inégalités.

www.vie-publique.fr

Document 6 *L'impôt sur le revenu*

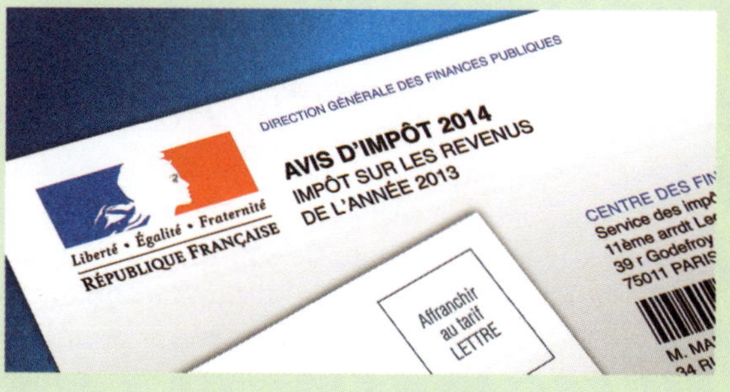

L'impôt sur le revenu (IR) est un impôt qui frappe chaque année les revenus perçus par les particuliers domiciliés en France. Il s'agit d'un impôt progressif : plus vos revenus sont élevés et plus l'impôt va représenter une part croissante de vos revenus. L'objectif est d'imposer plus fortement les foyers ayant des revenus élevés que ceux qui ont des revenus modestes, l'augmentation de l'impôt étant plus que proportionnelle à celle des revenus. Toutefois, le système du quotient familial vient atténuer la progressivité de l'impôt en fonction de la situation et des charges de famille de chacun, lui-même étant plafonné.

« Un impôt familial et progressif », www.lafinancepourtous.com

Questions

4. Proposez une définition de la neutralité fiscale.
5. Que signifie la progressivité de l'impôt ? Quelle est la différence avec un impôt proportionnel ?
6. Quel type d'impôt permet de mieux lutter contre les inégalités ? Pourquoi ?

B. Les transferts sociaux

Document 7 *Définition des transferts sociaux*

Les transferts sociaux sont des interventions publiques dans la répartition des revenus qui ont pour but de modifier de façon importante l'échelle des revenus. Ces transferts [...] constituent [les dépenses du] « budget social », concernent surtout des prestations sociales (maladie, maternité, décès, retraites, chômage, allocation logement, complément familial...), mais aussi la part sociale des dépenses de l'État (action sociale, dépenses de prévention et de protection sanitaire, bourses, etc.). [...]
Ces dépenses augmentent à un rythme rapide et « l'effort social de la Nation » représente désormais plus du tiers du produit intérieur brut.

L'Abécédaire..., www.libres.org

Questions

7. Quels sont les objectifs des deux types de transferts sociaux ?

8. Quelle contrainte les transferts sociaux exercent-ils sur le budget de l'État ?

Document 8 *Les prestations de protection sociale par risque*

Répartition des prestations par risque en 2012
(en milliards d'euros)

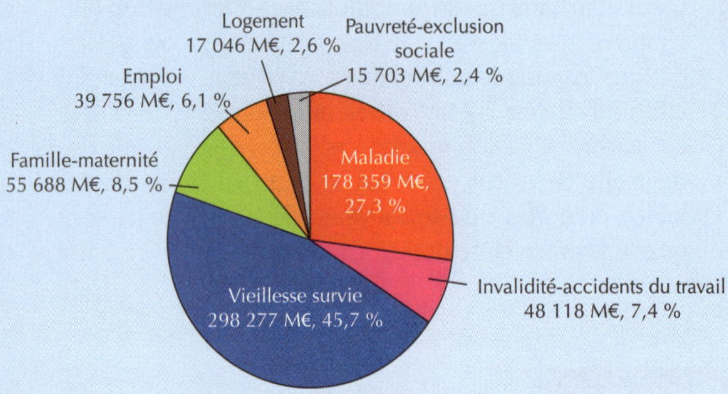

Source : DREES, 2014.

Document 9 *Prémunir la population contre les risques sociaux*

Article 25 de la Déclaration universelle des droits de l'homme
Toute personne a droit à un niveau de vie suffisant pour assurer sa santé, son bien-être et ceux de sa famille, notamment pour l'alimentation, l'habillement, le logement, les soins médicaux ainsi que pour les services sociaux nécessaires ; elle a droit à la sécurité en cas de chômage, de maladie, d'invalidité, de veuvage, de vieillesse ou dans les autres cas de perte de ses moyens de subsistance par suite de circonstances indépendantes de sa volonté.

Questions

9. Faites correspondre les prestations de la protection sociale avec les droits mentionnés dans l'article 25 de la *Déclaration universelle des droits de l'homme*.

10. Justifiez le poids des prestations Vieillesse survie et Maladie.

11. L'article 25 repose-t-il sur une logique de solidarité ou sur une logique d'assurance ?

Document 10 *Redistribution horizontale et redistribution verticale*

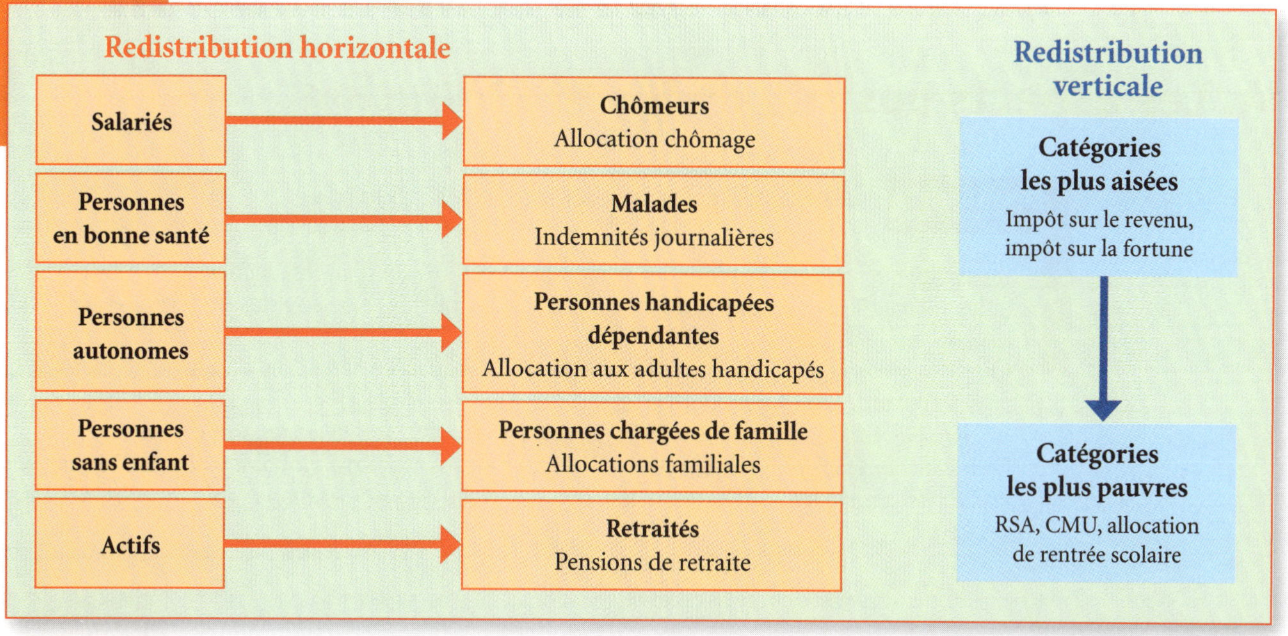

Document 11 *Un système de redistributions mêlées*

Dans les faits [redistribution horizontale et redistribution verticale] sont la plupart du temps mêlées […] : les régimes d'assurances sociales obligatoires sont principalement financés par des prélèvements calculés en proportion des revenus ; les systèmes de retraites et l'assurance chômage assurent des taux de remplacement plus élevés aux bas revenus ; les prestations familiales compensent différemment le coût de l'enfant selon le niveau de revenu des familles.
La redistribution horizontale entre bien-portants et malades assurée par les régimes obligatoires d'assurance-maladie peut aussi s'accompagner de remboursements plus élevés pour les ménages à bas revenus, du fait d'un état de santé plus dégradé.

Haut Conseil du financement de la protection sociale, *Rapport d'étape sur la clarification et la diversification du financement des régimes de protection sociale*, 7 juin 2013.

Questions

12. Montrez comment une famille avec des enfants peut bénéficier de prestations issues de la redistribution horizontale et de la redistribution verticale.

13. En prenant un exemple de redistribution horizontale et un exemple de redistribution verticale, expliquez la distinction entre ces deux types de redistribution.

C. Les services publics

Document 12 *Les prestations en nature des services publics ont un effet redistributif massif*

Les services publics de santé, d'éducation et de logement fournissent des prestations en nature gratuites ou subventionnées. Leur rôle dans la réduction des inégalités est central : le montant global de ces services est bien plus important que les prestations monétaires. Au total, ils expliquent 70 % de la réduction de l'écart de revenus entre les plus riches et les plus pauvres. C'est ce qui explique qu'ils ont davantage d'impact sur la redistribution des revenus. Si on prend en compte la valeur en nature de ces services publics, le rapport entre les 20 % les plus aisés et les 20 % les plus pauvres passe de 3,8 à 2,6. Il faut noter que ces données ne mesurent que l'effet sur les revenus de ces services publics. L'école gratuite, les logements sociaux ou les remboursements de soins ne se limitent pas à redistribuer de la richesse, ils permettent également de réduire les inégalités sociales d'accès aux soins ou au logement et d'accroître la mobilité sociale.

www.inegalites.fr

Questions

14. Quels services publics agissent sur la redistribution des richesses ?

15. Montrez que les services publics ont un impact plus important que la redistribution par l'impôt.

III L'efficacité de la redistribution

A. Les aspects positifs de la redistribution

Document 13 *Les transferts sociaux atténuent les inégalités*

Qu'est-ce qui, en France, réduit les écarts de niveau de vie entre les ménages les plus pauvres et les ménages les plus aisés ? L'Insee a fait ses calculs […] : ce sont les transferts sociaux qui jouent ce rôle.
Qu'ils se présentent en espèces (minima sociaux, allocations familiales ou chômage, aides à la garde d'enfant…), ou sous la forme de services (quasi) gratuits (santé, éducation…), ces transferts ont eu pour effet de ramener l'écart de revenus initial (de 1 à 5) à un rapport de 1 à 3,2. […]
En revanche, souligne l'étude, « le système de redistribution n'a globalement pas d'impact sur les 20 % de ménages » situés au milieu, dont le niveau de vie reste stable, même après transferts sociaux.

Marie Dancer, *La Croix*, 18 novembre 2009.

Questions

1. Quel instrument de la redistribution est efficace pour réduire les inégalités de revenus ? Justifiez.
2. Repérez les gagnants de la redistribution.

Document 14 *Keynes et la redistribution*

Keynes ne néglige pas la possibilité d'agir directement sur la consommation finale de la population. […] Des modifications sensibles de la propension à consommer* de la société peuvent être obtenues par des transferts de revenus en faveur des personnes à faible revenu, pour qui l'épargne représente un luxe peu accessible. En ce sens, l'indemnisation du chômage et, plus généralement, la protection sociale ont pour Keynes une utilité macroéconomique certaine car elles participent au soutien de la consommation, principal composant de la demande globale.

J. Boncœur, H. Thouément, *Histoire des idées économiques de Walras aux contemporains*, Armand Colin.

* La propension moyenne à consommer est la part de son revenu qu'un ménage consacre à la consommation.

John Maynard KEYNES (1883-1946)

Document 15 *La revalorisation des minima sociaux peut relancer l'économie*

Pour la deuxième année consécutive, le taux de personnes sous le seuil de pauvreté (964 euros) augmente significativement. […]
Le Conseil national des politiques de lutte contre la pauvreté et l'exclusion sociale (CNLE) rappelle […] que « pour beaucoup de ménages modestes, l'équilibre est structurellement impossible à réaliser », le reste pour vivre étant bien souvent en fait négatif.
[…] ATD quart monde demande aujourd'hui au gouvernement de revaloriser le RSA à 50 % du SMIC et d'indexer les minima sociaux en fonction d'un « panier de consommation » correspondant aux dépenses courantes des ménages les plus pauvres […].

Les personnes qui reçoivent le RSA investissent tous leurs revenus dans la consommation, les études citées par le CNLE montrent même qu'il ne leur reste rien pour vivre à la fin du mois. Augmenter les minima sociaux, c'est donc agir directement sur la consommation et relancer l'économie.

www.atd-quartmonde.fr

Questions

3. Que signifie la phrase soulignée ?
4. En vous appuyant sur la théorie de Keynes, montrez quel effet peut avoir l'augmentation des minima sociaux sur la croissance.

Document 16 *La redistribution permet de valoriser le capital humain*

La théorie du capital humain repose sur une hypothèse néoclassique d'une parfaite orthodoxie. Point un : l'investissement en éducation est le déterminant principal du « capital humain » individuel, auquel on pourra par exemple ajouter l'expérience professionnelle acquise au cours d'une vie active. Deuxième point : ce capital incorporé détermine une bonne partie de la productivité de l'individu, compte tenu de l'équipement physique que son travail implique (machines, etc.) ou, par exemple, de l'organisation du travail collectif […]. Le revenu individuel découlera assez directement du capital humain et donc de l'investissement éducatif dont la personne aura bénéficié.

Florence Arestoff et Jérôme Sgard, « Éducation, pauvreté, inégalités : quelles relations économiques ? », CERISCOPE Pauvreté, 2012, *www.ceriscope.sciences-po.fr.*

Document 17 *La théorie de la croissance endogène*

La théorie de la croissance endogène met en évidence le rôle positif de l'investissement public en matière d'éducation, d'infrastructures et de recherche fondamentale sur la croissance. La croissance endogène prend appui sur l'hypothèse que la croissance génère par elle-même de la croissance. La croissance devient source de progrès qui permet à la croissance de s'auto-entretenir. Ainsi, l'investissement éducatif crée un progrès qui améliore la formation des individus.

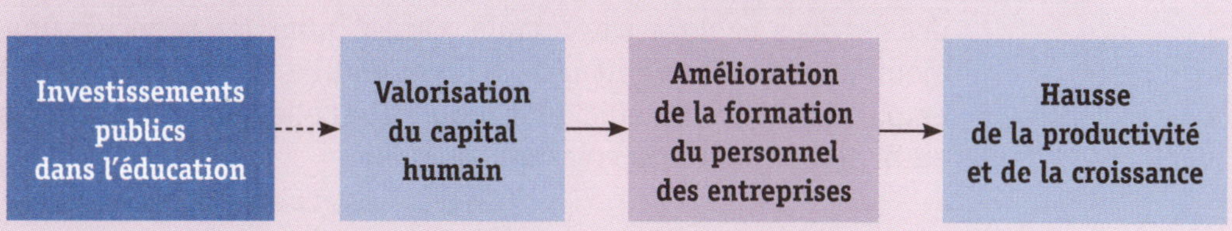

Questions

5. Comment l'État agit-il pour favoriser la croissance endogène ?
6. Pourquoi peut-on dire que la redistribution permet de valoriser le capital humain ?

B. La remise en cause de la politique de redistribution

Document 18 *Trop d'impôt tue l'impôt*

Parfois résumée par l'expression « trop d'impôt tue l'impôt », la courbe de Laffer* montre la relation entre le taux d'imposition et les recettes fiscales qui en découlent. Si, dans un premier temps, les recettes augmentent parallèlement au taux d'imposition, elles s'avèrent inversement proportionnelles au-delà d'un certain taux d'imposition ; d'où une courbe « en cloche ». Le point d'inflexion de cette courbe correspond au taux maximum d'imposition au-delà duquel l'effet désincitatif de l'impôt l'emporte. Cependant, ce taux maximum n'est pas empiriquement établi : il varie selon le lieu, l'époque, la conjoncture, etc.

IREF (Institut de recherches économiques et fiscales).

* Arthur Laffer est un économiste libéral américain.

Courbe de Laffer

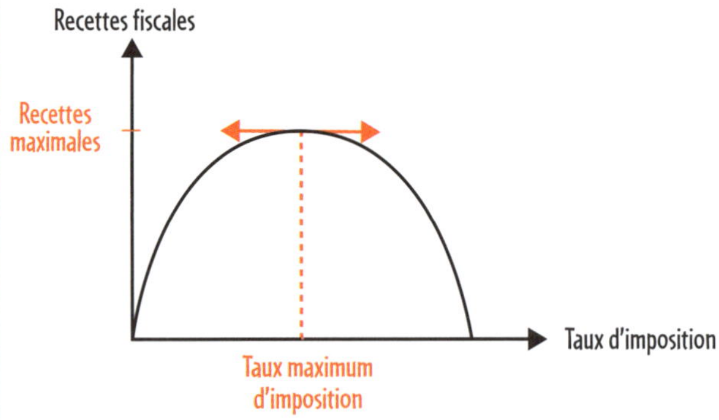

Document 19 *Le risque de fuite des capitaux*

Les revenus de transfert représentent une très lourde charge pour la société. Les prélèvements obligatoires sont composés, pour un peu plus de la moitié, par les prélèvements sociaux. Or, si le taux d'imposition en France est beaucoup plus élevé que dans un autre pays — la Belgique, par exemple —, on assistera à une expatriation fiscale des ménages parmi les plus riches et de certaines entreprises vers la Belgique, l'imposition étant jugée confiscatoire par les contribuables.

Questions

7. Expliquez la phrase : « Trop d'impôt tue l'impôt. »
8. En quoi consiste l'expatriation fiscale ?
9. La redistribution est-elle toujours efficace au vu de ces conséquences ?

Document 20 *L'impact des prélèvements obligatoires sur les entreprises*

L'emploi est au cœur du secteur des services. Les salaires et les charges représentent de 45 % à 80 % de la structure de coûts de ces entreprises de services selon leur secteur d'activité, et la valeur ajoutée y est composée essentiellement de salaires et de charges. [...]

Le niveau des prélèvements obligatoires a un impact immédiat sur la compétitivité des services et donc sur l'emploi. Ainsi, pour les services, une taxe sur la valeur ajoutée se transforme immédiatement en une taxe sur l'emploi : plus une entreprise emploie de collaborateurs, plus proportionnellement elle paye d'impôt. Ce qui revient au final à pénaliser la création d'emploi.

Gilles Lafon, « Fiscalité & Compétitivité », www.entreprises.gouv.fr.

Questions

10. Expliquez la phrase soulignée.
11. Quelle est la conséquence du coût du travail sur l'emploi ?

Document 21 *Le « trou » de la Sécurité sociale*

Depuis une vingtaine d'années, le rapport masse salariale/bénéficiaires des prestations est en déséquilibre. En cause principalement : le départ en retraite de la génération de « baby-boomers » et le chômage. Ce déséquilibre a progressivement conduit à une dépense plus importante que les recettes générées par les cotisations, et donc à la formation du « trou de la Sécu ».
Aujourd'hui, avec un montant qui s'élève à 236,6 milliards d'euros en 2014, la dette sociale (déficit accumulé) représente 11,7 % de la dette publique française (qui atteint 2 000 milliards d'euros). [...]
Réparti en quatre branches, le régime général de la Sécurité sociale (auquel s'ajoute le Fonds de solidarité vieillesse) voit son déficit grevé par la branche « maladie », principal poste de dépenses selon les chiffres de la Commission des comptes de la Sécurité sociale. [...]

Clément Martel, *LeMonde.fr*, 1er octobre 2014.

Document 22 *Déficit de la Sécurité sociale : une très lente convalescence*

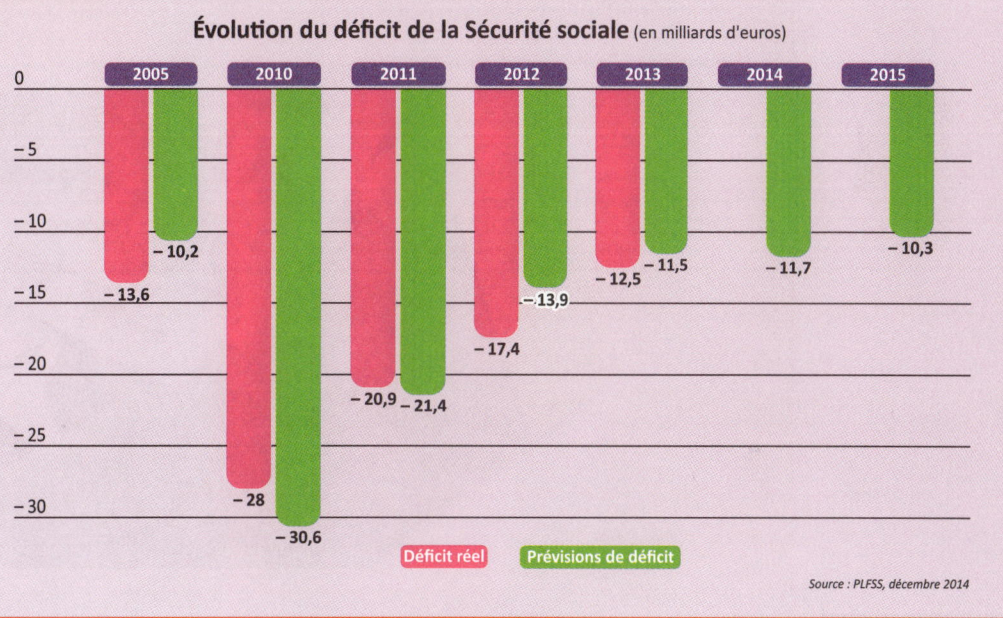

Questions

12. Que signifie le « trou de la Sécurité sociale » ?
13. Quelles sont les principales causes de ce « trou » ?
14. À quelle difficulté l'État est-il confronté concernant sa politique de redistribution ?

Document 23 *La remise en cause des services publics au niveau européen*

L'Union européenne a mis progressivement en cause les formes nationales d'organisation et de régulation des services publics [...] mais sans définir en même temps des objectifs et normes communautaires [...]
Les règles européennes [...] consisteront à mettre en œuvre une libéralisation maîtrisée, organisée, régulée. On verra apparaître le concept de « service universel » dans les télécommunications et à La Poste, puis pour l'électricité, garantissant certains services essentiels à tous les citoyens et résidents ; des obligations de service public seront définies dans l'énergie et les transports ; la jurisprudence de la Cour de justice reconnaîtra que les services d'intérêt économique général peuvent relever d'autres objectifs, missions et formes d'organisation que les lois générales de la concurrence.

Pierre Bauby, *Forum*, n° 01, *www.revueforum.fr.*

Questions

15. Comment l'Union européenne a-t-elle remis en cause l'organisation des services publics propres à chaque État ?
16. Que signifie le concept de « service universel » ?

C. Les orientations de réformes

Document 24 *Sécurité sociale : une série de mesures pour tenter d'inverser la tendance*

À propos de la Sécurité sociale, la droite et la gauche ont traditionnellement deux méthodes différentes : la première préfère rogner sur les dépenses, tandis que l'autre active le levier des prélèvements.

Sous la présidence de Nicolas Sarkozy, le gouvernement a tenté de résorber ce « trou de la Sécu » en rognant sur les avantages des assurés : franchises sur les boîtes de médicaments et les actes médicaux, création d'une vignette orange de remboursement à 15 % pour les médicaments à service rendu médical faible ou insuffisant.

Une réduction des dépenses que Marisol Touraine*, alors dans l'opposition, n'avait pas manqué de pointer du doigt : « On ne peut pas pérenniser l'Assurance maladie avec des ajustements à la marge. Il faut lancer des mesures qui modifient réellement les comportements et pérenniser les ressources. »

Un diagnostic pas simple à mettre en pratique, une fois au ministère, surtout dans un contexte de crise où la croissance est atone et de chômage en hausse. […]

Plusieurs « coups de rabot » ont été effectués par le ministère de la Santé : […] le gel de la quasi-totalité des retraites […], de nombreuses coupes […] dans la branche famille : la baisse des aides de garde à l'enfant pour les familles les plus riches, la baisse de la prime à l'enfant à partir du deuxième et le partage du congé parental, entre autres.

En revanche, comme promis lors de la campagne de François Hollande, aucune réduction des dépenses n'a été opérée sur les remboursements des soins et des médicaments des patients.

Clément Martel, *LeMonde.fr*, 1er octobre 2014.

* Ministre de la Santé du gouvernement Valls

Questions

17. Recensez les mesures prises pour réduire le déficit de la Sécurité sociale.

18. Quelles sont, parmi ces mesures, celles qui ont le plus de conséquences sur la politique de redistribution ?

Document 25 *La réforme des allocations familiales*

La modulation des allocations familiales […] marque une rupture dans la politique familiale française, basée depuis la Libération sur le principe d'« universalité ».

Les allocations familiales sont versées depuis la fin de la Seconde Guerre mondiale à tous les ménages à partir de deux enfants, quels que soient leurs revenus. Leur montant augmente en fonction du nombre d'enfants, mais il est identique pour tous les foyers bénéficiaires (129,35 euros pour deux enfants, 295,05 pour trois enfants, 460,77 pour quatre actuellement). Les objectifs d'origine, vigoureusement défendus par les partisans de ce système (associations familiales, droite, PCF, syndicats), sont de soutenir la natalité et le niveau de vie des familles, en compensant la charge moyenne que représente un enfant. Avec un taux de fécondité de 1,99 enfant par femme, la France est demeurée parmi les pays les plus féconds d'Europe en 2013, selon l'Insee. En 2013, 4,8 millions de foyers bénéficiaient des allocations familiales pour un coût de 12,9 milliards d'euros, selon la Caisse nationale d'Allocations familiales.

« Modulation des allocations familiales : une rupture dans la politique familiale », *AFP* et *Le Point*, 17 octobre 2014.

Document 26 *Politique familiale : ce qui va changer*

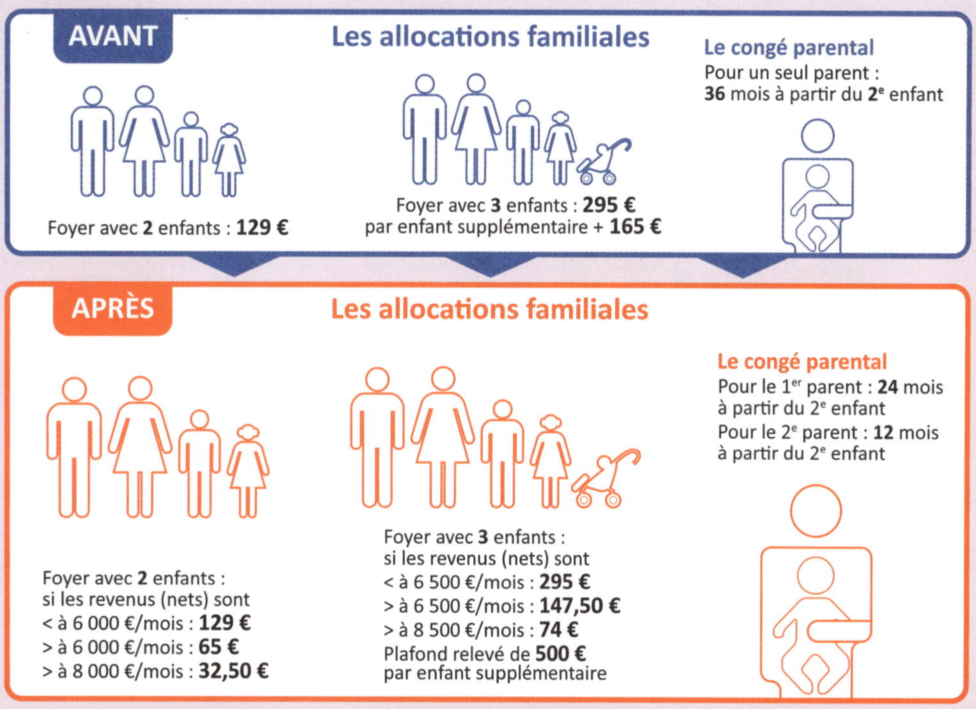

« Modulation des allocations familiales : une rupture dans la politique familiale », *AFP* et *Le Point*, 17 octobre 2014.

Questions

19. Quel est l'objectif de la réforme des allocations familiales ?

20. La modulation des allocations familiales remet-elle en cause le principe d'universalité des allocations familiales ?

Document 27 *Le rôle d'une politique familiale*

[La] modulation des allocations familiales vise à réduire l'enveloppe accordée à la politique familiale dans un but de réductions de dépenses publiques. Il ne s'agit pas de rendre cette politique plus juste ou plus équitable avec des objectifs clairement identifiés. Le rôle d'une politique familiale est de redistribuer les ressources des ménages sans enfant vers les familles avec enfants à charge. Avec cette réforme, nous sommes dans une redistribution entre familles, ce sera aux plus aisées de se serrer la ceinture. Le danger, c'est aussi d'aller vers un état social sélectif, plus restreint, qui aidera seulement les ménages dans les situations difficiles mais pas les autres.

Stéphanie Letellier, « Modulation des allocations familiales : un tournant dans la politique familiale ? », *www.notretemps.com*, 22 octobre 2014.

Questions

21. Quel doit être, selon vous, l'objectif principal d'une politique familiale ?

22. Expliquez en quoi cette réforme concerne la politique de redistribution.

Entraînement

La compétence attendue

- Caractériser et analyser les différents instruments de la redistribution en France

Mise en situation

Le conseil général a chargé un groupe d'étudiants de votre école de mesurer les effets du revenu de solidarité active sur les gains de retour à l'emploi. Votre bilan doit permettre de mieux orienter l'action sociale du département et en particulier d'aider aux décisions en faveur d'une meilleure redistribution des revenus. Vous allez étudier préalablement les documents du dossier remis par le directeur de la cohésion sociale. Votre synthèse servira de base au rapport qui sera transmis au vice-président du conseil général en charge de la politique sociale du département.

Travail à faire

À l'aide du dossier joint et de vos connaissances, **en veillant à préciser les principaux concepts utilisés** et à exploiter les sources statistiques mises à votre disposition, vous êtes chargé(e) de concevoir une note argumentée et structurée dans laquelle :

1. vous présenterez les différentes catégories de bénéficiaires du RSA ;
2. vous indiquerez le rôle des minima sociaux et l'objectif de redistribution auquel ils répondent ;
3. vous préciserez si le RSA décourage certaines catégories de la population de travailler ;
4. vous rechercherez les effets économiques et sociaux attendus.

Annexe 1

Catégories d'allocataires du RSA

On distingue trois types d'allocataires du revenu de solidarité active.

⇨ Bénéficiaires du RSA socle

Il s'agit des foyers bénéficiaires du **RSA socle seul** qui n'ont pas de revenus d'activité, ou bien dont les membres ayant un emploi sont en période de cumul intégral (1).

⇨ Bénéficiaires du RSA socle et activité

Les bénéficiaires du RSA socle et activité ont de faibles revenus d'activité et l'ensemble de leurs ressources est inférieur à un montant forfaitaire (intervenant dans le calcul du montant de la prestation et dépendant de la composition du foyer).

⇨ Bénéficiaires du RSA activité seul

Les foyers bénéficiaires du RSA activité seul sont ceux qui ont de faibles revenus d'activité et dont l'ensemble des ressources est supérieur au montant forfaitaire.

(1) Le cumul intégral consiste à neutraliser l'ensemble des revenus d'activité pour le calcul du RSA, pendant une période de trois mois suivant la reprise d'emploi, dans la limite de quatre mois au cours des douze derniers mois.

www.rsa-revenu-de-solidarite-active.com

Annexe 2

Nombre de foyers bénéficiaires du RSA selon la composante et évolution

	Effectifs fin juin 2014 (en milliers)			Évolution entre juin 2013 et juin 2014 (en %)		
	Métropole	Dom	Métropole + Dom	Métropole	Dom	Métropole + Dom
RSA socle	1 626	204	1 831	5,6	4,2	5,4
– RSA socle seul	1 389	189	1 578	5,1	3,5	4,9
– RSA socle et activité	237	16	253	8,3	14,1	8,7
RSA	501	32	533	7,0	31,2	8,2
Total RSA	**2 127**	**236**	**2 364**	**5,9**	**7,2**	**6,0**

Source : Cnaf – Dser. Champ : Régime général.

Le bilan du RSA

Annexe 3

Le RSA décourage-t-il certains jeunes de travailler ?

En France, en l'absence d'enfant à charge, seules les personnes de 25 ans et plus peuvent être allocataires du revenu de solidarité active (RSA). [Cette condition existe] dans l'idée que la possibilité de toucher un revenu minimum pourrait décourager certains jeunes de rechercher un emploi ou de poursuivre leurs études. [...]

[Si tel était le cas], on observerait un fléchissement du taux d'emploi des jeunes juste après 25 ans, puisque certains choisiraient de ne pas travailler ou de réduire leur effort de recherche d'emploi à partir de cet âge [...].

Nous n'observons pas de rupture dans les taux d'emploi à 25 ans pour l'ensemble des jeunes sans enfant, ce qui indique que le RSA n'a pas d'effet désincitatif marqué sur l'emploi des jeunes autour de cet âge. [...]

Les raisons pour lesquelles le phénomène de trappe à inactivité peut être faible sont bien connues. [...] Entre autres, l'accès à l'emploi peut être perçu comme une norme sociale à atteindre, même si les gains financiers qu'il procure sont faibles. De surcroît, la plupart des chômeurs recherchent un emploi à temps plein, alors que le RSA joue surtout sur l'arbitrage entre emploi à temps partiel et inactivité. Enfin, de faibles gains au travail à court terme peuvent être compensés par des gains à plus long terme que procure l'augmentation du capital humain lié à l'expérience professionnelle, une possible baisse des coûts futurs de recherche d'emploi et une amélioration des conditions futures d'emploi (salaire notamment).

Olivier Bargain et Augustin Vicard, *Économie et statistique*, n° 467-468, avril 2014.

Annexe 4

Les conditions de vie des bénéficiaires de minima sociaux en 2012 : privations et difficultés financières

À la fin 2012, plus de la moitié des bénéficiaires de minima sociaux sont pauvres en conditions de vie. Ils sont plus touchés par cette forme de pauvreté que les personnes aux revenus modestes. Les revenus garantis par ces prestations et leurs conditions d'éligibilité dessinent la hiérarchie entre minima : avec un taux de pauvreté en conditions de vie supérieur à 67 %, les bénéficiaires percevant la composante socle du RSA (revenu de solidarité active) sont les plus affectés, tandis que les allocataires de l'AAH (allocation aux adultes handicapés) et du minimum vieillesse le sont beaucoup moins (38 et 47 %) ; les allocataires de l'ASS (allocation de solidarité spécifique) et du RSA activité seul ont une position intermédiaire.

Six bénéficiaires de minima sociaux sur dix subissent d'importantes restrictions de consommation. Les privations alimentaires sont particulièrement répandues et conduisent 9 % d'entre eux à avoir recours à l'aide alimentaire. Par ailleurs, 18 % ont renoncé à consulter un médecin pour des raisons financières. Dans l'ensemble, près de la moitié des bénéficiaires se déclarent contraints sur un plan budgétaire. Lorsque ces derniers empruntent de l'argent, pour couvrir avant tout leurs dépenses d'alimentation et de logement, ils se tournent majoritairement vers leur entourage. Enfin, un tiers des bénéficiaires ont eu des retards de paiement en 2012 et un cinquième rencontrent des conditions de logement difficiles.

Audrey ISEL (dir.), « Les conditions de vie des bénéficiaires de minima sociaux en 2012 : privations et difficultés financières », *Études et résultats*, n° 871, DREES, février 2014. www.social-sante.gouv.fr.

Sens de la leçon

La politique de redistribution

1 La redistribution est menée par l'État dans la conception de l'État-providence :

- Dans une logique d'assurance pour couvrir les risques sociaux
- Dans une logique de solidarité pour réduire les inégalités économiques et sociales

2 Pour cela, l'État dispose de plusieurs instruments :

- La fiscalité
- Les transferts sociaux
- Les services publics

3 La redistribution présente :

Des aspects positifs

- En matière économique, la redistribution réduit la pauvreté et soutient la consommation
- En matière sociale, les dépenses de santé et d'éducation réduisent les inégalités

Mais aussi des limites :

- Le poids des prélèvements obligatoires pénalise la compétitivité des entreprises
- Le déficit de la Sécurité sociale
- L'ouverture des services publics à la concurrence a des aspects négatifs sur la redistribution

Des réformes sont nécessaires :

- Réforme de la Sécurité sociale
- Réforme des allocations familiales

Les mots-clés

CMU – Courbe de Laffer – Croissance endogène – État-providence – Prélèvements obligatoires – Prestations sociales – Protection sociale – Redistribution – Relance keynésienne – RSA – Transferts sociaux

12 Les inégalités de richesse au niveau mondial

LE RÉFÉRENTIEL

3. La répartition des richesses *(20 heures)*
3.3. La répartition des richesses au niveau mondial *(4 heures)*
Une répartition inégale

La compétence attendue	Le plan du chapitre
• Repérer les inégalités de richesse au niveau mondial	I. Les inégalités entre pays riches et pays pauvres A. La division entre pays riches et pays pauvres B. L'évolution des inégalités II. Le décollage économique des pays émergents A. Vers un rattrapage des pays développés B. Une croissance sur fond d'inégalités internes

Mise en situation : Un monde déformé par les inégalités

Voici à quoi ressemblerait notre planète... si la taille des pays était proportionnelle à la richesse de ses habitants ! Sur la carte, plus le pays est gros, plus le pouvoir d'achat par habitant est élevé. Pour connaître le pouvoir d'achat, on calcule la quantité de biens et de services que l'on peut acheter avec un salaire.

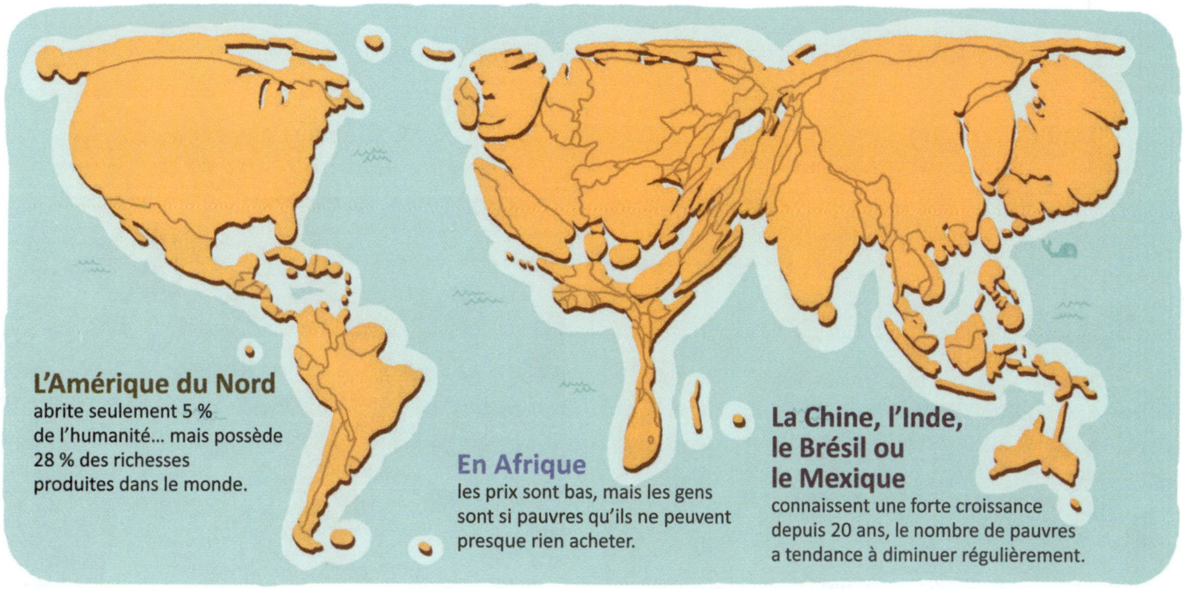

Stéphanie Ledu et Stéphane Frattini, illustrations d'Élodie Balandras et Julien Castagié, *Atlas des inégalités*, Milan Jeunesse.

Questions

1. Expliquez le principe de construction de la carte.
2. Commentez la situation de l'Europe en la comparant à celle de l'Afrique.

I Les inégalités entre pays riches et pays pauvres

A. La division entre pays riches et pays pauvres

DOCUMENT 1 *Un monde scindé en deux*

Les écarts de revenus et de conditions de vie entre les populations les plus riches et les plus pauvres du monde sont vertigineux [...]. Au point que notre monde apparaît, pour ainsi dire, scindé en deux...
On comptabilise 1,4 milliard de personnes extrêmement pauvres – elles vivent avec moins de 30 euros par mois – dans le monde, selon les dernières estimations de la Banque mondiale. [...] L'Organisation des Nations unies pour l'alimentation et l'agriculture (la FAO) estime qu'une personne meurt de malnutrition toutes les cinq secondes dans le monde... Dans les pays [en développement], l'espérance de vie à la naissance est beaucoup plus faible que la moyenne mondiale : 51,5 années en Afrique subsaharienne, alors que la moyenne mondiale atteint 67,6 années.
Pour la plus grande partie des populations des pays riches, l'accès aux biens de base tels que l'eau potable ne constitue plus un problème. Les maladies qui tuent au sein des pays les plus pauvres (diarrhées, paludisme, choléra, etc.) ont disparu, notamment en raison de l'amélioration des conditions d'hygiène. La plupart des pays développés se sont dotés d'un système de protection sociale permettant de garantir une partie des aléas de la vie. La grande pauvreté existe toujours, mais elle est rarement mortelle. Ces conditions de vie dont bénéficient les populations des pays riches se reflètent dans la longévité de leur espérance de vie à la naissance : elle est de 80,3 années en Europe de l'Ouest et de 79,3 années en Amérique du Nord.
Au-delà des éléments vitaux, les habitants des pays riches accèdent à un ensemble de services publics plus ou moins développés selon les pays. Dans ce cadre, la question de l'accès à l'école est essentielle. Si la quasi-totalité des jeunes y sont scolarisés jusqu'à 16 ans, c'est loin d'être le cas partout dans le monde. Ainsi en Afrique subsaharienne, le taux de scolarisation n'est que de 73 % au primaire et de 27 % au secondaire, et les conditions d'études n'ont rien à voir avec celles que connaissent les enfants des pays riches.

Cédric Rio et Louis Maurin, Observatoire des inégalités, *www.inegalites.fr*, 16 février 2012.

➔ Questions

1. Relevez les facteurs d'inégalités entre le monde « riche » et le monde « pauvre ».
2. Quelle est la principale différence entre la pauvreté du monde « riche » et celle du monde « pauvre » ?

DOCUMENT 2 *L'exploitation des déchets : contrastes du développement*

Fouille dans une décharge sauvage, une question de survie

Traitement des déchets dans un centre de tri

➔ Question

3. Que nous disent ces deux photos sur le niveau de vie des populations concernées ?

Document 3 *La malnutrition dans le monde*

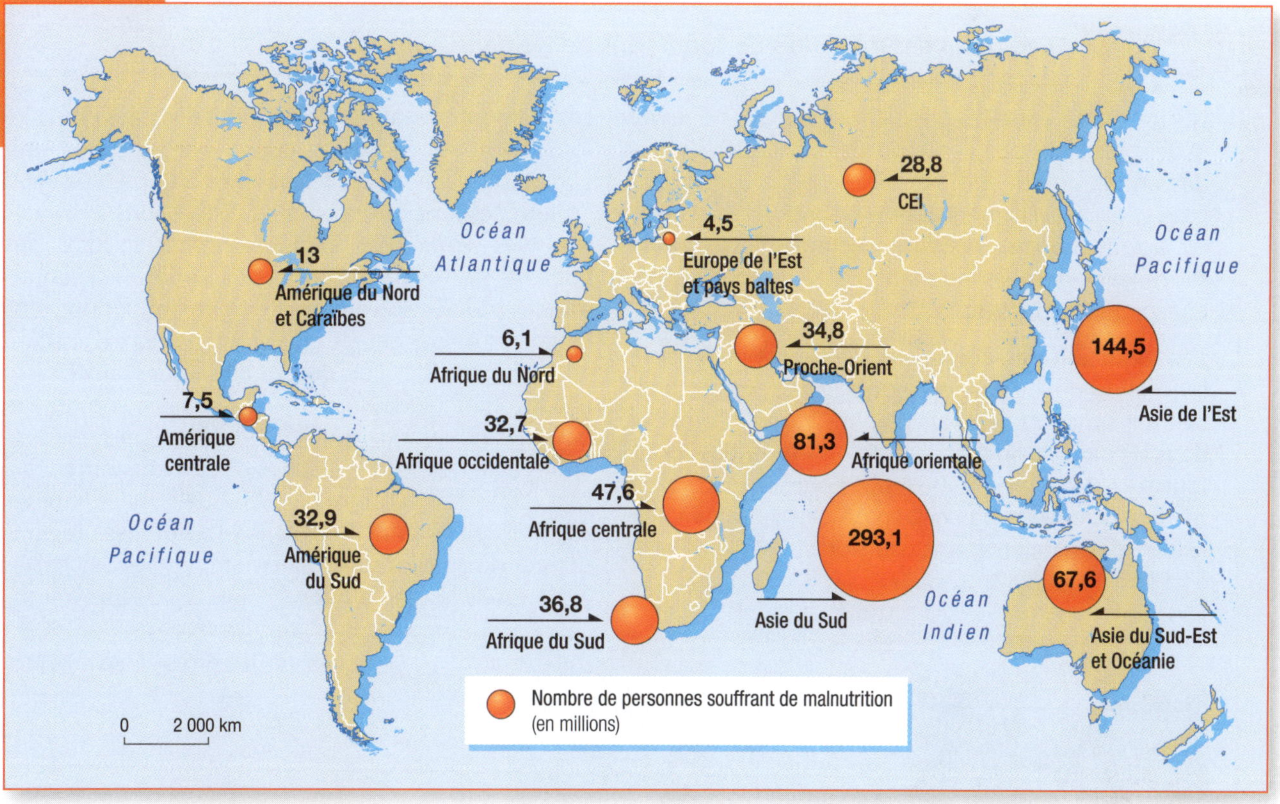

Document 4 *L'inégalité des revenus mondiaux*

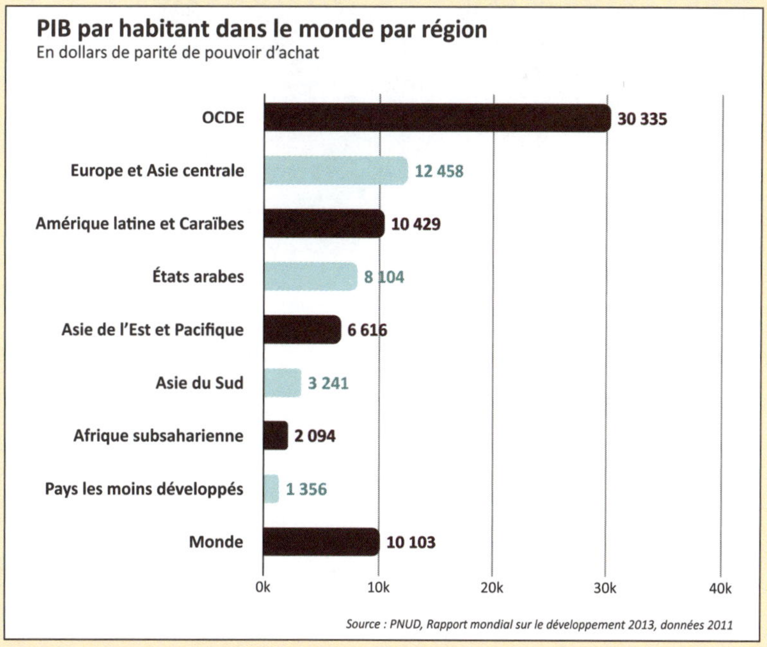

Près de 50 % de la population mondiale vit avec moins de 2 dollars par jour.

www.mondialisation.ca.

Questions

4. Calculez combien de personnes souffrent de malnutrition dans le monde.

5. Définissez géographiquement une ligne de séparation nord/sud de la pauvreté.

6. Analysez le graphique.

7. Évaluez l'écart de niveaux de vie entre les régions les plus riches et les régions les plus pauvres.

B. L'évolution des inégalités

Document 5 *Évolution des inégalités de conditions de vie dans le monde*

Les inégalités entre les populations des pays pauvres et des pays riches [...] se traduisent concrètement par des conditions de vie très différentes [...] (accès à l'eau potable, à l'alimentation, à la santé, à l'éducation, au logement ou aux nouvelles technologies). L'indice de développement humain (IDH) est partout en constante progression. [...]

L'amélioration des conditions de vie est indéniable, l'évolution de la situation mondiale est partout positive. La situation des plus pauvres s'améliore même dans les pays du Sud, et notamment en Afrique, pourtant souvent citée en exemple pour ses retards en matière de développement. En Afrique subsaharienne, la part des habitants sans eau potable est passée de 51 % en 1990 à 37 % en 2011.

Les habitants de la grande majorité des pays en développement ont vu leurs conditions de vie s'améliorer [...] en particulier dans les pays les plus pauvres. [...] Malgré ces améliorations bien réelles, des inégalités massives demeurent. Dans de nombreux pays, les guerres, la désorganisation des structures économiques ou l'accaparement des richesses par une élite dirigeante empêchent le plus grand nombre d'accéder au minimum vital, alors que les plus aisés s'enrichissent et consomment toujours plus. [...] Dans de nombreux pays, les conditions de vie restent indignes, équivalentes à ce que les pays riches ont pu connaître il y a plus d'un siècle. D'autre part, la situation des femmes est encore très difficile dans de nombreuses régions du monde où elles sont totalement privées de libertés et de droits fondamentaux.

Valérie Schneider, « *Les inégalités de conditions de vie dans le monde* », Note de l'Observatoire, n° 2, février 2014.

Questions

8. Quels critères permettent d'apprécier l'amélioration du niveau de vie dans les régions les plus pauvres ?

9. Que signifie le fait que l'IDH soit partout en constante progression ?

10. Quels facteurs maintiennent de fortes inégalités de niveau de vie selon les pays ?

Document 6 *L'évolution des revenus par habitant dans le monde*

Évolution du PIB par habitant dans le monde, par régions Unité : dollars PPA	1990	2001	2011	Variation entre 2001 et 2011 (en %)
Amérique du Nord	31 426,7	38 907	41 813	+ 7,5
Europe et Asie centrale	15 810,7	17 658	21 097	+ 19,5
– dont Union européenne	20 517,5	25 227	28 049	+ 11,2
Amérique latine et Caraïbes	7 112,2	8 237	10 356	+ 25,7
Afrique du Nord et Moyen-Orient	6 147,5	7 609	9 773	+ 28,5
Asie de l'Est et Pacifique	3 811,1	5 530	9 150	+ 65,5
Asie du Sud	1 218,3	1 693	2 925	+ 72,8
Afrique subsaharienne	1 611,5	1 587	2 087	+ 31,5
Monde	6 797,5	7 934	10 059	+ 26,8

Source : Banque mondiale. Observatoire des inégalités, 7 juin 2013, *www.inegalites.fr.*

Questions

11. Rappelez pourquoi le PIB est évalué en parité de pouvoir d'achat.

12. Représentez graphiquement l'évolution du PIB entre 1990 et 2011 dans chacune des régions du monde.

13. Commentez le tableau et le graphique ainsi obtenus.

Document 7 *Les inégalités d'espérance de vie dans le monde*

L'espérance de vie à la naissance dans le monde s'est accrue de manière considérable en un peu plus d'un demi-siècle. Tandis que les femmes et les hommes nés au début des années 1950 pouvaient espérer vivre en moyenne 46,9 ans, celles et ceux nés entre 2005 et 2010 peuvent atteindre en moyenne l'âge de 68,7 ans. L'espérance de vie moyenne a donc progressé de plus de vingt années. Les populations des régions en développement ont vu par ailleurs leur espérance de vie augmenter très nettement, de 41,6 ans dans les années 1950 à 67 ans aujourd'hui, soit un peu plus de 25 années.

L'écart entre l'espérance de vie des populations des régions développées et celle des régions les plus pauvres a considérablement diminué : de 23 années en 1950 à peine 10 ans en 2010. Malgré tout, l'espérance de vie des pays les plus pauvres équivaut à celle des pays riches… à la fin des années 1960. […]

En se focalisant sur les zones géographiques, l'écart actuel apparaît plus important encore. Les espérances de vie les plus faibles se trouvent en Afrique subsaharienne (52,9 ans) et en Afrique australe (51,9 ans). À l'opposé, les populations d'Europe de l'Ouest et d'Amérique du Nord ont les espérances de vie les plus longues (respectivement 80,2 et 78,4 ans). Il y a donc près de 30 années d'écart entre ces deux extrêmes !

Observatoire des inégalités, www.inegalites.fr, 25 février 2014.

Questions

14. Pourquoi l'espérance de vie est-elle un bon indicateur pour apprécier l'évolution des inégalités dans le monde ?

15. Comment a évolué l'espérance de vie entre pays riches et pays pauvres ?

II Le décollage économique des pays émergents

A. Vers un rattrapage des pays développés

Document 8 *Seule l'Asie rattrape vraiment*

Au cours des vingt dernières années, la richesse produite par habitant a progressé dans les pays du Sud. Mais pas assez pour réduire vraiment le grand fossé avec les pays riches. À l'exception de rares pays, comme la Chine ou l'Inde. La fracture n'en reste pas moins énorme : le PIB par tête de l'Inde en 2014 pèse 23 fois moins que celui de l'Union européenne. Et même si l'on raisonne en parité de pouvoir d'achat, l'écart reste de 1 à 8, une moyenne qui masque d'énormes disparités. Ce qui n'empêche pas les pays émergents* de bouleverser la hiérarchie des grandes puissances économiques.

Classement des pays émergents selon leur PIB en 2011 et à l'horizon 2050, en parité de pouvoir d'achat, en milliards de dollars de 2011

Rang	1	2	3	4	5	6	7	8	9	10	11	12
PIB 2011	15 094	11 347	4 531	4 381	3 221	3 031	2 305	2 303	2 287	1 761	1 243	1 131
	États-Unis	Chine	Inde	Japon	Allemagne	Russie	Brésil	France	Roy.-Uni	Mexique	Turquie	Indonésie
PIB 2050	Chine	États-Unis	Inde	Brésil	Japon	Russie	Mexique	Indonésie	Allemagne	France	Roy.-Uni	Turquie
	53 856	37 998	34 704	8 825	8 065	8 013	7 409	6 346	5 822	5 714	5 598	5 032

Olivier Gil, « Le Sud encore loin du Nord », *Alternatives économiques*, hors-série n° 102, octobre 2014.

* Pays en développement dont plusieurs indicateurs économiques augmentent et s'approchent petit à petit de ceux des pays développés.

Questions

1. Quel est l'indicateur utilisé pour montrer le rattrapage de certains pays du Sud ?
2. Commentez la phrase « une moyenne qui masque d'énormes disparités ».
3. Selon ces prévisions, quelle place occuperont les pays émergents dans l'économie mondiale en 2050 ?

Document 9 *Le Nigeria est devenu la première économie d'Afrique*

En devenant en volume la plus importante économie d'Afrique, le Nigeria qui était déjà de loin le pays le plus peuplé du continent avec près de 170 millions d'habitants sera maintenant dans le radar des investisseurs étrangers. Il devient la 26e économie au monde et ambitionne de rejoindre le top 20 – ce qui le ferait rentrer au sein du G20 – avant la fin de cette décennie.
Parier sur le Nigeria c'est donc un moyen de parier sur le développement de l'Afrique qui constitue la dernière frontière de l'émergence. En outre, le pays possède des ressources naturelles et énergétiques qui devraient a priori soutenir son développement mais qui sont actuellement mal gérées du fait de la corruption endémique qui freine les progrès, comme l'a montré le récent scandale lié à un « trou » de près de 10 à 20 milliards de dollars de recettes pétrolières volatilisées dans la nature. [...]
Outre la corruption qui demeure endémique et les répercussions négatives sur l'économie du terrorisme et de la violence inter-confessionnelle sur l'activité économique dans certaines régions du pays, le Nigeria doit gérer un problème lancinant de chômage autour de 25 %. [...] La création d'emplois est donc le principal défi des quinze à vingt prochaines années, à travers notamment une industrialisation beaucoup plus significative, et un développement de services modernes (éducation, santé, environnement, transports).

« Pourquoi le Nigeria est devenu la première économie d'Afrique », interview d'Alexandre Kateb par Anaïs Lefébure, *www.jolpress.com*, 9 avril 2014.

Questions

4. Quelle est la place de l'économie nigériane dans l'économie mondiale ?
5. Quels sont les atouts de l'économie nigériane ?
6. Quels sont les défis économiques que le pays doit relever ?

Document 10 *Chine : libéralisation, ouverture et investissement*

Les réformes économiques de la Chine ont connu deux phases distinctes : la première, débutée en 1978 à l'initiative de Deng Xiaoping, a permis de convertir le Parti communiste chinois à la doctrine de l'« économie socialiste de marché ». La seconde, au début des années 1990, a relancé le processus d'ouverture économique (réduction des droits de douane, encouragement aux investissements étrangers) qui a permis la croissance record de l'économie chinoise durant la décennie 1990 (un taux de croissance moyen supérieur à 7 %) et qui a abouti à l'adhésion de la Chine à l'OMC en 2001.

Ce mode de développement, délibérément tourné vers les exportations et tiré par l'investissement, a permis de stimuler l'activité intérieure. L'ouverture à l'économie de marché a été toutefois combinée avec un contrôle étatique sur les secteurs structurants de l'économie (grandes entreprises d'État, marchés financiers, secteur bancaire, régulation des prix). Le bilan de ce modèle de croissance est positif : le revenu moyen a été multiplié par huit, la pauvreté a régressé et l'espérance de vie s'est allongée.

Présentation de la Chine, France Diplomatie, 2 juillet 2012, *www.diplomatie.gouv.fr.*

Questions

7. Quel rôle a joué l'État chinois dans la mise en œuvre de l'économie de marché ?
8. Quel rôle joue le marché dans l'économie chinoise ?

B. Une croissance sur fond d'inégalités internes

Document 11 *Les écarts de richesse en Chine atteignent la cote d'alerte*

La Chine aurait franchi la cote d'alerte en matière d'inégalité de richesse, en témoigne son indice Gini. Ce coefficient est l'un des plus utilisés pour mesurer les inégalités de richesse au sein d'une société, sur une échelle de 0 à 1 : plus il est proche de 0, plus la société est égalitaire ; plus il se rapproche de 1, plus la société est inégalitaire. En 2013, en Chine, il était de 0,473 d'après [...] le Bureau national des statistiques. [...] Au-dessus de 0,4 on considère que la cote d'alerte est franchie et qu'il y a des risques de troubles sociaux. [...] La Chine fait désormais partie des pays où les écarts de richesse sont les plus grands. Selon une enquête réalisée en 2012 [par] la Société d'étude de la réforme du système économique, le coefficient Gini était de 0,501 en 2011. Or, pour la même période, le même calcul effectué sur la base des chiffres fournis par le Bureau national des statistiques donnait un coefficient de 0,324. [...] Si [l']étude avait inclus les ruraux, le coefficient Gini obtenu serait encore supérieur, le revenu rural moyen étant bien moindre que le revenu urbain.

« Les écarts de richesse en Chine atteignent la cote d'alerte », *Courrier International*, 24 janvier 2014.

Questions

9. Comment évoluent les inégalités en matière de richesses en Chine ?
10. Que signifie le fait que le niveau d'inégalités en Chine atteint un seuil critique ?

Entraînement

La compétence attendue

• Repérer les inégalités de richesse au niveau mondial

Mise en situation

Vous effectuez un stage professionnel dans une ONG (organisation non gouvernementale) qui mène des actions contre la pauvreté aussi bien en France qu'en Afrique. Cette ONG participe à un colloque sur le thème des pauvretés dans le monde au cours duquel seront abordées tant la pauvreté dans les pays pauvres que la pauvreté dans les pays riches. Afin de préparer l'intervention d'un des responsables de l'ONG, vous disposez d'une documentation à exploiter.

Travail à faire

À l'aide du dossier joint et de vos connaissances, **en veillant à préciser les principaux concepts utilisés** et à exploiter les sources statistiques mises à votre disposition, vous êtes chargé(e) de concevoir une note argumentée et structurée dans laquelle :

1. vous relèverez les principales caractéristiques de la pauvreté dans le monde ;
2. vous présenterez la géographie mondiale de la pauvreté ;
3. vous analyserez l'évolution de la pauvreté dans le monde ;
4. vous préciserez à quelles conditions la pauvreté dans le monde peut être réduite.

Annexe 1

Le cercle vicieux de la pauvreté

Le PNUD (Programme des Nations unies pour le développement) insiste sur le cercle vicieux que constitue la pauvreté, synonyme de chômage, lui-même souvent accompagné d'un accroissement de la criminalité, de la violence, de la consommation de drogue et de suicides.

Et même si globalement la pauvreté recule dans le monde, le PNUD met en garde contre les inégalités croissantes ainsi que des « vulnérabilités structurelles » qui persistent.

« Éliminer l'extrême pauvreté n'est pas seulement arriver à zéro, encore faut-il rester à ce niveau. Il faut spécifiquement protéger celles et ceux qui sont menacés par des catastrophes naturelles, des changements climatiques ou des chocs financiers. Mettre au cœur de notre agenda de développement la réduction de ces vulnérabilités constitue le seul moyen de s'assurer que le progrès est […] durable. Assurer une protection sociale de base aux pauvres du monde entier coûterait moins de 2 % du PIB mondial. » […]

« La plupart des problèmes sont le résultat de réformes inadéquates et d'institutions peu performantes », conclut Khalid Malik, principal auteur de l'étude, qui note également qu'actuellement, les 85 personnes les plus riches de la planète possèdent autant que les 3,5 milliards les plus pauvres.

« Pourquoi y a-t-il 2,2 milliards de pauvres dans le monde ? », *LeMonde.fr*, 24 juillet 2014.

Annexe 2

La faim recule dans le monde

Quelque 805 millions de personnes dans le monde, soit un être humain sur neuf, souffrent encore de la faim, selon un nouveau rapport diffusé aujourd'hui par les Nations unies.

L'état de l'insécurité alimentaire dans le monde confirme une tendance positive qui a vu le nombre de personnes affamées dans le monde diminuer de plus de 100 millions au cours des dix dernières années et de 209 millions depuis 1990-1992. […] L'accès à la nourriture s'est nettement et rapidement amélioré dans les pays qui ont connu une croissance économique générale, notamment en Asie du Sud-Est et de l'Est. L'accès à la nourriture s'est également amélioré en Asie du Sud et en Amérique latine, mais surtout dans les pays qui se sont dotés de filets de sécurité et d'autres formes de protection sociale, notamment en faveur des ruraux pauvres.

Organisation des Nations unies pour l'alimentation et l'agriculture, *www.fao.org*, 16 septembre 2014.

La pauvreté dans le monde

Annexe 3

L'extrême pauvreté pourra-t-elle être éradiquée à l'horizon 2030 ?

En vingt ans, le taux de personnes vivant sous le seuil d'extrême pauvreté, soit 1,25 dollar par jour, a diminué de moitié dans le monde (voir la carte). Un progrès spectaculaire qui s'explique surtout par la formidable croissance économique de l'Asie, notamment de la Chine. Ailleurs, au Brésil par exemple, des programmes sociaux massifs ont permis à des millions de gens de sortir de la pauvreté et de ne plus souffrir de la faim.

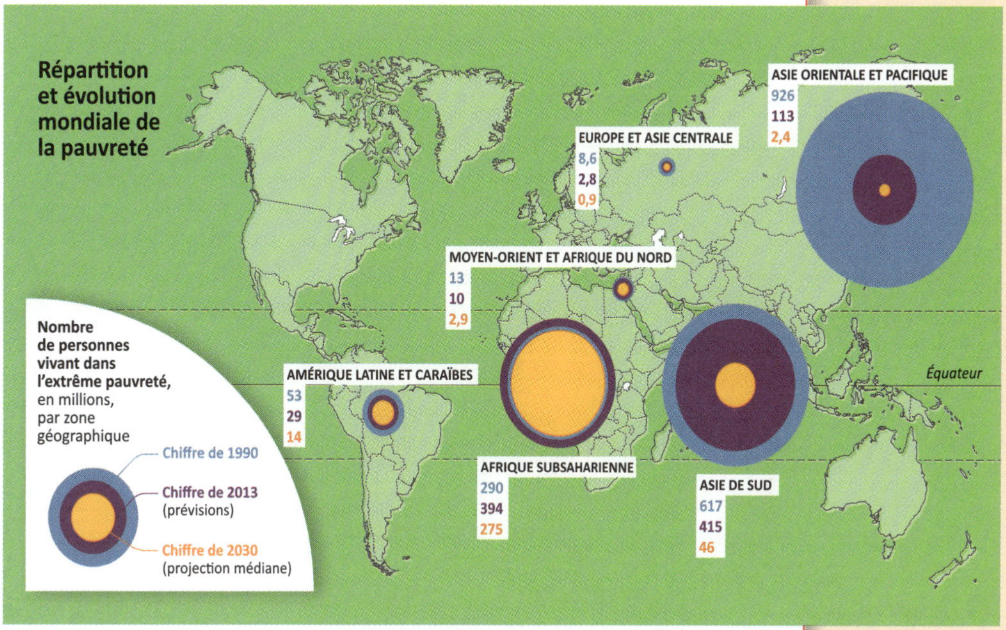

« La fin de la pauvreté », *Courrier International*, 9 janvier 2014.

Annexe 4

Asie du Sud : les enfants principales victimes de la pauvreté

Si des progrès considérables ont été réalisés, les inégalités demeurent très importantes en Asie du Sud et les enfants en sont les premières victimes, affirme l'UNICEF.

« Plus de deux millions d'enfants en Asie du Sud meurent avant leur cinquième anniversaire et ces décès auraient souvent pu être évités. 38 % des enfants qui vivent dans la région souffrent de malnutrition chronique, et l'Asie du Sud est l'une des régions au monde où les femmes enceintes et l'accouchement sont les plus risqués, avec le deuxième plus fort taux de mortalité maternelle au monde », a expliqué la Directrice régionale de l'UNICEF en Asie du Sud, dans un communiqué de presse.

Plus de 8 millions d'enfants âgés de moins d'un an ne sont pas immunisés. 46 % des filles sont mariées avant l'âge de 18 ans, et 18 % sont mariées avant d'avoir atteint 15 ans. L'Asie du Sud est également la région au monde avec le plus grand nombre d'enfants avec des retards de croissance. 700 millions de personnes n'ont pas accès à l'assainissement et 100 millions d'enfants ne sont pas enregistrés à la naissance.

UNICEF, Les dépêches du Service d'information de l'ONU, *www.un.org*, 11 septembre 2014.
From the UN News Centre, by the Department of Public Information, © 2014 United Nations.
Reprinted with the permission of the United Nations.

Sens de la leçon

Les inégalités de richesse au niveau mondial

1 Les inégalités entre pays riches et pays pauvres…

… concernent

- Les revenus (PIB par habitant) et l'importance de la pauvreté
- Les conditions de vie (accès à l'eau potable, espérance de vie, malnutrition, etc.)

… évoluent

- L'IDH est partout en progression.
- Les inégalités internes sont considérables.

2 Les pays émergents décollent

Ils rattrapent les pays développés

- Leur croissance est aujourd'hui supérieure à celle des pays développés.
- Ils bénéficient de l'ouverture économique mise en œuvre par les gouvernements (ex. Chine).
- Le niveau de vie augmente.

Leur croissance s'accompagne d'une hausse importante des inégalités. Les écarts se creusent entre :

- Les conditions de vie des riches (proches des pays développés)
- Les conditions de vie des pauvres (qui ne décollent pas)

Les mots-clés

Espérance de vie – IDH – Inégalités internes – Pauvreté – Pays émergent – PIB par habitant

préparation à l'épreuve

S'entraîner au BTS n° 3

Les enjeux de la redistribution

Les compétences attendues

- Caractériser et analyser les différents instruments de la redistribution en France
- Repérer les orientations des réformes de la politique de redistribution

Mise en situation

L'Observatoire des inégalités est un organisme indépendant d'information et d'analyse sur les inégalités. Il a proposé d'associer des étudiants de votre école à une étude sur les enjeux d'une politique de redistribution en France.

L'Observatoire des inégalités cherche à établir un état des lieux des politiques de redistribution le plus complet possible. Les résultats et analyses du phénomène seront ensuite publiés avec votre concours sur le site Internet de l'Observatoire.

Il met à votre disposition différents documents d'information et d'analyse sur le sujet. Vous orienterez votre travail sur la mesure de l'efficacité des politiques de redistribution, enjeu majeur de l'action de l'État et des organismes sociaux.

Travail à faire

À l'aide du dossier joint et de vos connaissances, **en veillant à préciser les principaux concepts utilisés** et à exploiter les sources statistiques mises à votre disposition, vous êtes chargé(e) de concevoir une note argumentée et structurée dans laquelle :

1. Vous montrerez le caractère redistributif des différentes interventions de l'État.
2. Vous apprécierez l'efficacité de la redistribution à la française.
3. Vous présenterez les priorités de la redistribution en France face à la crise.

Ressources documentaires

Annexe 1 La nouvelle question sociale

Annexe 2 Part des différents transferts dans le niveau de vie des ménages en 2013

Annexe 3 Les services publics gratuits sont-ils redistributifs ?

Annexe 4 Crise et inégalités de revenus en Europe : le modèle égalitaire français

Annexe 5 Contribution des différents transferts à la réduction des inégalités de niveau de vie

Annexe 6 Les impôts en France sont-ils justes ?

ANNEXE 1 *La nouvelle question sociale*

La crise économique remet en cause non seulement la régulation du capitalisme mondialisé, mais aussi les équilibres des sociétés développées qui éprouvent les conséquences de la remontée durable du chômage. […]

L'installation d'un chômage de masse et la raréfaction des emplois vont créer une nouvelle question sociale dans les pays riches. Le chômage deviendra endémique pour les travailleurs les plus vulnérables et les moins qualifiés, notamment les précaires, les jeunes et les seniors. La forte hausse du chômage de très longue durée alimentera la grande pauvreté et l'exclusion : ainsi, la France [comptait] 1 million de travailleurs en fin de droits en 2010, dont 400 000 privés d'indemnisation. De nombreux ménages [ont basculé] d'une relative aisance à l'assistance, alimentant une spirale de déclassement. […]

Face au choc social, les instruments classiques d'intervention de l'État sont d'une efficacité limitée.

Le renforcement des aides peut encourager les trappes à pauvreté et l'exclusion. Les États providence sont de plus en plus impuissants face à l'implosion des trajectoires individuelles, qui enclenche la marginalisation accentuée par la complexité des procédures administratives. Enfin, le sauvetage des banques et l'enrayement de la déflation n'ont été acquis qu'au prix d'une augmentation de 31 % du PIB de la dette publique des pays développés, qui dépassera 110 % de leur produit national en 2014.

La nouvelle question sociale issue du chômage permanent appelle donc une réorientation des politiques publiques : priorité donnée à la croissance et à l'emploi […] ; ciblage des aides sur les plus vulnérables et sur les jeunes […] ; mobilisation et innovation sociales pour gérer la complexité, personnaliser les mesures et assurer leur accès aux plus démunis ; maîtrise des finances publiques à moyen terme en intégrant l'impact du vieillissement (3,4 points de PIB par an d'ici à 2050 pour les pays développés). […]

La recherche d'une issue à la grande crise de la mondialisation implique […] une redéfinition des normes et des politiques sociales dont la priorité doit aller à la lutte contre le chômage permanent et la constitution d'une nouvelle classe d'exclus.

Nicolas Baverez, *www.lemonde.fr*, 9 mars 2010.

ANNEXE 2 *Part des différents transferts dans le niveau de vie des ménages en 2013*

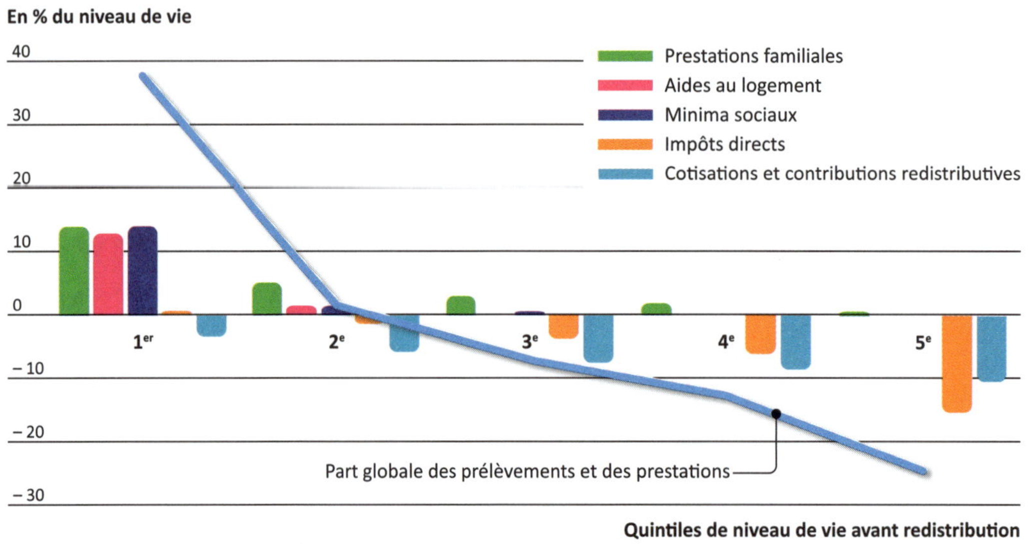

Champ : France métropolitaine, personnes vivant dans un ménage dont le revenu est positif ou nul et dont la personne de référence n'est pas étudiante.

Lecture : la somme des prélèvements acquittés et des prestations perçues représente 38 % du niveau de vie moyen avant redistribution des 20 % de personnes les plus modestes (1er quintile).

Ce gain de 38 % se décompose ainsi : + 14 % par les prestations familiales, + 13 % par les aides au logement, + 14 % par les minima sociaux, – 0 % par les impôts directs, – 3 % par les cotisations et contributions redistributives.

INSEE, *France, Portrait social*, 2014.

ANNEXE 3 *Les services publics gratuits sont-ils redistributifs ?*

Le fait que, par exemple, l'éducation ou la santé publiques soient gratuites, ou fournies à très faible prix aux ménages au regard de leurs coûts, est spontanément considéré comme un facteur de réduction des inégalités : les pauvres y ont accès tout comme les riches, au nom de droits jugés universels. La dépense publique dans ces domaines semble clairement redistributive. Sans elle, les riches pourraient quand même se payer ces services ; les pauvres ne le pourraient pas. [...]

Il y aura redistribution si, en proportion de leurs revenus, les pauvres reçoivent plus de richesses (sous la forme de services publics) que les riches. [...]

En France, le revenu moyen des 10 % les plus riches est environ neuf fois supérieur à celui des 10 % les plus pauvres. Prenons le cas de la santé publique. De fortes inégalités de santé et d'accès aux soins existent, mais il est clair que les 10 % du haut de l'échelle ne se font pas soigner neuf fois plus que les 10 % du bas. La gratuité (ou le faible coût) des soins y est pour beaucoup. L'existence d'un service public de santé, la couverture maladie universelle (CMU), etc. sont donc de puissants facteurs de redistribution, en dépit d'inégalités persistantes. Le même raisonnement vaut pour la plupart des services publics gratuits.

Qu'en est-il de l'éducation publique, cas généralement cité pour mettre en cause l'impact redistributif des services publics ? Le coût, pour la collectivité, du parcours éducatif des enfants de milieux favorisés (études longues, filières « nobles » à taux d'encadrement et à coût annuel élevés) est en moyenne plus important que celui des études des enfants de milieux modestes.

Les plus grands écarts concernent l'enseignement supérieur, auquel les enfants des ménages aisés accèdent dans une proportion bien plus élevée que ceux des ménages modestes (on passe de 18 % pour les ménages du premier décile à 67 % pour ceux du dernier). La dépense publique d'enseignement supérieur bénéficie donc plus aux ménages riches qu'aux pauvres. [...] Comme les dépenses publiques pour la scolarisation des enfants de moins de 18 ans diffèrent peu selon les déciles de revenus des parents, on peut être certain que l'existence d'un vaste système public d'éducation réduit nettement les inégalités par rapport à une situation « marchande » généralisée.

www.alternatives-economiques.fr.

ANNEXE 4 *Crise et inégalités de revenus en Europe : le modèle égalitaire français*

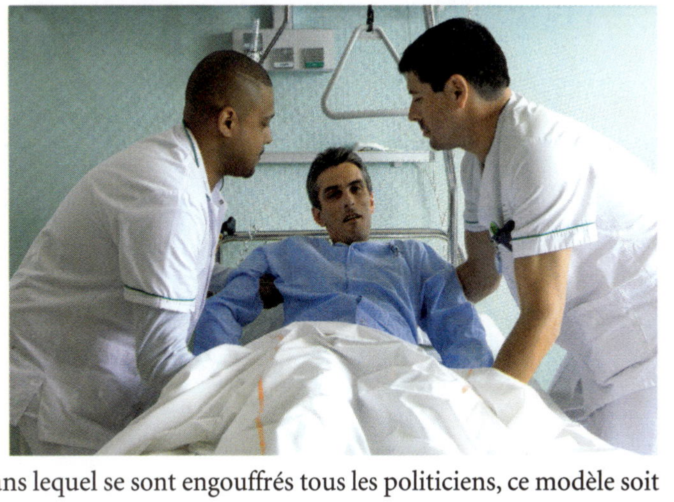

En termes de revenus, la Suède, avec la Slovénie, est le pays le moins inégalitaire de l'Union européenne. Le Portugal est le membre le plus inégalitaire. La France dispose en revanche d'un haut niveau de redistribution des revenus, c'est un héritage historique des luttes du peuple français avec le rôle joué par un service public, en particulier en matière d'éducation et de santé. Face à la crise, on a pu voir que ce modèle permettait une résistance plus forte. Pourtant, il est à craindre que sous prétexte de l'endettement français dans lequel se sont engouffrés tous les politiciens, ce modèle soit une fois de plus mis en cause. [...]

C'est essentiellement à partir d'une redistribution des services publics en matière de santé et d'éducation que la France atteint ce seuil d'égalité.

socio13.wordpress.com.

ANNEXE 5 *Contribution des différents transferts à la réduction des inégalités de niveaux de vie*

Notre système socio-fiscal permet d'atténuer, en partie, les inégalités de revenus entre les plus riches et les plus pauvres. D'un côté, les plus riches, plus fortement taxés, reçoivent assez peu de prestations. De l'autre, les plus pauvres voient leur revenu réel augmenter fortement. Avant redistribution, le décile le plus aisé a un revenu 20,2 fois supérieur au décile le plus pauvre. Un rapport qui tombe à 5,9 après redistribution.
Ce sont les prestations sociales qui ont l'impact le plus significatif pour réduire les inégalités. Les prestations familiales, par exemple, jouent un rôle très important sur le revenu disponible des ménages les plus pauvres et resserrent les différences de niveaux de vie de 25 %.

L. Jeanneau et A. Toulon, *Alternatives économiques, hors-série* n° 103, décembre 2014.

Contribution des différents transferts à la réduction des inégalités de niveaux de vie en 2013, en %

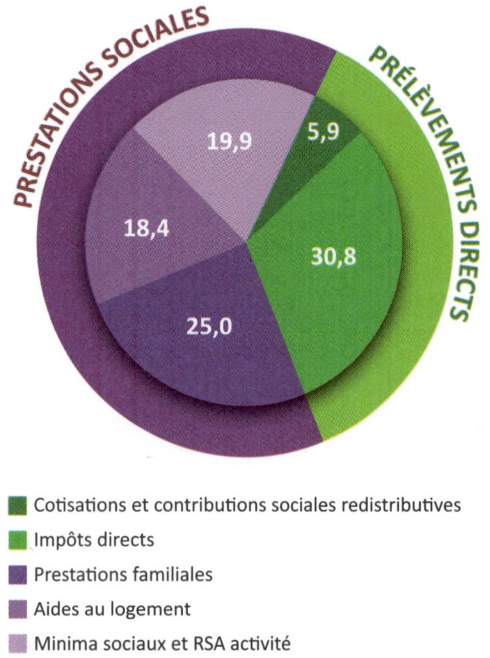

Source : INSEE

ANNEXE 6 *Les impôts en France sont-ils justes ?*

En France, les impôts progressifs – c'est-à-dire ceux dont le taux augmente avec la valeur de ce qui est taxé – représentent une faible part des recettes fiscales. Il s'agit principalement de l'impôt sur le revenu et des droits de mutation. Quant à l'impôt sur la fortune (ISF), il est également progressif, mais son poids est encore plus faible : il ne représente que 0,2 % du produit intérieur brut (PIB), contre 3,2 % pour l'impôt sur le revenu.
Les impôts proportionnels, dont le taux est le même pour tous, pèsent bien plus lourd. C'est notamment le cas de la TVA ou de la contribution sociale généralisée (CSG). Mais, bien entendu, ils ne jouent pas le même rôle redistributif.

L. Jeanneau et A. Toulon, *Alternatives économiques, hors-série* n° 103, décembre 2014.

Méthodologie de l'épreuve

Présentation de l'épreuve

L'épreuve écrite U3.1 d'« Économie et Droit » se compose de deux parties indépendantes. La partie économique de cette épreuve est une épreuve d'analyse et de réflexion qui consiste à rédiger une note structurée à partir de l'exploitation d'une série de documents (5 environ) en mobilisant vos connaissances.

La partie économique porte sur un ou plusieurs thèmes des **programmes des deux années de BTS** et vise à évaluer votre capacité à mobiliser vos connaissances et à mettre en œuvre les compétences acquises tout au long de votre cursus.

L'épreuve écrite d'économie doit vous permettre de faire la preuve de votre capacité à comprendre et analyser des situations ou des problèmes économiques contemporains.

Le **sujet** qui vous sera remis se présente sous la forme d'un **dossier documentaire**, décrivant une situation économique et comportant des textes, des graphiques et des tableaux statistiques à caractère économique. L'épreuve exige d'une part un travail de regroupement et d'organisation des informations du dossier documentaire, et d'autre part un travail d'argumentation, pour montrer votre capacité à comprendre divers types d'enjeux et de situations économiques concrètes. Le correcteur attend de vous un travail qui ne se limite pas à de la paraphrase ou à des catalogues de données brutes, de faits ou d'exemples.

La durée de l'épreuve est théoriquement limitée à 2 heures (l'épreuve totale avec la partie juridique est de 4 heures). Il est donc nécessaire de bien gérer votre temps pour lire, comprendre les consignes et les documents puis rédiger la note.

Exemple d'analyse de sujet

Inégalités et politique de redistribution (sujet métropole, 2014)

L'association « Solidarité et Entraides » est une organisation reconnue d'utilité publique qui a pour vocation d'aider les plus démunis. Elle propose des services multiples d'hébergement, d'aide aux démarches administratives et de réinsertion par le travail.

Dans le cadre de votre formation de technicien supérieur, vous réalisez un stage au siège de l'association.

Son président souhaite avoir une vision globale de l'évolution des inégalités en France et s'interroge sur les enjeux de la politique de redistribution.

Afin de préparer ses futures réunions publiques et la négociation de son budget de fonctionnement avec les pouvoirs publics, il vous charge de réaliser une note structurée à partir de la documentation réunie récemment.

À l'aide du dossier joint et de vos connaissances, **en veillant à préciser les principaux concepts utilisés** et à exploiter les sources statistiques mises à votre disposition, vous êtes chargé(e) de concevoir une note argumentée dans laquelle :

1) Vous présenterez l'évolution des inégalités de revenus, depuis 1975, en France, en Allemagne, au Royaume-Uni et dans l'ensemble des pays de l'OCDE, puis vous analyserez les inégalités de patrimoine en France et dans le monde ;

2) Vous énoncerez les objectifs de la redistribution et classerez les moyens mis en œuvre par l'État pour les atteindre ;

3) Vous montrerez à quelles contraintes la France et les pays de la zone euro sont confrontés dans la conduite de leurs politiques de redistribution.

Documents :

Document 1 Évolution du coefficient de Gini entre 1975 et 2010 pour la France, l'Allemagne, le Royaume-Uni et l'ensemble de l'OCDE

Document 2 L'inégale répartition des patrimoines dans le monde et en France

Document 3 Inégalités de revenus : comment l'État redistribue la richesse

Document 4 Taux de prélèvements obligatoires (TPO) dans l'OCDE et en France

Document 5 Les déficits budgétaires en Europe

Compétences du référentiel mobilisées par le sujet :

Thème 3. La répartition des richesses	
3.1 Les inégalités de revenus et de patrimoine des ménages – Décrire et caractériser la répartition des revenus et du patrimoine. – Analyser les inégalités de revenus dans les pays développés.	**3.2 La politique de redistribution** – Caractériser et analyser les différents instruments de la redistribution en France. – Repérer les justifications et les orientations de réformes de la politique de redistribution.

Dossier documentaire

Document 1 **Évolution du coefficient de Gini entre 1975 et 2010 pour la France, l'Allemagne, le Royaume-Uni et l'ensemble de l'OCDE**

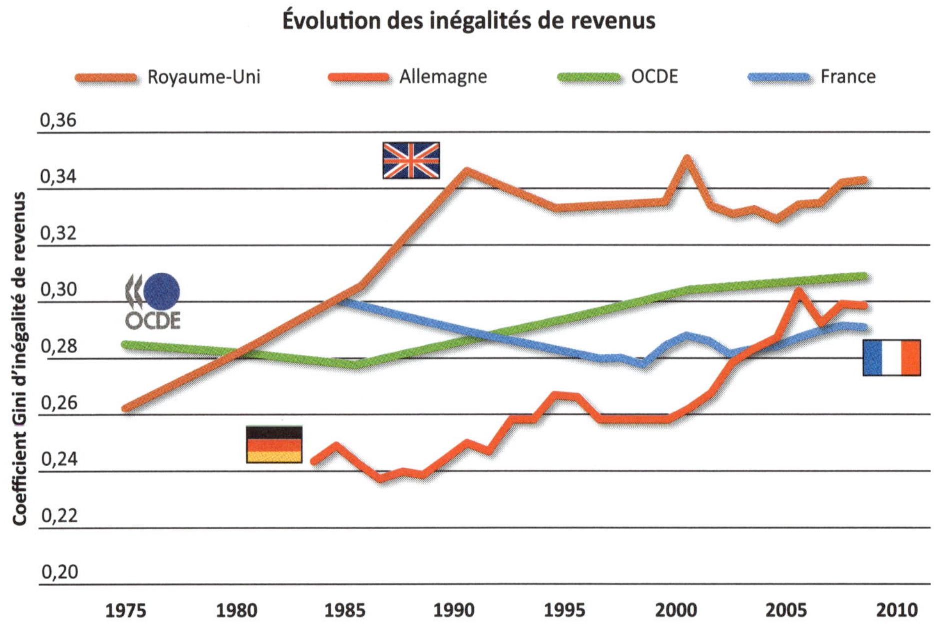

Note : la valeur du coefficient de Gini varie entre 0 (qui correspond à une « égalité parfaite », chaque personne reçoit la même fraction de revenus) et 1 (qui représente une « inégalité parfaite », la fraction de la population la plus riche reçoit l'intégralité des revenus).

Données *www.oecd.org*, 2012.

Document 2 L'inégale répartition des patrimoines dans le monde et en France

Répartition des patrimoines au niveau mondial en 2012

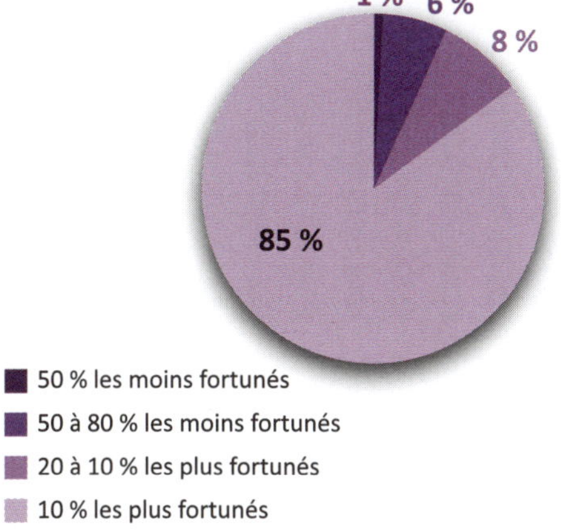

Source : données Observatoire des inégalités, 7 juin 2013.

Répartition des patrimoines en France en 1998 et 2010 (en % par décile)

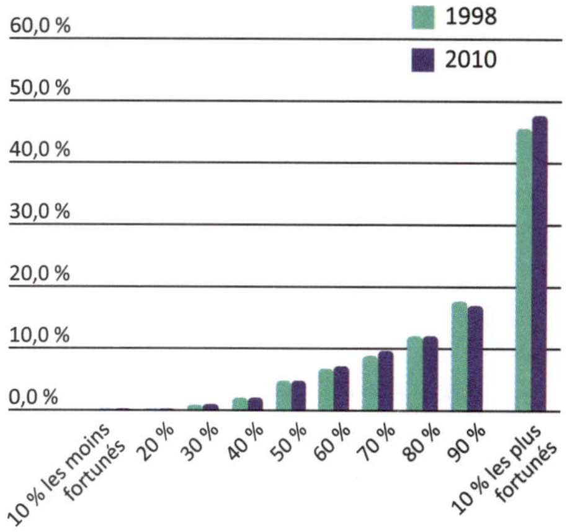

Source : données *INSEE Première*, n° 1380, novembre 2011.

Le patrimoine mondial total détenu par les habitants de la planète est estimé à 223 000 milliards de dollars en 2012, soit une moyenne de 49 000 dollars par individu.

Il est réparti de façon profondément inéquitable : 82,4 % de ce patrimoine est détenu par seulement 8,1 % de la population dont le niveau de fortune est supérieur à 100 000 dollars. En revanche, 69,3 % de la population mondiale disposent de seulement 3,3 % de l'ensemble.

Début 2010, la moitié des ménages vivant en France concentrent 93 % des avoirs. Les 10 % les mieux dotés détiennent en moyenne plus d'un million d'euros de patrimoine brut. À l'opposé, les 10 % des ménages les moins dotés détiennent chacun en moyenne 1 351 euros de patrimoine et collectivement moins de 0,1 % de la masse totale. Entre 2004 et 2010, les inégalités de patrimoine se sont accrues, le rapport entre le patrimoine moyen des 10 % des ménages les mieux dotés et celui des 50 % les moins dotés a augmenté de près de 10 %.

Document 3 Inégalités de revenus : comment l'État redistribue la richesse

Tous les ans à l'automne, la loi de finances arrive en discussion au Parlement. Elle sera votée avant la fin de l'année. Son rôle est essentiel en matière d'inégalités : c'est cette loi qui détermine l'affectation des dépenses et fixe le niveau des recettes de l'État pour l'an prochain. […]

Le « projet de loi de financement de la Sécurité sociale », quant à lui, présente les recettes et dépenses des régimes obligatoires de base (assurance-maladie, retraite, allocations familiales). […] Les impôts et les prestations sociales jouent toujours un rôle essentiel dans la réduction des inégalités de niveaux de vie. Avant redistribution, le niveau de vie des 20 % les plus aisés est au minimum 6,9 fois plus élevé que celui des 20 % les plus modestes, mais il l'est de 3,8 fois plus après impôts et prestations sociales.

En prenant en compte l'ensemble de la distribution des revenus, les prestations sociales expliquent 32 % de la réduction de l'écart entre les plus riches et les plus pauvres, alors que les impôts directs n'en représentent que 17 %. […] Les impôts qui corrigent le plus les inégalités sont dits « progressifs », parce que le taux d'imposition augmente progressivement avec la ressource taxée (c'est le cas de l'impôt sur le revenu notamment). Mais […] l'impôt sur le revenu ne représente plus que 7 % de l'ensemble des prélèvements obligatoires (impôts et cotisations sociales). À l'opposé, les allocations logement ou chômage et les minima sociaux notamment jouent un rôle de plus en plus grand. […]

Les services publics de santé, d'éducation et de logement fournissent des prestations en nature gratuites ou subventionnées. Leur rôle dans la réduction des inégalités est central : le montant global de ces services est bien plus important que les prestations monétaires. Au total, ils expliquent 70 % de la réduction de l'écart de revenus entre les plus riches et les plus pauvres. C'est ce qui explique qu'ils ont davantage d'impact sur la redistribution des revenus. […] L'école gratuite, les logements sociaux ou les remboursements de soins ne se limitent pas à redistribuer de la richesse, ils permettent également de réduire les inégalités sociales d'accès aux soins ou au logement et d'accroître la mobilité sociale.

www.inegalites.fr, 12 octobre 2010.

Document 4 Taux de prélèvements obligatoires (TPO) dans l'OCDE et en France

Le TPO apparaît relativement élevé en France par rapport aux autres grands pays développés, mais a connu une évolution similaire à celle des autres pays de l'OCDE (qui est passé, en moyenne, de 25,4 % du PIB en 1965 à 33,8 % en 2009 et 33,9 % en 2010) et de l'Union européenne (qui est passé, en moyenne, de 27,6 % en 1965 à 38,4 % en 2009).

L'ensemble des pays de l'OCDE s'est récemment engagé dans une politique de maîtrise du taux de prélèvements obligatoires : ainsi, après avoir progressé de près de 10 points entre 1965 et 2001, le TPO s'est ensuite stabilisé jusqu'en 2007, avant de diminuer du fait de la crise financière. La nécessité de maîtriser les déficits et la croissance de l'endettement publics tend toutefois à faire augmenter à nouveau ce taux dans la zone euro.

« Les prélèvements obligatoires : France et pays occidentaux », *www.vie-publique.fr*, 7 juin 2013.

Comparaison dans l'OCDE en 2011, en % du PIB

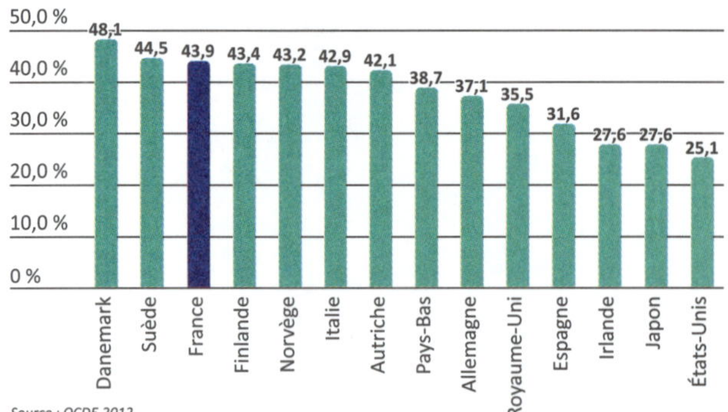

Source : OCDE 2012

Évolution des prélèvements en France depuis 1970

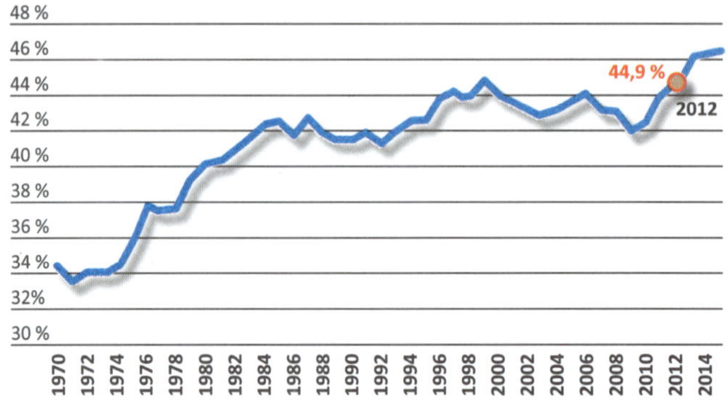

Document 5 Les déficits budgétaires en Europe

D'après Eurostat, le déficit public de la zone euro s'est réduit depuis 2011. En 2012, il s'est établi à 4 % du produit intérieur brut (PIB). À titre de comparaison, il était de 6,2 % en 2010 et 6,4 % en 2009.

Parmi les mauvais élèves de la zone euro, on trouve notamment l'Irlande et la Grèce, deux pays qui ont eu recours à des plans d'aide. Il y a également l'Espagne, le Royaume-Uni et la France. Paris affiche un déficit de 4,8 % du PIB en 2012, meilleur que prévu mais loin des 3 % exigés par le pacte de stabilité. Bruxelles tolère néanmoins cet écart dans la mesure où ces dépenses excédentaires pourraient autoriser les États à poursuivre une politique budgétaire contra-cyclique en permettant de maintenir l'effet positif de la redistribution sur le niveau de l'activité économique.

Mais c'est la dette publique qui inquiète le plus Eurostat. Elle a augmenté dans la zone euro, passant de 85,3 % en 2010 à 90,6 % en 2012. Quatorze États membres ont dépassé les 60 % prévus par le pacte de stabilité. En tête de ce classement figurent la Grèce avec 156,9 % et l'Italie, 127 %. La dette publique de la France a atteint 90,2 % du PIB.

D'après Eurostat, 7 juin 2013.

Démarche

Étape 1 Analyser les questions

La réponse au sujet, qui se présente sous la forme d'un questionnement (trois questions en général), constitue naturellement le premier critère de notation. D'une manière générale, et pour chacune des questions, vous devrez définir les concepts qui apparaissent dans les consignes.

Le sujet s'impose au dossier documentaire. Il ne vous est pas demandé une synthèse du dossier, mais une réponse au sujet, c'est-à-dire aux questions, à l'aide du dossier. En conséquence, toutes les informations du dossier documentaire ne sont pas nécessaires. Dans certains cas, la question peut être traitée à partir d'un seul document. Dans d'autres cas, l'utilisation de plusieurs, voire de tous les documents, est nécessaire.

Pour bien analyser le sujet, vous pouvez compléter un tableau comme ci-dessous. Effectuez une lecture approfondie des questions pour identifier les verbes directeurs et leur sens, les concepts utilisés et le(s) document(s) à mobiliser pour répondre à chacune des questions.

Tableau d'analyse du sujet

Verbes directeurs	Identification et définition des concepts	Document(s) à utiliser
Question 1 : Vous présenterez l'évolution des inégalités de revenus, depuis 1975, en France, en Allemagne, au Royaume-Uni et dans l'ensemble des pays de l'OCDE, puis vous analyserez les inégalités de patrimoine en France et dans le monde.		
Présenter : il s'agit de mettre en évidence l'évolution des inégalités de revenus. **Analyser :** il faut décomposer puis examiner pour les étudier les inégalités de patrimoine.	**Inégalités de revenus :** un revenu est un flux de ressources monétaires issu de l'activité économique. À l'intérieur des pays, on observe des inégalités de revenus, de patrimoine et de conditions de vie (inégalités économiques et sociales). Pour mesurer les inégalités on a recours à des outils statistiques comme l'indice de Gini ou la répartition interdécile. **Inégalités de patrimoine :** pour un agent économique, c'est l'ensemble de ses avoirs (ce qu'il possède) et de ses dettes (ce qu'il doit) à un moment donné. Pour étudier ces inégalités, on peut répartir les patrimoines en % par décile (les déciles sont les valeurs qui partagent l'effectif total en 10 groupes égaux).	**Doc. 1 :** Évolution du coefficient de Gini entre 1975 et 2010 pour la France, l'Allemagne, le Royaume-Uni et l'ensemble de l'OCDE (regroupe 34 pays ; la plupart des plus développés). **Doc. 2 :** L'inégale répartition des patrimoines dans le monde et en France. Il comprend 2 graphiques : la répartition des patrimoines au niveau mondial en 2012 et la répartition en France en 1998 et 2010.
Question 2 : Vous énoncerez les objectifs de la redistribution et classerez les moyens mis en œuvre par l'État pour les atteindre.		
Énoncer : citer, énumérer, recenser. Il s'agit de présenter un à un les objectifs. **Classer :** il s'agit de ranger de façon ordonnée.	**Redistribution :** ensemble des actions de l'État et des autres administrations publiques qui consistent à prélever des impôts et des cotisations sociales afin de verser ensuite des prestations sociales. On distingue la **redistribution horizontale** dans laquelle le bien portant paie pour le malade, l'actif pour le retraité, etc. de la **redistribution verticale** qui cherche à réduire les inégalités.	**Doc. 3 :** Inégalités de revenus : comment l'État redistribue la richesse.
Question 3 : Vous montrerez à quelles contraintes la France et les pays de la zone euro sont confrontés dans la conduite de leurs politiques de redistribution.		
Montrer : il s'agit de mettre en évidence les **contraintes** (les difficultés, les obstacles, les entraves) dans la conduite des politiques des États.	**Politiques de redistribution :** ensemble des actions de l'État dans le domaine de la redistribution, c'est-à-dire les prélèvements et les réaffectations opérés par les administrations publiques. **Zone euro :** 19 pays (au 1er janvier 2015) qui ont adopté l'euro comme monnaie et qui, de ce fait, doivent respecter les contraintes portant sur le déficit public et la dette publique.	**Doc. 4 :** Taux de prélèvements obligatoires (TPO) dans l'OCDE et en France. Ce document a deux composantes : une comparaison des TPO dans l'OCDE en 2011 et l'évolution des prélèvements en France depuis 1970. **Doc. 5 :** Les déficits budgétaires en Europe.

Étape 2 Retenir les idées essentielles pour chacune des questions

Vous allez procéder à une lecture approfondie des documents qui composent le dossier documentaire. Vous aurez à l'esprit les questions étudiées lors de l'étape précédente. La réussite de cette deuxième étape est conditionnée par la compréhension des informations du dossier et par vos connaissances (les mécanismes et théories économiques qui s'appliquent à la situation analysée).

Tableau d'analyse du sujet

Questions	Éléments de réponse
Question 1	**Document 1 :** L'évolution des inégalités de revenus depuis 1975 (France, Allemagne, Royaume-Uni et pays de l'OCDE) **Inégalités de revenus :** – Les inégalités sont mesurées par le coefficient de Gini. – Le **constat** en 2010 : le coefficient de Gini s'établissait à 0,31 en moyenne pour les pays de l'OCDE. Certains pays (Royaume-Uni, avec un coefficient de 0,34) sont plus inégalitaires que d'autres (France, Allemagne : 0,29). – L'**évolution** entre 1975 et 2010, mesurée par l'OCDE : pour tous les pays, les inégalités de revenus se sont accrues (OCDE : 0,29 en 1975 et 0,31 en 2010). – On constate une baisse, en moyenne, entre 1975 et 1985 puis une hausse ininterrompue ensuite. – La France est le pays de l'OCDE où les inégalités ont le moins augmenté (rôle de la politique de redistribution), hausse légèrement supérieure en Allemagne et très forte au Royaume-Uni. **Inégalités de patrimoine :** – Les inégalités de patrimoine sont estimées à partir du calcul par décile. – La répartition des patrimoines au niveau mondial en 2012 est très inégalitaire puisque les 10 % les plus riches détiennent 85 % du patrimoine total. Les 50 % les plus pauvres ne possèdent que 1 % du total. – La répartition au niveau national montre que la France est moins inégalitaire : les 10 % les plus fortunés détiennent 48 % du patrimoine total des ménages français.
Question 2	Les **objectifs de la redistribution :** – Corriger les inégalités de revenus (redistribution verticale) : correction par la progressivité de l'impôt sur le revenu et les prestations sociales qui expliquent 32 % de l'écart entre les plus riches et les plus pauvres. – Maintenir les revenus des ménages et des individus victimes de risques sociaux (maladie, chômage, retraite). C'est la redistribution horizontale. Les **moyens de la redistribution :** – Les prélèvements obligatoires (impôts, taxes et cotisations sociales). – Les prestations sociales en nature, gratuites ou subventionnées, qui expliquent 70 % de la réduction de l'écart de revenus entre les plus riches et les plus pauvres. – Les services publics (école gratuite…).
Question 3	**Contraintes :** Les **prélèvements obligatoires** – Hausse de 10 points des taux de prélèvements obligatoires (TPO) dans les pays développés depuis le milieu des années 1960. – Le TPO est relativement élevé en France (44,9 % du PIB en 2012). – Nécessité de stabiliser les TPO pour ne pas affecter la croissance ralentie depuis la crise de 2008. Les **déficits publics et l'endettement public contraints par le pacte de stabilité :** – Les pays de la zone euro se doivent de maîtriser leurs **déficits publics**, limités à 3 % du PIB. Ils étaient de 6,4 % du PIB en 2009, 6,2 % en 2010 et 4 % en 2012 (la France comme l'Espagne dépassent toujours les 3 %). – La **dette publique** des pays de la zone euro doit être inférieure à 60 % du PIB. La hausse de la dette publique vient d'une accumulation des déficits publics.

Étape 3 Rédiger la note et la présenter

Comme vous devez rédiger une note structurée et argumentée, vous allez organiser les arguments que vous avez notés lors des étapes précédentes. Chaque partie doit correspondre à une des questions posées, être organisée et comporter une introduction rapide se limitant à présenter le problème.

La reformulation constitue une étape importante de votre travail. Rédiger, ce n'est pas juxtaposer des extraits du dossier documentaire. Vous devez reprendre des éléments du dossier en les insérant dans votre réponse à la question posée.

La structuration de la rédaction de chacune des réponses aux questions est importante. Faites apparaître éventuellement des sous-parties. N'hésitez pas à aérer votre présentation en allant à la ligne lorsque vous exposez une nouvelle idée.

La rédaction d'une note suppose que les règles de l'orthographe et de la syntaxe soient respectées. Conservez un temps en fin d'épreuve pour relire votre copie et corriger les fautes éventuelles.

La note doit éviter la partialité. Vous exclurez les idées toutes faites en nuançant votre approche des problèmes. Votre rédaction va traduire un souci d'objectivité.

Il est important qu'apparaisse l'intitulé, ou une reformulation, de chaque question en titre de partie. Cette présentation accroît la lisibilité de votre copie et facilite le travail du correcteur.

La conclusion n'est pas exigée.

Exemple de rédaction de note argumentée

Introduction

La répartition des richesses constitue l'une des questions les plus discutées aujourd'hui. La montée des inégalités et leurs conséquences économiques et sociales sont l'objet de nombreuses études. Ce thème des inégalités montre l'importance de la redistribution et débouche sur le rôle de l'État dans ce domaine.

1. Vous présenterez l'évolution des inégalités de revenus, depuis 1975, en France, en Allemagne, au Royaume-Uni et dans l'ensemble des pays de l'OCDE, puis vous analyserez les inégalités de patrimoine en France et dans le monde.

Les inégalités, à l'intérieur des pays, concernent les revenus, les patrimoines mais aussi les conditions de vie. Elles peuvent être économiques et sociales. Il est important de pouvoir mesurer les écarts entre les différentes catégories d'une population. On utilise des outils statistiques comme le coefficient de Gini ou le rapport interdécile.

Les inégalités de revenus

Les statistiques de l'OCDE montrent les inégalités de revenus à l'intérieur des principaux pays qui appartiennent à cette organisation. Elles se mesurent à l'aide du coefficient de Gini. L'indice (ou coefficient de Gini) est un indicateur synthétique d'inégalités de salaires, de revenus, de niveaux de vie… Il varie entre 0 et 1. Il est égal à 0 dans une situation d'égalité parfaite, inversement lorsqu'il est égal à 1, la situation est la plus inégalitaire possible : la fraction de la population la plus riche reçoit l'intégralité des revenus.

On constate qu'en 2010, le coefficient de Gini est de 0,31 en moyenne pour les pays de l'OCDE. Cette moyenne cache des disparités puisque certains pays comme le Royaume-Uni (0,34) sont plus inégalitaires que d'autres comme l'Allemagne et la France (0,29).

Si l'on s'intéresse à l'évolution des inégalités de revenus, on constate qu'elles ont augmenté entre 1975 et 2010. Le coefficient, pour les pays de l'OCDE, passe de 0,29 en 1975 à 0,31 en 2010. Sur la période considérée, on observe une baisse entre 1975 et 1985 puis une hausse ensuite. Au cours de la période 1975-2010, les inégalités de revenus ont plus augmenté au Royaume-Uni et en Allemagne qu'en France.

Les inégalités de patrimoine

Les inégalités peuvent également concerner les patrimoines. Pour un agent économique, le patrimoine regroupe l'ensemble de ses avoirs (ce qu'il possède) et de ses dettes (ce qu'il doit) à un moment donné. Pour étudier ces inégalités, on peut répartir les patrimoines en pourcentage par décile (les déciles sont les valeurs qui partagent l'effectif total en 10 groupes égaux) puis calculer le rapport inter-déciles (rapport entre le patrimoine des 10 % les plus riches et celui des 10 % les plus pauvres).

La répartition des patrimoines au niveau mondial montre de grandes inégalités puisque les 10 % les plus fortunés détiennent 85 % du total alors que les 50 % les plus pauvres n'en possèdent que 1 %.

L'étude la répartition des patrimoines en France montre que les inégalités y sont moins fortes. Les 10 % les plus fortunés détiennent 48 % du total en 2010 alors que, pour la même année, les 10 % les moins fortunés n'en possèdent que 7 %. On peut remarquer qu'entre 1998 et 2010 les inégalités de patrimoine se sont légèrement accrues en France.

2. Vous énoncerez les objectifs de la redistribution et classerez les moyens mis en œuvre par l'État pour les atteindre.

La redistribution représente l'ensemble des actions de l'État et d'autres administrations publiques qui consistent à prélever des impôts et des cotisations sociales afin de verser ensuite des prestations sociales.

Les objectifs de la redistribution

Selon le type de redistribution, les objectifs sont différents mais peuvent se cumuler. On distingue la redistribution horizontale qui cherche à maintenir les ressources des individus atteints par des risques sociaux (maladie, chômage...) de la redistribution verticale qui cherche à réduire les inégalités.

Les moyens de la redistribution

Les moyens de la redistribution sont les prélèvements obligatoires qui englobent les impôts, les taxes et les cotisations sociales à caractère obligatoire, les transferts sociaux et les services publics.

Les impôts sur le revenu sont, du fait de leur progressivité, redistributifs. Ils resserrent l'éventail des revenus mais ont un rôle redistributif limité car l'impôt sur le revenu ne représente que 7 % de l'ensemble des prélèvements obligatoires.

Les transferts sociaux permettent de financer des dépenses très coûteuses. Les prestations sociales expliquent près d'un tiers (32 %) de la réduction de l'écart entre les plus riches et les plus pauvres.

Les services publics comme l'école gratuite ont un rôle redistributif. Ils réduisent les inégalités sociales, c'est-à-dire les inégalités de situation entre individus du fait de leurs ressources (accès au logement, à l'éducation, à la santé...).

3. Vous montrerez à quelles contraintes la France et les pays de la zone euro sont confrontés dans la conduite de leurs politiques de redistribution.

La politique de redistribution se compose de l'ensemble des choix en matière de prélèvements obligatoires et de versements de revenus de transfert ainsi que des services publics destinés à tous les citoyens.

Les politiques de redistribution de la France et des pays de la zone euro sont soumises à deux types de contraintes : le niveau déjà élevé des taux de prélèvements obligatoires, de déficits et d'endettement publics limités dans le cadre du pacte de stabilité et de croissance.

Les taux de prélèvements obligatoires ont progressé dans les pays de l'Union européenne (27,6 % du PIB en 1965 et 38,4 % en 2009). Le taux de la France, 44,9 % en 2012, se situe parmi les plus élevés des pays de l'OCDE et de la zone euro. Cela tient, en particulier, aux modalités de financement de son système de protection sociale. La France, comme les autres pays de la zone euro, s'efforce de maîtriser son taux de prélèvements obligatoires. Mais la nécessité de contenir les déficits et la dette publique contraint les pays de la zone à augmenter la pression fiscale et donc ce taux, en tentant de ne pas pénaliser la croissance.

En même temps que progressaient les taux de prélèvements obligatoires, les **déficits publics** ont augmenté pour répondre aux besoins de financement d'une politique contra-cyclique de redistribution nécessaire en période de crise économique. L'accumulation de déficits publics entraîne une hausse de la **dette publique** dont le financement devient de plus en plus complexe. Les États de la zone euro cherchent à réduire leurs déficits et dettes publiques pour satisfaire les contraintes du pacte de stabilité (déficit public inférieur à 3 % du PIB et dette publique limitée à 60 % du PIB).

préparation à l'épreuve

Fiche outil 1

Exploiter un texte à caractère économique

Le sujet d'économie du BTS se présente sous la forme d'un dossier documentaire qui peut comporter un certain nombre de textes à caractère économique. Il est important que vous sachiez repérer les informations essentielles de ce type de document pour répondre correctement aux questions qui vous sont posées. La démarche nécessite une bonne méthode.

Démarche

Étape 1 Repérer les éléments environnant le texte

Le titre et la source du texte permettent d'orienter votre réflexion. L'objet du texte est très souvent indiqué ou suggéré dans le titre. La source fournit des repères pour cerner le genre du texte (journalistique, universitaire, théorique…).

La date détermine l'ancienneté de l'article ou de l'extrait proposé. Il permet de mieux appréhender le contexte dans lequel le document a été écrit. Cette information constitue un élément indispensable à sa compréhension.

Étape 2 Lire et comprendre le texte

Relevez dès la première lecture les mots et expressions clés. Cherchez la définition de ces mots et la signification des expressions relevées. Pendant votre préparation à l'examen, n'hésitez pas à utiliser un dictionnaire général et/ou d'économie.

Analysez le texte en relevant les idées principales : recherchez et résumez l'idée principale de chaque paragraphe.

Étape 3 Comprendre les questions

Un élément central de la question est constitué par les **mots supports** ou **verbes directeurs**. Ils vous permettent de comprendre ce qui est demandé et le type de réponse attendu. Il vous faut donc les repérer et en trouver le sens. Le tableau ci-dessous mentionne les verbes qui sont le plus souvent utilisés.

Mot support ou verbe directeur	Sens du mot support ou du verbe directeur	Exemple
Analyse *ou* analyser	Décomposer, étudier, examiner	Analyse des différentes fonctions des marchés financiers
Identification *ou* identifier	Reconnaître comme appartenant à un certain groupe	Identification des divers modes de financement
Caractère *ou* caractériser	Séparer, faire apparaître la différence, individualiser	Caractères des facteurs de développement économique
Explication *ou* expliquer Description *ou* décrire Justification *ou* justifier	Mettre en évidence, préciser l'intérêt, les avantages et les inconvénients	Explication de la relation de l'action de l'État avec une politique keynésienne
Interprétation *ou* interpréter	Donner une signification claire	Interprétation des soldes du compte des transactions courantes
Appréciation *ou* apprécier	Déterminer, estimer, évaluer	Appréciation d'un pays ou d'une région en termes de développement

Étape 4 Rédiger les réponses

Vous devez porter votre attention sur la forme de la réponse exigée, éviter les paraphrases, les mots et expressions familières, construire des phrases structurées avec des virgules, des points, des majuscules… Dans tous les cas, une écriture lisible mettra vos idées en valeur et facilitera le travail du correcteur.

Application

Les inégalités sont-elles mauvaises pour la croissance ?

Certains économistes expliquent qu'un haut niveau d'inégalités incite les acteurs économiques à travailler plus, à investir et à prendre des risques pour rejoindre le club des chanceux. Et que l'existence de très hauts revenus montre que le rendement d'un investissement personnel peut être très élevé, ce qui encourage les gens à agir, par exemple en investissant dans l'éducation. Par ailleurs, ils relèvent que les riches consommant une part moins importante de leurs revenus que les pauvres, une économie avec de fortes inégalités connaît un niveau d'épargne supérieur, ce qui est favorable au financement de l'investissement et de la croissance.

Pour d'autres, un niveau élevé d'inégalités réduit le pouvoir d'achat d'une partie importante de la population, ce qui pèse sur la demande et donc réduit la croissance. Les familles à revenus faibles peuvent être découragées d'investir dans l'éducation, d'une part par manque de moyens et, d'autre part, parce qu'elles ont l'impression que les postes intéressants sont inaccessibles.

Les experts de l'OCDE[1] ont voulu en avoir le cœur net et se sont lancés dans une étude. Les chiffres parlent d'eux-mêmes : les 10 % les plus riches gagnent en moyenne 9,5 fois plus que les 10 % les plus pauvres ; dans les années 1980, ce rapport était de 1 à 7.

Les résultats montrent que le Mexique a ainsi perdu 10 points de croissance du fait de la montée des inégalités, le Royaume-Uni près de 9 points, les États-Unis, l'Italie et la Suède de 6 à 7 points. L'explication ? Un accroissement des inégalités enferme de plus en plus les ménages les moins aisés dans une trappe éducative. Moins bien formés, eux-mêmes et leurs enfants trouvent plus difficilement à s'employer et à contribuer positivement à la croissance.

C. Chavagneux, « En quoi les inégalités sont-elles mauvaises pour la croissance ? », *Alternatives économiques*, n° 342, janvier 2015.

1. L'organisation de coopération et de développement économique regroupe 34 pays qui pour la plupart sont des pays développés.

Questions

1. Présentez les thèses en présence sur la relation entre inégalités et croissance économique.

2. Caractérisez l'évolution des inégalités dans les pays de l'OCDE et identifiez leur conséquence sur la croissance économique selon les experts de l'OCDE.

Corrigé

1. Présentez les thèses en présence sur la relation entre inégalités et croissance économique.

Deux thèses s'opposent à propos des conséquences économiques des inégalités. Pour les économistes tenants de la première thèse, les inégalités sont favorables à la croissance. Les acteurs économiques sont incités à travailler plus, à s'investir dans leur formation et à prendre des risques. Ce faisant, ils accroissent leurs revenus, épargnent plus, développent l'investissement et donc la croissance.

Pour les tenants de la deuxième thèse, les fortes inégalités font que les revenus de nombreux acteurs économiques sont faibles ce qui limite la demande et donc la croissance. De plus, les familles titulaires de revenus insuffisants n'ont pas les moyens d'investir dans l'éducation et ce d'autant plus qu'ils considèrent que cet investissement ne les amènera pas, ni eux ni leurs enfants, à occuper les meilleurs postes confisqués par les plus riches.

2. Caractérisez l'évolution des inégalités dans les pays de l'OCDE et identifiez leur conséquence sur la croissance économique selon les experts de l'OCDE.

Le monde actuel se caractérise par un niveau d'inégalités qui s'est accru depuis plus de trente ans. Le rapport entre les 10 % les plus riches et les 10 % les pauvres est passé de 7 en 1980 à 9,5 aujourd'hui. La conséquence de cette montée des inégalités à l'intérieur des pays de l'OCDE est que la croissance se trouve pénalisée. Selon les experts de l'OCDE, on observe un déficit de croissance de plusieurs points dans la plupart des pays (10 points au Mexique, 9 points au Royaume-Uni et 6 à 7 points aux États-Unis, en Italie et en Suède). Les résultats de l'étude de l'OCDE montrent que les inégalités ont des conséquences négatives sur la croissance économique.

préparation à l'épreuve

Fiche outil 2

Analyser un tableau économique

Le sujet d'économie du BTS se présente sous la forme d'un dossier documentaire qui peut comporter un ou des tableaux économiques.
Les deux objectifs de l'analyse d'un tableau sont d'exploiter le tableau afin de repérer des informations et d'utiliser ces informations pour traiter les questions posées.

Démarche

ÉTAPE 1 Identifier le contexte d'un tableau

Le contexte d'un tableau comprend quatre éléments, qu'il convient d'identifier :
– le titre renseigne sur le sujet du tableau. Il informe en particulier sur le cadre spatial (ex. : un pays) et temporel (ex. : sur 5 ans) ; il informe aussi sur les variables ;
– la date et la source situent l'origine des données ;
– les intitulés des lignes et des colonnes précisent le cadre spatio-temporel ;
– les unités de mesure (%, milliards, euros, K€...) doivent être correctement prises en compte. S'il s'agit de chiffres, on est en valeur absolue ; s'il s'agit de %, on est en valeur relative.

ÉTAPE 2 Exploiter un tableau

Certaines précautions sont à respecter : l'élimination des données inexploitables ou inexplicables par vous.
L'exploitation d'un tableau comporte :
– le relevé des données essentielles du tableau : tendance générale des valeurs observées, totaux, valeurs extrêmes et moyennes, écarts, valeurs atypiques ;
– la sélection d'une quantité limitée de données à exploiter (les plus pertinentes) ;
– la hiérarchisation des informations sélectionnées.

ÉTAPE 3 Utiliser les informations d'un tableau

L'analyse doit suivre une démarche structurée. Pour répondre aux questions, la mise en forme des informations doit suivre la logique suivante :
– présenter les données en commençant par le général et en approfondissant au besoin par le particulier ;
– expliquer ces données par votre analyse ou/et vos connaissances.
Vous allez ainsi apporter des informations complémentaires (le retraitement des données est le plus souvent indispensable) et une meilleure compréhension des informations initiales.

Application

Revenu disponible des ménages par habitant dans l'Union européenne en 2012 et 2013

UE à 28 : 15 287 € en 2012, 15 396 € en 2013.

Pays	Revenu médian* en €		Pays	Revenu médian* en €	
	2012	2013		2012	2013
Allemagne	19 592	19 545	Italie	16 029	15 733
Autriche	21 807	22 073	Lettonie	4 437	4 700
Belgique	20 280	21 501	Lituanie	4 337	4 698
Bulgarie	2 859	2 924	Luxembourg	32 779	33 301
Chypre	16 927	15 873	Malte	11 449	12 093
Croatie	5 377	5 078	Pays-Bas	20 562	20 834
Danemark	26 580	26 858	Pologne	5 060	5 174
Espagne	11 970	13 523 (*r*)	Portugal	8 323	8 170
Estonie	5 985	6 583	République tchèque	7 791	7 694
Finlande	22 699	23 272	Roumanie	2 116	2 071
France	**20 605**	**20 949**	Royaume-Uni	19 007	18 694
Grèce	9 460	8 377	Slovaquie	6 927	6 737
Hongrie	4 753	4 529	Slovénie	12 122	11 852
Irlande	19 078	(*nd*)	Suède	24 727	26 413

* Revenu par unité de consommation – *(r) rupture dans les données – (nd) donnée non disponible*

Source : Eurostat, janvier 2015.

➔ Question

Analysez le tableau.

Corrigé

1. Préparation de l'analyse

Le contexte du tableau. Ce tableau présente le revenu disponible médian des ménages par habitant dans les 28 pays membres de l'Union européenne en 2012 et 2013.

Le revenu disponible comprend les revenus d'activité, les revenus du patrimoine et les transferts sociaux, nets des impôts directs. Il s'agit ici du revenu médian, c'est-à-dire celui au-dessous duquel se situent 50 % des revenus et au-dessus duquel se situent 50 % des revenus.

Ce revenu est exprimé par unité de consommation, le système de pondération qui permet de comparer les niveaux de vie de ménages de taille différente. Il est exprimé en euros pour pouvoir comparer les pays membres, qu'ils appartiennent ou non à la zone euro.

Exploitation du tableau. Deux pays posent des problèmes pour l'analyse. Il s'agit de l'Irlande, pour laquelle le revenu 2013 n'est pas disponible, et de l'Espagne, où les données 2012 et 2013 ne sont pas comparables en raison d'une rupture de série.

Le tableau permet de :
– comparer les revenus des différents pays entre eux, en valeur absolue (euros) ;
– mettre en évidence l'évolution des revenus entre 2012 et 2013 en valeur relative (taux de croissance).
Il conviendra de regrouper les pays en grandes catégories en fonction de l'importance du revenu et de son évolution. Une première analyse permet de distinguer 3 groupes de pays selon la situation du revenu disponible par rapport au revenu disponible médian moyen des ménages de l'ensemble de l'Union européenne (Rme) de 15 396 € en 2013 :
– pays à revenu inférieur au Rme : Roumanie, Bulgarie, Hongrie, Lituanie, Lettonie, Croatie, Pologne, Estonie, Slovaquie, République tchèque, Portugal, Grèce, Slovénie, Malte ;
– pays à revenu proche du Rme : Espagne, Italie, Chypre ;
– pays à revenu supérieur au Rme : Royaume-Uni, Allemagne, Pays-Bas, France, Belgique, Autriche, Finlande, Suède, Danemark, Luxembourg.
Nous pouvons calculer les taux de progression du revenu* entre 2012 et 2013 :

Pays	%	Pays	%	Pays	%	Pays	%
UE	**+ 0,71**						
Allemagne	– 0,24	Espagne	Non significatif	Italie	– 1,87	Portugal	– 1,84
Autriche	+ 1,22	Estonie	+ 10,00	Lettonie	+ 5,82	Rép. tchèque	– 1,25
Belgique	+ 6,02	Finlande	+ 2,52	Lituanie	+ 8,22	Roumanie	– 2,13
Bulgarie	+ 2,27	**France**	**+ 1,67**	Luxembourg	– 1,60	Royaume-Uni	– 1,65
Chypre	– 0,55	Grèce	– 11,45	Malte	+ 5,62	Slovaquie	– 2,74
Croatie	– 5,60	Hongrie	– 4,71	Pays-Bas	+ 1,32	Slovénie	– 2,23
Danemark	+ 1,01	Irlande	?	Pologne	+ 0,28	Suède	+ 6,82

* (revenu 2013 – revenu 2012) / revenu 2012

La plus forte progression se situe en Estonie (+10 %) ; la plus forte régression en Grèce (– 11,45 %).

2. Analyse du tableau

Seule cette partie constitue l'analyse demandée (les deux parties précédentes servent de préparation).

L'éventail des revenus est très large dans l'Union européenne : le revenu disponible médian par habitant est en 2013 de 2 071 € en Roumanie, alors qu'il est 16 fois plus élevé au Luxembourg, soit 33 301 €. Notons que la France se classe au 7e rang devant les Pays-Bas, l'Allemagne et le Royaume-Uni.

Par rapport au revenu disponible par habitant moyen européen (Rme) de 15 396 € en 2013, nous pouvons distinguer :
– les pays d'Europe du Nord et de l'Ouest (dont la France), dans lesquels le revenu disponible par habitant est supérieur au Rme :
– les pays d'Europe de l'Est, d'Europe centrale et quelques pays d'Europe du Sud (Portugal, Grèce, Malte) dans lesquels ce revenu est inférieur au Rme ;
– les pays dont le revenu est sensiblement identique au Rme (Espagne, Italie, Chypre).

À l'intérieur des deux groupes extrêmes, les disparités sont fortes.

Le revenu disponible médian par habitant progresse très faiblement (0,7 %) en Europe entre 2012 et 2013. L'évolution pour les différents pays est elle aussi très contrastée : 15 pays ont connu une augmentation, 12 pays une régression.

Les pays du groupe affichant des revenus plus élevés que la moyenne européenne connaissent une relative croissance du revenu disponible par habitant (à l'exception de l'Allemagne et du Royaume-Uni). La France, quant à elle, a connu une croissance de 1,67 %.

Le second groupe de pays présente les évolutions les plus disparates : plus forte progression européenne avec 10 % pour l'Estonie, plus forte régression avec – 11,5 % pour la Grèce. En ce qui concerne les 2 pays à plus bas revenus, l'un régresse de 2 % (la Roumanie), l'autre progresse de 2,2 % (la Bulgarie).

Les pays du groupe intermédiaire voient leur revenu médian par habitant diminuer entre 2012 et 2013.

Certaines évolutions sont liées à la crise, en particulier pour la Grèce, le Portugal et l'Italie, pays qui connaissent une croissance faible, voire une récession, avec des taux de chômage et d'endettement publics élevés.

préparation à l'épreuve

Fiche outil 3

Analyser un graphique économique

Le sujet d'économie du BTS se présente sous la forme d'un dossier documentaire qui peut comporter un ou plusieurs graphiques économiques.
Les deux objectifs de l'analyse d'un graphique sont les suivants :
– exploiter le graphique afin d'identifier des informations ;
– utiliser ces informations pour traiter les questions posées.

Démarche

ÉTAPE 1 Identifier le contexte d'un graphique

Le contexte d'un graphique comprend 4 éléments, qu'il convient d'identifier :
– le titre et la légende renseignent sur la ou les variables étudiées dans le graphique ;
– la date et la source situent l'origine des données ;
– les intitulés de l'axe des abscisses (horizontal) et de l'axe des ordonnées (vertical) déterminent les unités de mesure retenues mais aussi les valeurs en relation les unes avec les autres ;
– les unités de mesure (%, milliers, milliards, euro, K€...) et les échelles (valeur d'une unité) doivent être correctement prises en compte, sous peine de fausser l'analyse ultérieure. S'il s'agit de chiffres, on est en valeur absolue ; s'il s'agit de %, on est en valeur relative.

ÉTAPE 2 Reconnaître le principe de construction du graphique

La reconnaissance du principe de construction du graphique est déterminante pour l'analyse. Les questions à vous poser dépendent du type de graphique :
– les graphiques de répartition (camembert, à barres, en bâtons…) témoignent d'une situation à un moment donné. La question principale porte sur la part de chaque composante dans la répartition ;
– les graphiques chronologiques (courbes, lignes brisées…) étudient l'évolution d'une ou de plusieurs séries statistiques dans le temps. La question principale porte sur l'existence de tendance(s) ;
– les graphiques d'évolution structurelle (histogramme accolé…) montrent la répartition d'un phénomène sur plusieurs années. La question principale porte sur l'existence d'une évolution de la répartition entre la date de début et la date de fin du graphique.

ÉTAPE 3 Exploiter un graphique

L'exploitation du graphique comporte :
– le repérage du phénomène ou de la variable étudiée en ordonnées et en abscisses ;
– l'identification des différentes périodes ou secteurs du graphique en utilisant la légende ;
– le relevé de la tendance générale du graphique, des points de rupture et des valeurs extrêmes ;
– la sélection d'une quantité limitée de données à exploiter (les plus pertinentes) ;
– la hiérarchisation des informations sélectionnées ;
– la compréhension des données retenues qui serviront de base à l'étape 4.

ÉTAPE 4 Utiliser les informations d'un graphique

L'analyse des informations retenues à l'issue de l'étape 3 doit suivre une démarche structurée.
Vous devez être capable de présenter l'évolution ou la répartition des données, de mettre en évidence les valeurs extrêmes, d'expliquer l'évolution ou la répartition de ces données. Cette démarche constitue la véritable valeur ajoutée de votre travail. Vous allez ainsi apporter des informations complémentaires et une meilleure compréhension des informations initiales.
La mise en forme des informations pour répondre aux questions doit suivre la logique suivante :
– présenter les données en commençant par le général et en approfondissant au besoin par le particulier ;
– faire suivre la présentation des données observées par les explications issues de votre analyse ou/et de vos connaissances.

Application

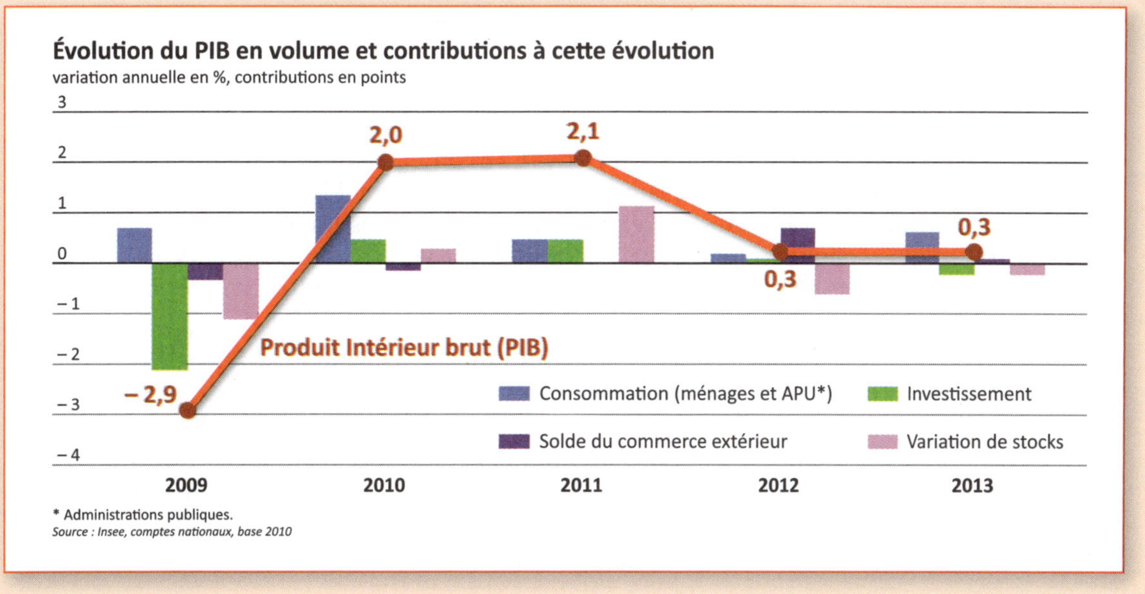

Question

Analysez le graphique.

Corrigé

1. Préparation de l'analyse

Le contexte du graphique. Ce graphique retrace l'évolution annuelle en pourcentage du PIB en volume (ou euros constants), c'est-à-dire en intégrant une correction éliminant l'effet de l'inflation.

Attention : une baisse de la courbe ne signifie pas une diminution du PIB, mais un ralentissement de sa croissance, sauf en 2009 où l'évolution annuelle par rapport à 2008 est négative (– 2,9 %, c'est-à-dire que le PIB régresse de 2,9 %).

Principe de construction du graphique. Ce graphique juxtapose deux types de graphiques :
– un graphique chronologique de l'évolution du PIB en volume de 2009 à 2013 ;
– un graphique d'évolution structurelle des contributions au PIB : consommation, investissement, commerce extérieur et variations des stocks.
Le graphique comporte une échelle des ordonnées avec des valeurs positives et négatives en pourcentage, l'évolution du PIB est représentée par des points reliés par une ligne brisée. Les contributions sont matérialisées par des barres légendées par des couleurs.

Exploitation du graphique. Identification des différentes évolutions :
– L'examen de l'évolution du PIB ne permet pas de mettre en évidence une tendance. Les données montrent un rattrapage de la progression du PIB en 2010 et 2011, après la récession de 2009 causée par la crise de 2007-2008. Depuis, on constate un tassement avec une croissance quasi nulle les deux dernières années.
– La répartition des contributions montre que la consommation est la composante la plus dynamique de la croissance pour toutes les périodes. Les autres données connaissent des variations marquées dont on ne peut déduire de tendance nette. On note cependant la situation de l'investissement des entreprises, qui s'avère peu dynamique pour soutenir la croissance. La chute des investissements est, avec la variation des stocks, la principale cause de la baisse du PIB en 2009.

2. Analyse du graphique

Seule cette partie constitue l'analyse demandée (les trois parties précédentes servent uniquement de préparation).

Depuis la crise de 2007-2008, la croissance française n'a pas pu redémarrer durablement. Le PIB baisse de 3 % en 2009. La crise se traduit pour la France par une diminution des exportations qui entraîne un solde négatif du commerce extérieur. En conséquence, les entreprises investissent moins et diminuent leurs stocks. Une compensation à la chute du PIB en 2009 s'est opérée les deux années suivantes avec une croissance supérieure à 2 %. Depuis, la croissance est à un niveau à peine positif qui explique les difficultés économiques de la France en matière de chômage et d'équilibre des comptes de la Nation (déficit budgétaire dû aux moindres rentrées fiscales).

Il ressort de l'examen de la période 2009-2013 que seule la consommation des ménages maintient l'activité économique en compensant la faiblesse des autres contributions. Le solde du commerce extérieur, globalement négatif, n'apporte rien à la croissance de l'économie française, bien au contraire.

La contribution des entreprises à travers leur politique d'investissement et de constitution de stocks pour l'approvisionnement des marchés a été le facteur essentiel de la récession de 2009. Depuis, ces deux facteurs contribuent au second plan à la croissance de notre économie. C'est la consommation qui reste le moteur essentiel de la croissance française.

Lexique

→ A

AGRÉGATS MONÉTAIRES (Ch. 2)
→ Grandeurs statistiques qui regroupent des actifs monétaires selon leur degré de liquidité (M_1, M_2, M_3).

ARBITRAGE (Ch. 1)
→ Choix entre plusieurs possibilités. Un individu va arbitrer entre tel ou tel bien, entre plus de revenus ou plus de loisirs. Le gouvernement arbitre entre déficit public et hausse des impôts.

→ B

BIEN PUBLIC (Ch. 3)
→ Bien ou service qui, une fois produit, profite même à ceux qui ne le paient pas ; de plus, le fait de le consommer ne le rend pas indisponible pour les autres.

→ C

CHANGE (Ch. 4)
→ Opération de conversion d'une monnaie dans une autre monnaie, appelée « devise ».

CMU (COUVERTURE MALADIE UNIVERSELLE) (Ch. 11)
→ Elle permet à toute personne résidant en France de manière stable et régulière depuis plus de trois mois, et qui n'a pas de couverture maladie, d'accéder à l'assurance-maladie. Les personnes dont les revenus ne dépassent pas un certain plafond sont dispensées de cotisations et bénéficient, par ailleurs, d'une protection complémentaire leur assurant la gratuité des soins.

COMMERCE EXTÉRIEUR (Ch. 4)
→ Échanges de biens et de services entre nations. Il regroupe le total des exportations et des importations mondiales.

COMMERCE INTRABRANCHE (Ch. 5)
→ Échange de produits similaires appartenant à une même branche ou à une même industrie.

COMPÉTITIVITÉ-HORS PRIX (Ch. 4)
→ Forme de compétitivité reposant sur des facteurs autres que le prix (capacité d'innovation, qualité, efficacité du réseau commercial, image de marque, etc.).

COMPÉTITIVITÉ-PRIX (Ch. 4)
→ Capacité de produire des biens et des services à des prix inférieurs à ceux des concurrents.

COMPTE DES TRANSACTIONS COURANTES (Ch. 4)
→ Compte qui retrace l'ensemble des échanges entre la France et le reste du monde. Il se décompose en quatre postes : les opérations sur biens (ou balance commerciale), les échanges de services, les revenus et les transferts courants. Son solde (déficit ou excédent) est l'indicateur du besoin ou de la capacité de financement d'un pays par rapport au reste du monde.

CONCURRENCE (Ch. 1 et 3)
→ Compétition entre les offreurs d'un même bien ou service sur un marché.

CONFIANCE (Ch. 2 et 3)
→ L'existence même de la monnaie est fondée sur la confiance (*fiducia* en latin) en sa pérennité qu'ont les agents qui échangent.

CONVENTION COLLECTIVE (Ch. 10)
→ Accord entre les syndicats d'employeurs et de salariés, négocié le plus souvent au niveau d'une branche. La convention collective définit les conditions d'emploi, de travail et les garanties sociales qui doivent être appliquées dans le cadre des contrats de travail individuel dans cette branche.

COURBE DE KUZNETS (Ch. 10)
→ Cette courbe, qui a une forme de U renversé, illustre la théorie de Kuznets : lorsqu'un pays se développe, les inégalités s'accroissent dans un premier temps puis elles diminuent.

COURBE DE LAFFER (Ch. 11)
→ Représentation imagée de l'expression : « Trop d'impôt tue l'impôt ! » Cette courbe, avec le taux d'imposition en abscisses et la recette fiscale totale en ordonnées, a la forme d'une cloche. Elle montre qu'au-delà d'un certain taux d'imposition, les recettes procurées par l'impôt diminuent.

COURBE DE LORENZ (Ch. 10)
→ Du nom de Max Otto Lorenz (économiste américain), cette courbe est une représentation graphique des phénomènes de répartition. Elle associe à chaque fraction de la population (en général à chaque décile ou dixième de la population) la part de richesse (revenu, patrimoine…) qu'elle détient.
Dans un pays idéalement égalitaire, le partage de la richesse est tel que chaque décile de la population détient 10 % de la richesse. La représentation graphique en est une diagonale, qui sert de référence. La courbe de Lorenz va se situer en dessous. Plus elle est éloignée de la diagonale, plus la répartition des revenus est inégalitaire.

CROISSANCE ÉCONOMIQUE (Ch. 6)
→ Augmentation du PIB en termes réels (en volume).

CROISSANCE ENDOGÈNE (Ch. 11)
→ Théorie qui fait reposer la croissance économique non pas sur un progrès technique « qui tomberait du ciel », mais sur des investissements financés par le système lui-même. Selon cette théorie, la croissance est cumulative car elle dépend du stock de connaissances accumulé.

CROISSANCE EXTENSIVE (Ch. 8)
→ La croissance est extensive quand elle est obtenue par une utilisation accrue des facteurs de production : plus de travail et/ou plus de capital.

CROISSANCE INTENSIVE (Ch. 8)
→ La croissance est intensive quand elle est obtenue par une utilisation plus efficace des facteurs de production : une augmentation de la productivité du travail et/ou du capital.

CYCLE ÉCONOMIQUE (Ch. 8)
→ Alternance de périodes de croissance économique, de récession, de dépression, puis de reprise économique qui débouche sur la phase d'expansion du cycle suivant.

→ D

DÉCILE (Ch. 10)
→ Si on étudie les revenus par ordre croissant de revenu perçu, le premier décile regroupe les 10 % les plus pauvres de la distribution. La valeur d'un décile peut être

déterminée par sa limite de classe (les 10 % les plus pauvres gagnent moins de *x* euros) ou par sa moyenne (les 10 % les plus pauvres gagnent en moyenne *x* euros).

Degré d'ouverture d'une économie (Ch. 4)
→ Taux de participation d'un pays au commerce international de biens et de services mesuré par le rapport entre la moyenne de ses exportations et de ses importations par rapport à son PIB.

Délocalisation (Ch. 9)
→ Transfert géographique de tout ou partie d'une activité à l'étranger pour bénéficier de conditions plus favorables afin de la réimporter, à moindre coût, sur le territoire national.

Demande (Ch. 1)
→ Quantité d'un bien ou d'un service que les acheteurs sont prêts à acheter à un certain prix.

Destruction créatrice (Ch. 8)
→ Selon Joseph Schumpeter, une innovation est un processus détruisant des activités anciennes et créant de nouvelles activités.

Développement durable (Ch. 7)
→ Mode de développement « qui répond aux besoins du présent sans compromettre la capacité des générations futures à répondre à leurs propres besoins » (ONU).

Développement économique (Ch. 6)
→ Ensemble des transformations techniques, sociales, démographiques et culturelles accompagnant la croissance économique. Le développement est à la fois une conséquence et une cause de la croissance économique. La croissance permet de financer les progrès de la santé, de la scolarité. Et ces mêmes progrès sont une source de croissance.

Dialogue social (Ch. 10)
→ « Le dialogue social inclut tous les types de négociation, de consultation ou simplement d'échange d'informations entre les représentants des gouvernements, des employeurs et des travailleurs sur des questions présentant un intérêt commun relatives à la politique économique et sociale. » (Organisation internationale du travail)

Division internationale du processus productif (DIPP) (Ch. 9)
→ Délocalisation de certains morceaux ou segments de la chaîne de valeur (ex. : l'assemblage) avec, le plus souvent, exportation préalable de composants (ex. : les tissus, les composants automobiles, les composants électroniques, les pièces détachées) puis importation de produits finals.

Division internationale du travail (DIT) (Ch. 5)
→ Répartition des différentes spécialisations productives entre tous les pays du monde.

→ E

Empreinte écologique (Ch. 7)
→ Indicateur de pression humaine sur l'environnement. Surface de la planète dont dépend une population donnée compte tenu de ce qu'elle consomme.

Espérance de vie (Ch. 7 et 12)
→ Durée statistique de vie d'une génération d'une population donnée à un âge donné (généralement, à la naissance).

État-providence (Ch. 11)
→ Intervention de l'État dans le domaine de la protection sociale (pour protéger les individus contre les risques liés à l'emploi, à la vieillesse, à la santé et à la famille) et des politiques de lutte contre la pauvreté et l'exclusion (les prestations versées sous conditions de ressources, ex. : le RSA).

Externalités (ou effets externes) (Ch. 3)
→ Conséquences sur les tiers, sans que ceux-ci aient participé à l'action, des décisions prises par un agent économique. Elles peuvent être positives ou négatives.

→ F

Facteurs de production (Ch. 8)
→ Éléments dont la combinaison permet la production de biens ou de services. On distingue généralement deux catégories de facteurs de production : le travail et le capital.

Firme multinationale (FMN) (Ch. 5 et 9)
→ Entreprise de grande dimension implantée dans plusieurs pays par le biais de filiales. L'ONU parle de « firme transnationale » (FTN).

→ G

Grappe d'innovation (Ch. 8)
→ On doit cette expression à J. Schumpeter. Elle signifie que, périodiquement, une innovation majeure en entraîne un très grand nombre d'autres, d'où une période de forte croissance (ex. : les chemins de fer, l'électricité, l'automobile).

→ I

IDH (Indicateur de développement humain) (Ch. 6 et 12)
→ Indicateur élaboré par le PNUD (Programme des Nations unies pour le développement) et utilisé depuis 1990. Il combine trois éléments :
– la durée de vie, mesurée d'après l'espérance de vie à la naissance ;
– le niveau d'instruction, mesuré par le taux d'alphabétisation des adultes (pour 2/3) et le taux brut de scolarisation tous niveaux confondus (pour 1/3) ;
– le niveau de vie, mesuré d'après le PIB réel par habitant (exprimé en parité de pouvoir d'achat).

Indice de Gini (Ch. 10)
→ Indicateur synthétique de mesure de la répartition du revenu au sein de diverses populations ou au sein de la même population au fil du temps. Il varie entre 0 et 1, le chiffre 0 mesurant une égalité parfaite (tous les revenus sont identiques) et le chiffre 1, une inégalité totale (une seule personne possède l'ensemble du revenu de l'économie).

Industrie verte (Ch. 7)
→ Elle recouvre deux types d'activités : des activités économiques classiques réalisées avec des procédés moins polluants ou moins consommateurs d'énergie, et les éco-activités, dont la finalité est la protection de l'environnement ou la gestion des ressources naturelles.

Inégalité interne (Ch. 12)
→ Situation marquée par une disparité de revenus, de niveau de vie, d'espérance de vie, d'éducation, etc., entre habitants d'un même pays.

Intermédiaire des échanges (Ch. 2)
→ Les agents économiques échangent un bien et/ou un service contre de la monnaie qui leur permet d'acheter un autre bien. La monnaie sert ainsi d'intermédiaire dans les échanges.

Investissement (Ch. 8)
→ Opération réalisée par un agent économique pour acheter des biens de production.

Investissements directs à l'étranger (IDE ou IED) (Ch. 9)
→ Investissements qu'une entreprise d'un pays effectue dans un autre pays pour acquérir un intérêt durable dans une entreprise (10 % au moins du capital) ou pour construire une unité de production ou de distribution.

IPM (Indice de pauvreté multidimensionnelle) (Ch. 6)
→ Utilisé depuis 2010 par le PNUD (Programme des Nations Unies pour le développement), il évalue l'intensité de la pauvreté dans les pays en développement. Il rend compte du phénomène de la pauvreté dans les trois mêmes dimensions que l'IDH.
La privation en matière d'éducation, de santé et de niveau de vie est appréhendée à l'aide de dix indicateurs : malnutrition et mortalité infantile, nombre d'années de scolarité et taux de scolarisation, caractéristiques du logement et des sanitaires, accès à l'eau potable et à l'électricité, nature du combustible de cuisson, possession de matériel de transport et de communication. La pauvreté multidimensionnelle illustre les privations dans une ou plusieurs de ces dimensions.

IPV (Indicateur de progrès véritable) (Ch. 7)
→ L'IPV mesure l'évolution du bien-être d'un pays. Il est calculé à partir de la mesure traditionnelle de la consommation des ménages, à laquelle on ajoute diverses contributions (ex. : le travail domestique) et on retranche des coûts sociaux (ex. : les accidents, le chômage) et environnementaux (ex. : la pollution).

→ L

Liquidité (Ch. 2)
→ Plus ou moins grande facilité de conversion d'un actif en moyen de paiement. La monnaie constitue un actif parfaitement liquide puisqu'elle sert à régler les échanges.

→ M

Maison mère (holding) (Ch. 9)
→ Société qui possède une ou plusieurs filiales.

Marché (Ch. 1)
→ Lieu, réel ou fictif, où se rencontrent l'offre des vendeurs et la demande des acheteurs dans le but de réaliser un échange.

Marché des changes (Ch. 4)
→ Lieu de rencontre fictif entre l'offre et la demande de devises, qui aboutit à la formation des taux de change.

Masse monétaire (Ch. 2)
→ Ensemble des moyens de paiement en circulation dans une économie ou une zone monétaire. Elle est mesurée par le biais d'agrégats monétaires (très souvent, M_3).

Mondialisation (Ch. 9)
→ Processus d'ouverture des économies nationales qui conduit à la création d'un marché planétaire et à l'interdépendance des nations.

→ N/O

Niveau de vie (Ch. 6)
→ Revenu disponible d'un ménage/Nombre d'unités de consommation (uc).

Offre (Ch. 1)
→ Quantité d'un bien ou d'un service que les vendeurs sont prêts à vendre à un certain prix.

→ P

Parité de pouvoir d'achat (PPA) (Ch. 6)
→ Taux de conversion monétaire qui permet d'exprimer, dans une unité commune, les pouvoirs d'achat des différentes monnaies. Ce taux exprime le rapport entre la quantité d'unités monétaires nécessaire dans des pays différents pour se procurer le même « panier » de biens et de services.

Partenaires sociaux (Ch. 10)
→ Organisations professionnelles représentatives d'employeurs et de salariés.

Patrimoine (Ch. 10)
→ Le patrimoine d'un individu ou d'un ménage est l'ensemble des biens moins les dettes qu'il détient à un moment de l'existence.

Pauvreté (Ch. 12)
→ Incapacité des individus à satisfaire leurs besoins essentiels. En septembre 2000, l'Assemblée générale des Nations unies a adopté la Déclaration du millénaire. 189 gouvernements ont décidé d'unir leurs efforts en matière de développement.

Pays émergent (Ch. 6 et 12)
→ Pays en développement ayant déjà rattrapé en partie les pays développés grâce à une forte croissance et une forte intégration dans le commerce international.

Pays en développement (Ch. 6)
→ Pays en situation intermédiaire entre les PMA et les pays développés et qui appartient au groupe des pays à développement humain moyen (IDH compris entre 0,500 et 0,799).

PIB (Produit intérieur brut) (Ch. 6)
→ Le PIB mesure la production de biens et de services dans un pays donné au cours d'une année donnée avec comme critère retenu la production sur le territoire national, quelle que soit la nationalité des producteurs. Il additionne l'ensemble des activités créatrices de revenus. L'activité de chaque agent est mesurée à partir de la valeur ajoutée qu'il crée. PIB = somme des valeurs ajoutées de tous les agents sur le territoire d'un pays.

PIB par habitant (Ch. 6 et 12)
→ Somme des valeurs ajoutées/Nombre d'habitants.

PMA (Pays les moins avancés) (Ch. 6)
→ Pays à faible développement humain (IDH < 0,500) n'ayant pas amorcé le processus d'industrialisation.

Pôle de compétitivité (Ch. 8)
→ Combinaison, sur un espace géographique donné, d'entreprises, de centres de formation et d'unités de recherche publiques et privées, engagés dans une démarche partenariale destinée à dégager des synergies autour de projets communs au caractère innovant.

Prélèvements obligatoires (Ch. 10 et 11)
→ Ensemble des impôts, taxes et cotisations sociales prélevés au bénéfice des administrations publiques.

Prestations sociales (Ch. 11)
→Prestations versées en espèces ou en nature aux assurés sociaux.

Prix (Ch. 1)
→Valeur d'échange d'un bien ou d'un service sur un marché.

Prix d'équilibre (Ch. 1)
→Prix qui égalise les offres et les demandes sur un marché.

Productivité (Ch. 8 et 10)
→Quantité produite d'un bien ou d'un service/Nombre d'unités du facteur de production utilisé.

Progrès technique (Ch. 8)
→Ensemble des innovations permettant d'améliorer l'efficacité du système productif, d'augmenter la productivité, de créer de nouveaux produits ou de nouveaux procédés commerciaux.

Protection sociale (Ch. 11)
→Système collectif de prise en charge d'un certain nombre de risques (maladie, chômage...) et de situations économiquement contraignantes (maternité, famille nombreuse, invalidité...).

Protocole de Kyoto (Ch. 7)
→Accord international pour la réduction des gaz à effet de serre.

→R

Redistribution (Ch. 11)
→Modification des revenus primaires par un transfert de revenus : une partie des revenus primaires est prélevée par les impôts et cotisations sociales puis reversée par les aides ou prestations sociales. Le revenu disponible est le revenu après redistribution.

Relance keynésienne (Ch. 11)
→La politique économique de relance repose sur une analyse de type keynésien du rôle de l'État : ce dernier est chargé de régulariser l'activité économique. Il injecte du pouvoir d'achat et relance la demande.

Rémunération (Ch. 10)
→Ensemble des sommes que l'employeur verse à ses salariés en contrepartie du travail qu'ils accomplissent.

Répartition primaire des revenus (Ch. 10)
→Répartition du revenu national s'effectuant selon la contribution à la production de chaque apporteur de facteur de production (capital, travail).

Répartition secondaire des revenus (Ch. 10)
→Revenu primaire + Prestations sociales reçues – Prélèvements obligatoires supportés.

Réserve de valeur (Ch. 2)
→La monnaie peut être conservée, elle rend possible l'utilisation différée du pouvoir d'achat qu'elle représente.

Revenu disponible (Ch. 10)
→Revenu après répartition secondaire.

RSA (Ch. 11)
→Le revenu de solidarité active est une allocation qui vise à la fois à remplacer des minima sociaux existants [comme le RMI et l'API (allocation de parent isolé)] et à se substituer à des dispositifs d'intéressement de retour à l'emploi [comme la prime de retour à l'emploi (PRE) et la prime forfaitaire de retour à l'emploi].

→S

Salaire (Ch. 10)
→Rémunération du travailleur lié à une entreprise par un contrat de travail.

Smic (Ch. 10)
→Le salaire minimum interprofessionnel de croissance est fixé par le gouvernement. Il fait l'objet d'une hausse automatique dès que l'augmentation de l'indice des prix dépasse les 2 % au cours de l'année. Il est également revalorisé pour assurer une progression du pouvoir d'achat égale à la moitié de la hausse du salaire horaire ouvrier.

Stabilité interne et externe (Ch. 2)
→La stabilité interne d'une monnaie correspond à celle des prix et du pouvoir d'achat des citoyens en biens et services nationaux. La stabilité externe correspond à celle du taux de change de la monnaie nationale en devises étrangères dont dépend le pouvoir d'achat en biens et services produits dans le reste du monde.

→T

Taux de change (Ch. 4)
→Prix relatif d'une monnaie par rapport à une autre.

Théorème HOS (Ch. 5)
→Pour Hecksher, Ohlin et Samuelson, les nations se spécialisent dans les productions qui incorporent une forte quantité des facteurs de production qu'elles détiennent en abondance, et donc les moins coûteux.

Théorie des avantages comparatifs (Ch. 5)
→Théorie développée par D. Ricardo (1817), pour qui chaque nation doit se spécialiser dans la production dans laquelle elle connaît le moindre désavantage, c'est-à-dire pour laquelle elle dispose de la productivité la plus forte ou la moins faible vis-à-vis de ses partenaires. Cette production est celle pour laquelle elle détient un « avantage comparatif » lui permettant d'accroître la richesse nationale.

Transferts sociaux (Ch. 11)
→Revenus sociaux ou revenus indirects perçus par les ménages en fonction de droits accordés par la collectivité.

→U

Unité de compte (Ch. 2)
→La monnaie sert à évaluer les biens et les services échangés ainsi que les revenus versés.